LQ 글쓰기 스터디 1

내 인생의 첫 번째 글쓰기 수업

LQ 글쓰기 스터디 1
내 인생의 첫 번째 글쓰기 수업

2014년 10월 14일 초판 1쇄 발행
2016년 7월 5일 초판 2쇄 발행

지은이 김주수 ㅣ **펴낸이** 이찬규 ㅣ **편집** 선우애림 ㅣ **펴낸곳** 북코리아
등록번호 제03-01240호 ㅣ **전화** 02-704-7840 ㅣ **팩스** 02-704-7848
이메일 sunhaksa@korea.com ㅣ **홈페이지** www.북코리아.kr
주소 13209 경기도 성남시 중원구 사기막골로 45번길 14 A동 1007호
ISBN 978-89-6324-386-3 (03300)
        978-89-6324-385-6 (세트)

값 16,000원

LQ 글쓰기 스터디 1
내 인생의 첫 번째 글쓰기 수업

김주수 지음

북코리아

프롤로그

참으로 부유한 사람은
삶 속에 시가 있는 사람, 삶 속에 침묵이 있는 사람,
삶 속에 뿌리가 있고 삶 속에 축제가 있으며
내면의 정원에 꽃이 만발한 사람이다.

—라즈니쉬

1

독서는 충실한 사람을 만들고, 회의는 민첩한 사람을 만들며, 글쓰기는 치밀한 사람을 만든다. —로버트 퀼렌

학과를 불문하고 대학에서 장학금을 받는 학생들은 절대적 공통점 두 가지를 가지고 있다. 그 하나는 '자기주도 학습'을 잘한다는 것이고, 나머지 하나는 '글쓰기'를 잘한다는 점이다. 이것은 내가 대학을 다닐 때도 그러했고 지금 대학을 다니는 학생들도 그러하고 또 앞으로도 계속 그러할 것이다. 이게 정말 사실이라면, 그럼 왜 그런 것일까?

첫 번째 이유부터 찾아보자. 중·고등학교 때는 많은 일들이 거의 타율로 이루어졌지만 대학에선 모든 것이 자신의 주도로 이루어져야 한다. 그래서 자기주도 학습이 안 되는 학생은 스스로 자신을 컨트롤하며 공부하지 못하기에, 대학의 수많은 자유와 여유 속에서 무수히 많은 시간을 낭비하며 허우적대기가 일쑤다. 타율에서 자율로 바뀐 그 급격한 구조적 변화에 빨리 적응하고 변화하지 못하는 학생들은 대학생활에 익숙해지는 데만 2~3년이 걸리기도 한다. 자기주도 학습이란 철저한 자

기 관리가 바탕이 된 매우 능동적이고 적극적인 것이라, 끝내 그것을 온전히 체험하지 못하는 경우도 많다. 그러니 자기주도 학습이 안 되는 이가 어찌 공부를 잘할 수 있겠는가?

둘째, 꼭 글쓰기를 잘해야만 장학생이 될 수 있는 이유는 무엇인가? 어느 학과 할 것 없이 대학에서 요구하는 거의 모든 과제는 '글쓰기'로 이루어진다. 심지어 시험도 글쓰기로 이루어지는 경우가 많다. 학업 성취의 객관적 결과인 '학점'이 바로 이와 같은 과정과 구조 속에서 이루어지니 글쓰기를 못하고서 어찌 성적이 좋을 수 있겠는가? 단언컨대 글쓰기를 못하는 학생은 대학에서 결코 점수를 잘 받을 수 없으며, 학업에 문제가 생기지 않을 수 없다. 내가 학생들에게 누누이 강조하지만 대학에서 글쓰기는 모든 학과, 모든 학생들에게 '전공 아닌 필수 전공'인 것이다.

> 글쓰기는 대학에 다니는 동안 늘 당신을 따라다닐 것이다. 피할 수 없다면 현실을 인정하고 하루라도 빨리 글쓰기 방법을 배우고 익히는 것이 낫다. 과락을 면하기 위해 마지못해서 하는 과제물은 글쓰기 실력을 향상시키지 못한다. 한 가지의 과제라도 본인이 적극적으로 참여하여 완성해 보라. 다음 과제가 훨씬 수월하게 느껴질 것이다.
>
> ―장미영, 『백지공포증이 있는 대학생을 위한 글쓰기』에서

그러나 글쓰기를 잘하는 학생이 공부를 잘하는 더 본질적이고 더 중요한 이유가 있다. 그것이 뭐냐면, 글쓰기를 잘하는 이는 필히 '독서력'과 '사고력'이 뛰어나다는 점이다. 이 두 능력이 뒷받침되지 않고는 결코 글을 잘 쓸 수 없다.

그림을 그리려면 먼저 사물을 잘 보아야 하듯이 글을 잘 쓰기 위해선

반드시 '잘 읽는 능력'이 선행되어야 한다. 또 글은 기본적으로 자신의 생각을 쓰는 것이므로 사고력이 떨어진다면 글을 잘 쓸 수 없다. 글을 명료하고 논리적으로 쓰기 위해선 반드시 먼저 '명료하고 논리적으로 생각'해야만 가능하다. 바바라 골도프타스 교수는 "MIT가 글쓰기를 강조하는 이유는 명쾌한 사고능력이 생기기 때문이다"라고 했고, 노벨의학상 수상자 피터 도허티도 "글을 잘 쓰는 사람은 생각도 명확히 한다"고 말한 바 있다. 즉 글을 잘 쓴다는 얘기는 '독서력과 사고력'이 뛰어나다는 방증인 셈이다.

독서력은 달리 말하면 '지식 흡수력'이라고 할 수 있다. 같은 책을 읽어도 독서력이 뛰어나냐 아니냐에 따라, 책을 소화하는 깊이나 지식을 습득하는 양과 질이 다를 수밖에 없다. 곧 독서력이 뛰어난 이는 학습 능력 차원에서 더 많은 것을 얻는다는 뜻이다. 아울러 그렇게 내 안으로 들어온 지식은, 다시 나의 사고력을 통해서 '내 것'으로 소화가 되어야 하고 적절하게 가공되어 표현될 수 있어야 한다. 사고력은 지식을 숙성시키고 응용할 수 있는 정신적 힘이다.

이것은 무엇을 의미하는가? 기실 '독서력'과 '사고력'은 공부를 하는데 있어 전공과 상관없이 가장 중요하고 핵심적인 '학습 역량'임을 뜻하는 것이다. 공부를 잘하는 데 가장 중요한 지적 능력이 바로 독서력과 사고력이며, 그것이 글쓰기 능력과 직결되어 있다는 점은 우리가 재삼 숙고해보아야 할 의미심장한 문제가 아닐까 한다.

세계 최고의 대학이라 불리는 하버드 대학에선 입학해서 졸업할 때까지 무려 8학기 동안이나 글쓰기 수업을 계속 들어야 한다. 어째서 이렇게까지 글쓰기 교육을 중요시 여기는 것일까? 게다가 하버드 대학생들의 '더 잘하고 싶은 일'에 대한 설문 조사에서 1위가 '글쓰기'였다는 점은 우리에게 무엇을 시사하는가?

세상의 모든 학문적 성과와 결과물은 '글'로 귀결된다. 학과를 불문하고 어느 분야든 논문도 글로 쓰고, 학술 저술도 글로 쓴다. 인문학뿐 아니라, 공대 논문도 미술학과나 체육학과 논문도 글로 써야 한다. 200편이 넘는 논문을 쓴 아인슈타인도 글로 자신의 이론을 전개했다.

　　즉 어떤 전공이든 글을 잘 쓰지 못한다는 것은 학문을 제대로 할 수 없다는 얘기가 된다. 설령 '같은 학문적 실력'이라도 글쓰기를 잘하는 이가 더 뛰어난 논문이나 저술을 쓰게 된다. 그러니 사회적 성공 또한 그들에게 돌아가는 것은 너무나 당연한 이치가 아니겠는가. 그런 까닭에 '글쓰기 능력'은 어느 분야든 학문하는 이들에게 아주 중요한 필수 역량인 것이며, 이것은 그들에게 지극히 상식 차원의 얘기(인식)에 지나지 않는다.

　　그뿐인가? 신문이나 잡지의 칼럼, 비평, 사설 등 모든 대중적인 지적 메시지도 모두 글로 전달된다. 미국 「포린 폴리시」와 영국 「프로스펙트」란 잡지가 세계에서 가장 영향력 있는 대중적 지식인 100명을 선정했는데, 그 100명의 면면을 보면 대부분이 문장가였다. 남을 감동시키거나 사회에 영향이 큰 글을 쓴 학자, 저술가, 작가, 칼럼니스트가 그 주인공들이다. 이렇듯 세계를 움직이는 이들의 대부분이 글 잘 쓰는 사람들이었으니, 세상과 사회를 이끄는 진정한 리더가 되기 위해서도 글쓰기 능력은 필수적이다.

　　각종 연구에 따르면 심지어 회사에서도 글을 잘 쓰는 이가 연봉도 높고 더 승진을 많이 한다고 한다. 회사엔 기획서나 보고서 등 수많은 문서들이 존재한다. 예를 들어 기획서나 보고서를 잘 쓰는 사람과 못 쓰는 사람 중 누가 일을 더 잘하는 사람일까? 누가 회사에 더 도움이 되고, 누가 사장에게 더 촉망을 받게 될까? 너무나 뻔한 사실이 아닌가!

　　요컨대 지성인은 LQ(Literacy Intelligence Quotient)로 표상되는 '리터러시

지능'이 뛰어난 사람들이다. 역사의 수많은 지성인들을 상상해 보라. 글을 못 쓰는 지식인을 상상하기는 쉽지 않다. 역사 이래로 글을 써서 발표한다는 것은 사실 지식인들만이 가진 전유물과 다름없었다. 어떤 분야의 '책'을 쓴다는 것은 그 분야의 지식인이나 전문가라는 점을 대변해왔다. 권력은 왕이 쥐고 있었지만, 지식과 문화의 핵은 언제나 그들이 쥐고 있었던 것이다.

모든 학문과 문화의 결과물이나 집적물이 '글'로 전달되고 전승되는 까닭에, 글쓰기 역량은 개인 차원에서뿐만 아니라 국가 차원에서도 매우 중요한 지적 자원이 아닐 수 없다. 비단 미국의 명문대들뿐 아니라 전 세계의 명문대들 또한 대부분 글쓰기 교육에 각별히 신경을 쓰는 이유가 여기에 있지 않겠는가.

세계 교육 경쟁력 1위인 핀란드는 초등학교에서부터 대학원에 이르기까지 모든 시험이 다 글쓰기로 이루어진다. 모든 수업 또한 읽기와 쓰기가 연동되어 있다. 그러니 그들의 글쓰기 능력이 어떠할지, 글쓰기에 얼마나 친숙할지 짐작해 보는 것은 그다지 어렵지 않다. 세계에 빛나는 그들의 교육은 읽기로 지식의 기둥을 세우고, 쓰기로 학업의 지붕을 삼고 있다. 그러한 교육의 힘을 바탕으로 오늘날 그들은 '세계 경쟁력 1위 국가'로 우뚝 섰다.

반면 우리나라 글쓰기 교육은 어떠할까? '암기'가 최선인 틈바구니 입시 교육 속에서, 글쓰기 교육은 괄시의 뒷전으로 밀려 중·고등학교 내내 거의 이루어지지 않았으니, 그 수준이 어떠할 것인가? 내가 대학에서 5년 동안 신입생들과 글쓰기 수업을 해본 바로는 한마디로 '끔찍한 수준'이었다. 초등학교 졸업 이후 글쓰기를 거의 처음 해보는 학생들도 많아서, 단락 쓰기조차 하지 않거나 혹은 하지 못하는 학생들이 과반일 때도 있었다. 그러니 더 무슨 말이 필요하랴.

요컨대 우리나라 글쓰기 교육은 폐허 수준이 아닐까 한다. 폐허 수준의 학생들을 데리고 소리 높여 '글쓰기 수업'을 하는 것은 선생으로서 때로 너무나 고되고 고달픈 일이었다. 가장 큰 문제는 그들이 글쓰기에 대한 흥미와 관심이 너무 없다는 점이다. 이것은 어느 한 교실만의 문제가 아니다. 우리나라 전체 '학생들과 선생들'의 문제이며, 만년대계라고 하는 국가 번영의 비전과 관련된 문제인 것이다. 이는 글쓰기가 가장 중요한 지적 능력 중에 하나이자 학습이나 학문의 필수적인 역량·자산임을 모르는 교육행정가들의 우매함 때문에 발생한 국가적 비극이다.

때문에 우리는 오랫동안 집단적 무지에 빠져 있다. 우리가 이와 함께 꼭 알아야 할 점은 글쓰기 교육만 폐허가 아니라, 독서 교육도 폐허 수준이라는 점이다. 신입생들 중에서 고등학교 3년 동안 참고서 외에 읽어본 책이 10권 이상인 학생이 전체에서 10% 정도밖에 되지 않는다. 그러니 그들의 '독서 능력'은 또 어떠할 것인가? 90%의 학생이 대학을 들어올 때까지 책을 거의 읽어본 적이 없다는 이 충격적인 사태 속에서 나는 매년 할 말을 잃는다. 이것이 내가 매일, 우리나라에 하루빨리 '교육 혁명'이 일어나기를 기도하는 이유다.

무엇보다 '폭넓은 독서'를 많이 해서 지식과 사고력을 키우게 하는, 혹은 주도적인 '책 읽기'가 모든 학습의 중심이 되게 하는 교육이 시급하다. 독서를 많이 하게 되면 내면 속에 쌓인 문장의 퇴적물로 인해 쓰기는 저절로 잘할 수 있게 된다. 2차대전 후 국가의 존폐 위기 속에서, 지혜와 비전을 담은 '교육 혁명'을 통해 진정한 선진국으로 거듭난 핀란드처럼 우리나라에서도 뛰어난 리더가 나와 하루 속히 '폐허에 빠진 교육'을 눈부시게 혁신해주길 간절히 소망하고 또 기원한다.

2

흔히 '학원식 판박이 답안의 홍수!'라 불리는 대한민국의 대입 논술 시험. "대체로 천편일률적인 내용이었다", "외워 쓴 듯한 느낌을 준 답안이 많았다"는 평가는 논술 채점 교수들의 강평에서 거의 빠지지 않는 지적들이다.

그러나 정작, 그 교수들이 이런 강평을 할 자격이 있는 것일까? 그런 답을 양산해내는 주범은 오히려 그들이 아닐까? 나는 교수들이 그런 강평을 할 자격이 없다고 본다. 없는 것은 물론이요, 도리어 그 책임은 전적으로 교수들에게 있다. 왜냐면 논술은 특정 지문과 형식을 전제로 한 매우 제한적인 글쓰기 형식이기 때문이다. 19살 고등학생이 학식과 견문이 있으면 얼마나 있고, 사고력과 필력이 있으면 얼마나 있겠는가? 특출한 학생인 경우를 제외하고, 대부분 그런 답이 나올 수밖에 없는 문제를 내고 있는 것이다.

"대학 입시의 논술고사가 전 국민의 문장교육이 되어가고 있다. 모범 답안이 국민 문장을 획일화하고 평준화한다. 논술 고사의 문장에서 탈피하지 않으면 좋은 문장 교육이 될 수 없다."(김성우)

논술을 치르는 대학은 많지만, 그 시험 문제는 어찌 그리도 하나같이 천편일률적인지! 왜 이런 점은 살피지 못하고 죄 없는 학생들만 탓하는가? 모범 답안이 있는 시험 방식으로, 학생들이 천편일률적인 답을 쓰도록 만든, 변함없이 천편 일변도인 시험 방식이 훨씬 더 큰 문제다.

영국 옥스퍼드의 단과 대학인 올소울즈 칼리지는 '키워드로 에세이 쓰기'를 통해 학생들을 선발한다고 한다. 제시된 단어가 어떤 것이든 그 단어 하나를 토대로 세 시간 동안 에세이를 써야 한다. 이는 실로 무한대로 열려 있는 글쓰기 형식이라 할 것이니, 필력은 물론이요 지식과 사고력과 창의력이 없으면 쓸 수 없는 글이기에, 이 에세이 하나만으로도 그의 지적 역량을 충분히 가늠해 볼 수 있다.

학생 선발이라는 같은 목적을 지닌 글쓰기 시험이지만, 올소울즈 칼리지의 방식과 우리의 대입 논술은 극과 극으로 다르다. 올소울즈 칼리지의 방식이 활짝 열려 있는 글쓰기라면 우리의 논술은 너무나 폐쇄적인 글쓰기다. 길을 스스로 만들면서 써야 하는 글쓰기와 갈 길이 이미 정해져 있는 글쓰기의 차이이니, 애초부터 그 결과의 종착점은 너무 확연했던 것이다. 그러니 그 책임을 시험 출제자인 교수에게 먼저 물어야 하는 것은 지극히 당연한 일이 아니겠는가.

우리의 대입 논술도 올소울즈 칼리지 같으면 안 되는 것일까? 설사 그와 똑같지 않더라도, 지금처럼 제한적 방식이 아니라 보다 창의적이고 열린 글쓰기를 지향할 수는 없는 것일까? 고지식함으로 무장한 논술시험 방식을 과감하게 혁신할 '깨어 있는 지성'이 쏟아져 나오면 안 되는 것일까?

미국 캘리포니아 변호사 시험은 3일 동안 6개의 에세이와 2개의 실무 테스트 등을 치르는데, 대부분 응시자들은 시험이 끝나면 '손이 떨어져 나갈 정도로 많은 글을 썼다'고 말하곤 한다(강준만). 이런 글쓰기 시험 또한 '열려 있는 글쓰기'를 지향한다. 우리의 논술처럼 결코 한쪽 방향(모범답안)으로만 달려가게 하지 않는다. 고루한 방식을 계속 답습하면서, 창의적인 인재를 바라는 것은 연목구어(緣木求魚)와 다를 바 없다.

가장 바람직한 글쓰기는 영감이 가득 찬 놀이다. ─스티븐 킹

우리는 '글쓰기 교육 부재'와, '잘못된 글쓰기 시험'을 함께 가지고 있다. 언제까지 이래야만 하며, 언제까지 이렇게 계속 내버려 둘 것인가?

미국 명문대에 유학하고 있는 한국인 학생들의 44%가 중도에 탈락하는데 유학생들의 최대 난관은 영어회화가 아니라 아카데믹 에세이 작성 능력 때문이라고 한다.[1] 이런 기사를 접하면 어떤 생각이 드는가? 여전히 글쓰기가 회피하거나 뒤로 미뤄둘 수 있는 일로 보이는가? 잘못된 교육을 핑계로, 자신의 글쓰기 능력을 계속 지적 불모지로 방치해서는 안 될 것이다.

인터넷이 일반화된 이후 역설적으로 중요해진 것은 글쓰기 능력이다. 이제 글쓰기는 '그들만의 것'이 아니라 인터넷 문화, 대중문화, 비즈니스 등에서 필요한 '우리들의 것'이다. 글쓰기야말로 한 개인의 경쟁력이자 문화지수를 높여주는 중요한 척도다. 휴대전화로 문자를 보내거나 이메일을 보내거나 블로그를 운영하거나 일상에서 무엇인가를 써야 하는 행위는 갈수록 늘어나고 있다. 글쓰기야말로 디지털 시대의 생존전략이 된 것이다.

—한기호, 『책은 진화한다』에서

글쓰기는 우리 시대의 대세이자, 더 이상 뒤로 미룰 수 없는 우리 모두의 지적 과제가 되었다. 예전과 달리 글쓰기는 특정 소수가 아니라, 누구에게나 '집단의 공동 활동'에 필수적인 지적 역량이 된 것이다. 때문에 LQ를 높이는 것은 모든 이들의 자기 계발에 빠질 수 없는 필수 과목이 된 셈이다.

글쓰기는 독서보다 더 많은 사고 작용을 필요로 한다. 독서 역시도 많은 사고 작용을 필요로 하지만 글쓰기는 그보다 한 단계 위이다. 독

---

1   「중앙일보」, 2008년 11월 28일자.

서와 달리 글쓰기는 모방을 기본으로 했다고 해도, 고유한 '자기만의 세계'를 창조하는 일이기 때문이다. 따라서 쓰기만 한다면 자연스레 사고력이 증진된다. 기승전결과 같은 흐름 짜기, 문단 배열하기, 문장 구성하기와 같이 기술적인 부분을 계속해서 공부하게 되면 논리력 역시도 자란다. (…)

특히 아이는 글을 계속 쓰다 보면 '내 생각, 내 관점'을 쓰게 되는데 이것이야말로 글쓰기의 참다운 결과물이다. 수동적으로밖에 하지 못했던 아이는 글쓰기를 통해 어느덧 자기주도형 아이로 새롭게 태어나게 된다.

—이인환, 『기적의 글쓰기 교실』에서

글쓰기는 사고력과 논리력을 증진시키는 요람과 같다. 체력이 없으면 뛸 수 없는 것처럼, 생각이 없으면 쓸 수 없는 것이 글이다. 사고력은 글이라는 물레방아를 돌리는 물이나 다름없다. 사고는 자기 안에서 이루어지는 것이며, 주체적이고 능동적인 실현이 없으면 글쓰기는 이루어질 수 없다. 그런 면에서 글쓰기는 광활한 사고력의 광장으로 자신을 내몰아, 스스로를 단련시킨다.

글쓰기는 깊고 넓은 생각과 풍부한 감정, 세상을 바라보는 주체적인 가치관과 철학, 독창적인 표현력, 정확한 문장 구사 능력 등 다양한 요건을 필요로 하는 총체적인 활동이다. 때문에 '읽고 쓰는 지능'은 논리적이고 정밀하게 사고할 수 있는 지능, 세상과 소통할 수 있는 지능과 직통한다. LQ가 모든 학습과 지적 성취의 근간이 되는 이유이다.

타인과 세상을 향해 마음을 열고 소통하길 바라는 마음은 글쓰기의 중요한 기원이자 본질이다. 아이러니컬하게도 소통이 어렵거나 불가능한 상황에서 글쓰기의 열망은 더욱 커지기도 한다. 무인도에 고립

되었거나 감옥에 갇힌 사람이 매일 일기를 쓰고, 다른 사람에게 말하기 힘든 끔찍한 일을 겪었거나 역사의 특별한 비밀을 알고 있는 사람이 수기를 남기며, 억울한 일을 당한 사람이 고발의 글로써 호소하는 예를 우리는 종종 본다. 이러한 글쓰기는 타인 및 세상과 소통하는 길을 열어놓고, 글 쓰는 사람의 소외감과 상처를 치유하는 역할을 하기도 한다. 여기서 우리는 타인 및 세상을 향한 글쓰기와 '진정한 나'로 성장하기 위한 글쓰기가 하나로 연결되어 있음을 알 수 있다. 두 유형의 글쓰기는 개념상으로는 구별될 수 있지만, 실제로는 뚜렷이 분리되기 어렵다.

—고인환 외, 『상상과 창조의 글쓰기』에서

들숨과 날숨이 서로 연결되어 순환하듯이 '타인(세상)을 향한 글쓰기'는 '자신을 향한 글쓰기'와 연결되어 있다. 세상과의 소통은 자신과의 소통을 전제로 한다. 그것은 양방향으로 움직이는 이해의 다리이며, 깊은 만남을 통한 치유와 성장을 동반한다. 글쓰기는 사고력 차원에만 머무는 것이 아니라, 전인적인 작업이란 뜻이다.

어떠한 이유에서든 이러한 좋은 작업을 미루어 두거나 방치·폐기해 놓는 것은 여러 면에서 안타까운 일이다. 글쓰기를 못하는 이유는 여러 가지겠지만, 잘하는 법은 한 가지다. 기본 요령을 배우고, 그저 하고 또 하는 것이다. 하지 않기 때문에 못하는 것일 뿐. 매일 밥을 먹듯 매일 글을 쓰면 못할 이유가 없다. 기대치만큼 열심히 하면 되고, 그렇게 하다 보면 달라질 수밖에 없다.

글쓰기를 두려워하는 학생들의 공통점은 써보지도 않고 미리 못 쓴다고 생각한다는 것이다. 또 제대로 잘 써보려고 노력도 안 해보고 자신은 글쓰기에 재주가 없다고 속단한다. 이렇게 항변하는 학생도 있을지 모르겠다.

"나도 노력해봤어요. 그래도 안 되는 걸 어쩌란 말이에요?"

그렇다면 되물어 보자. 얼마나 오랫동안 어떻게 노력해 보았는가?
아마 생각은 많이 했으나 실제 무언가를 실천해본 적이 없거나 몇 번
글쓰기를 시도했지만 자신의 생각을 제대로 표현할 수 없어서 중도에
포기한 경우가 더 많았을 것이다.

—장미영, 『백지공포증이 있는 대학생을 위한 글쓰기』에서

글쓰기에 어떤 재능이 필요한가? 글쓰기는 재능과 아무 상관이 없다.
운전을 하는 데 재능이 필요한가? 프로 카 레이서가 되는 데는 재능과
남다른 노력이 필요하겠지만, 운전면허증을 따서 시내에 차를 몰고 다
니는 것은 재능과 상관없이 누구에게나 가능한 일이다. 글쓰기도 이와
마찬가지다. 전문 작가가 되려면 재능도 필요하고 각별한 노력도 뒤따
라야 하겠지만, 일반인으로서 글로 자신의 뜻을 잘 표현하는 수준은 단
지 글쓰기의 기본 기술을 배우고 얼마간 익히고 연습하면 누구나 잘할
수 있는 일에 지나지 않는다.

운전을 배우고 면허증을 따도 운전 실력이 제각각이며 누구나 금방
실력이 느는 것은 아닌 것처럼, 글쓰기도 숙련의 과정에서 다소의 시간
과 노력이 들 뿐이다. 하지만 운전과 마찬가지로 꾸준히 조금씩 하다 보
면 누구나 어느 순간 별 어려움 없이 '움직일 수 있는 단계'에 도달하게
된다. 글쓰기가 잘 안 된다는 것은 단지 요령이나 연습 부족으로 아직
그 단계에 이르지 못했음을 의미할 뿐이다.

수업시간에 학생들에게 이런 이야기를 한 적이 있다. '한비야 씨가 초
기에 쓴 책과 요즘 쓴 책을 비교해보면 글쓰기 실력에 상당한 차이가 난
다. 처음 쓴 책들은 문장력이 정말 변변찮았지만, 책을 여러 권 쓰면서

쓰기를 계속 하다 보니 문장력이 비약적으로 향상되었다. 이처럼 열의를 가지고 계속 하다 보면 글쓰기는 누구나 잘할 수 있는 것이다.' 이런 요지의 말이었다. 그런데 얼마 후 이런 글을 보게 되었다.

> 나는 글쓰기는 철공을 갈아서 바늘을 만드는 과정이라고 생각한다. 지칠 정도로 너무나 더디지만 애를 쓰는 만큼 반드시 좋아진다는 거다. 내 첫 책 '바람의 딸' 시리즈와 『지도 밖으로 행군하라』를 비교해 보라. 내가 보아도 글이 좋아졌다는 것이 확연히 드러난다. 이것이 바로 그동안 좋은 글을 쓰기 위해 그토록 몸부림치고, 가족 및 친구들을 괴롭히고 기자와 편집자들에게 비굴했던 지난 10년간의 결과다. 앞으로 10년 후면 지금의 철공이 훨씬 더 바늘에 가까운 모습이 될 것을 굳게 믿으며 오늘도 미련하게, 그러나 기꺼이 철공을 갈고 있다.
>
> —한비야, 「내 글쓰기의 비밀」에서

내가 그녀의 문장력이 확연히 달라졌다고 느꼈던 책이 바로 『지도 밖으로 행군하라』였다. 그러한 변화가 그냥 이루어진 것이 아님을 그녀의 고백을 통해 거듭 확인할 수 있어서 기뻤다. 누구나 그녀처럼 비전과 믿음을 가지고 꾸준히 노력한다면 글쓰기 실력이 발전하지 않을 까닭이 없다. 그녀의 글쓰기도 처음엔 정말 평범한 수준에 지나지 않았다. 과감한 도전과 실천이 오늘의 그녀를 만든 것이다.

피터 드러커는 "목표를 달성하는 사람들이 갖고 있는 공통점 중의 하나는 지속적 학습을 삶의 한 부분으로 인식한다는 점이다"라고 했다. 지속적 학습을 하려면 제일 먼저 마음부터 바꾸어야 한다.

성공한 사람과 실패한 사람들에겐 절대적 공통점이 한 가지 있다. 성공한 사람들은 예외 없이 긍정적이고 적극적이다. 반면 실패한 사람들은 예외 없이 부정적이고 소극적이다. 또 긍정적이고 적극적인 사람은 그 때문에 매우 능동적인 반면, 부정적이고 소극적인 사람은 그 때문에 매우 수동적이다. 그것은 학교 수업에서도 고스란히 드러난다. 수업에 A+나 A를 받는 학생은 그 수업에 대해 가장 긍정적이고 적극적인 학생들이며, D나 F를 받는 학생들은 가장 부정적이고 소극적인 학생들이다. 이것은 하나의 원리이기에 거의 예외가 없다. 즉 정신과 태도의 차이가 모든 일의 성취와 인생의 승패를 좌우하는 것이다.

그런 점에서 글쓰기를 잘하려면, 글쓰기를 대하는 마음과 신념부터 바꿔야 한다. '글쓰기는 재미있고 유익한 것이며, 나도 얼마든지 잘할 수 있다.' 이렇게 긍정적인 생각과 적극적이고 능동적인 자세부터 가져야 한다. 무릇 시작이 반이라 했으니, 좋은 마음가짐이 그 나머지 반을 채워 줄 것이다.

> 글쓰기 성향 테스트! 다음 세 가지 보기 중 하나를 골라보자. 첫 번째, 나는 글쓰기를 좋아하는 편이다. 두 번째, 나는 글쓰기를 좋아하지 않는 편이다. 세 번째, 나는 글쓰기를 두려워하는 편이다. 첫 번째 보기는 '잘하는 것'이 아니라 '좋아하는 것'에 방점이 찍혀있다는 것을 유념하자. (…) 좋아한다는 것은 그 분야를 '밀고 갈' 에너지가 장시간 나온다는 것이며, 동시에 불가능을 뛰어넘을 수 있다는 것이기도 하다.
>
> —김민영

'좋아한다'는 것은 '잘하게 된다'로 이어지는 고속열차다. 어떤 것을 잘하는 사람은, 필히 그것을 좋아하는 사람들 속에서 나온다. 좋아하지 않고 어찌 오래할 수 있으며, 숙달되지 않고서 어찌 잘할 수 있으랴.

요리하기를 좋아하는 이들이 대개 요리를 잘하고, 농구하기를 좋아하는 이들이 또한 대부분 농구를 잘한다. 왜 그럴까? 좋아하면 할수록 대개 기대치가 높을 뿐 아니라 자주 접해서 경험치가 더 많기 때문이다. 그래서 어떤 일이든 좋아하는 마음으로 자주하면, 그렇지 않은 이보다 일정 수준 이상 더 잘하게 된다.

> 처음부터 완성된 글을 쓰려고 괴로워할 것이 아니라, 단 한 줄이라도 자신의 문장을 쓰기 위해 고군분투할 일입니다. 한 줄의 문장을 정성들여 쓰는 마음은 한 편의 글을 정성들여 쓰는 마음과 다르지 않습니다.
>
> ―김수이

산을 좋아하는 이가 산행을 자주 하고, 그 덕에 산을 더 잘 타게 되는 것처럼, 글쓰기를 잘하는 지름길은 무엇보다 글쓰기를 좋아하는 데 있다. 좋아하면 자주 하게 되고, 좋아하는 그 애정으로 자주 하게 되면 자연히 식견과 경험이 쌓여 시간이 갈수록 점점 더 잘하게 된다. 그러한 과정은 세상에 글 잘 쓰는 모든 이들이 함께 밟아갔던 오롯한 길일 것이다.

그 길은 누구에게나 열려 있는 넓고 정직한 길이어서 그 누구도 배신하지 않는다. 누구든 그 길을 따라 자신의 꿈에 닿을 때까지 꾸준히 걸어가기만 하면 된다. 그 길은 세상으로 닿아 있으면서 또 자신의 내면으로 이어져 있는 길일 터이다. 이 책이 그 길을 처음 가거나 함께 가길 원하는 이들을 위한 좋은 길동무가 될 수 있기를. 부디 이 길동무와 많은 이야기를 나눠보기 바란다.

3

> 정말 읽고 싶으나 아직 그런 책이 씌어진 적이 없다면 당신이 그 책을 써야 한다. ―모리슨

세상에 남다른 열정이 있는 선생들은 모두 저마다 '자신만의 하고 싶은 수업'이 있기 마련이고, 또 그런 수업을 하기를 꿈꾸며 계속 도전한다. 나도 내가 하고 싶은 글쓰기 수업이 있었다. 하지만 그런 내 바람에 적합한 글쓰기 교재는 없었다. 그런 수업을 위해서는 내 마음에 딱 맞는 맞춤형 교재가 필요했다. 그것이 내가 이 책을 쓴 이유다.

나에게는, 나를 만나는 것이 '인생에 첫 번째 글쓰기 수업'이 될 많은 학생들에게 들려주고 싶은 작은 이야기들이 있었다. 내가 들려주고 싶은 그 이야기들로 멋진 글쓰기 수업을 하고 싶었다. 이 책은 그 멋진 수업을 위한 내 꿈의 열기구인 셈이다. 이 글쓰기의 열기구가 어디로 얼마만큼 날아갈지 누가 알겠는가? 책이란 독자의 마음에 저마다 다르게 접속되고 기억되는 것인 까닭에, 이 열기구는 하나이면서 또 수많은 다른 사물이 될 것이다.

이 책의 설계도는 이 책의 목차이거니와, 이 목차 안엔 내가 의도한 '글쓰기 학습'의 중요한 전략이 담겨 있다. 그래서 독자들께서 이왕이면 책 내용뿐 아니라, 이 전략을 잘 눈여겨봐 주었으면 좋겠다.

글을 잘 쓰기 위해서 가장 중요한 핵심 역량은 '독서력과 사고력과 표현력(표현 기술)'이다. 단언컨대 글을 잘 쓰는 이는 반드시 이 세 가지 능력을 고루 갖추고 있다. 반면 글을 잘 쓰지 못하는 이는 이 세 가지 능력 중에 한두 가지가 부실하거나 혹은 세 가지 능력 모두 부실한 경우이다. 이치상 이것은 하나의 법칙과도 같아서 거의 예외가 없다.

그렇기에 글을 잘 쓰고자 하는 이는 무엇보다 이 세 가지 능력을 키우는 데 집중해야 한다. 때문에 필자 또한 이 세 가지 능력을 키우는 데 초점을 맞춰 이 책을 썼다. 그러니 이 책을 읽는 내내 '독서력'과 '사고력'과 '표현력'이라는 이 세 가지 키워드가 계속해서 머릿속에 맴돌기를 바란다.

내 수업을 들은 학생들 중에는 간혹 한 학기 만에 글쓰기 실력이 처음에 비해 비약적으로 향상되는 학생들이 더러 있다. 그들은 반짝이는 눈빛으로 늘 수업을 열심히 듣고, 또 듣고 배운 것을 적극적으로 실천한 학생들이다. (아. 모든 학생들이 그렇게 되면 얼마나 좋을까!) 사실 정도의 차이가 있을 뿐, 그렇게 진지한 자세로 제대로 배우고 익히기만 하면 글쓰기 실력이 늘지 않을 사람이 없다.

혹 이 책을 읽는 독자 중에서도 그렇게 단 시간 안에 글쓰기 실력을 비약적으로 높이고 싶은 분이 있다면 이 책 전체를 세 번 정도 정독하기 바란다.[2] 그리고 배운 것들을 적극적으로 자신의 글쓰기에 실천하기 바란다. 그렇게 하면 그 또한 짧은 시간 안에 글쓰기 실력이 비약적으로 향상될 수 있을 것이다.

> 가르치는 사람의 역할은 배우는 사람의 마음을 예언자의 입장에서 지지해주는 것이다. '너라면 반드시 성공할 거야'라는 확신을 가지고 이야기하고, 배우는 사람에게 '항상 성공한다고 생각하고 행동하라'는 말로 희망을 불어넣어준다.
>
> —야스코치 테츠야, 『쉽게 가르치는 기술』에서

우리가 뭔가를 배우기 위해서는 가르치기의 달인이 전해주는 이 말을 스스로 자기 자신에게 들려주어야 한다. 자신을 믿는 힘, 즉 자신감이란 세상의 '모든 성취'를 가능케 하는 그 첫 번째 동력이므로!

---

2   나는 나 한 사람의 이야기보다 여러 사람의 다양한 이야기를 들려주고 싶었다. 그래서 이 책엔 글쓰기 담론에 대한 '인용'이 많으니, 특히 그 인용문들도 꼼꼼히 읽기 바란다.

무릇 어떤 일이든 경험이 계속 더해져, 효과적인 방법이나 요령을 터득할수록 작업이 더 수월해지는 법이다. 우리는 시간이 빚어주는 그러한 체험의 이치를 믿고, 자신의 잠재력과 비전을 과감하게 끄집어내어야 한다.

> 몇 년 전에 난 여행 경험이 많은 기타리스트와 긴 대화를 나누었다. 그 사람 말로는 60년대로까지 거슬러 올라가도, 누구 못지않게 연주를 잘했다고 한다. 그는 카를로스 산타나에서 랜디 캘리포니아, 지미 헨드릭스, 지미 페이지까지 온갖 사람과 무대에 함께 섰단다. 그러나 그에게 가장 많은 걸 가르쳐준 기타리스트는 그가 풋내기일 때 만났던 한 나이든 블루스 연주자였다고 한다. 어떻게 연주하는지 가르쳐 달라고 부탁했더니 이렇게 대답해주었다고 한다.
> "난 자네에게 내가 알고 있는 모든 걸 15분 만에 가르쳐줄 수가 있네. 그러면 자네가 해야 할 건 집에 돌아가서 15년 동안 연습하는 거야."
>
> ─데릭 젠슨, 김정훈 역, 『네 멋대로 써라』에서

써먹지 못하는 기술 혹은 써먹지 않는 기술은 죽은 기술이며, 써먹고자 하는데도 잘 안 되는 경우는 그 기술이 아직 자신에게 제대로 익지 않은 까닭이다. 같은 하나의 기술을 구사함에도 수많은 '격'이 있거니와, 숙련은 내공을 만들어내는 도가니요, 모든 고수들이 밟고 올라갔던 계단이다.

그러니 무엇이 걱정이랴? 꾸준한 노력이 있다면 나를 스쳐간 시간과 함께 내공은 반드시 쌓여갈 것이고, 땀과 영혼이 깃든 노력은 결코 우리를 배신하지 않을 것이다. 어제와 다른 오늘, 어제와 다른 나 혹은 그로 인해 만들어지는 새로운 삶은 언제나 그렇게 만들어지지 않았던가!

때로 꾸준함이 최상의 노하우요, 답이다. 아무쪼록 모든 독자들이 이

소리 없는 글쓰기의 열기구를 타고, 높이 그리고 멀리 날아가 다양한 세상을 보면서 풍부하고 새로운 인식의 장에서 마음껏 정신의 여행을 할 수 있기를 바란다. 하늘 아래, 때로 읽기와 쓰기만큼 좋은 소요유의 뗏목도 없으리니!

모두들 호학심사(好學深思)하기 바라며…
취루재에서 김주수 씀

차례

3부 글쓰기 훈련을 위한 최상의 장르

1부

글쓰기 절대원칙 혹은 최소원칙

1장

잘 읽어야만
잘 쓸 수 있다

바탕이 없는 일은 오래가지 못하니 자세의 중요성부터

깨쳐야 한다. —박상우

안목이 실력의 시작이다

글쓰기에도 절대원칙이라는 게 있을까? 나는 '있다'고 생각한다. '잘 읽고 잘 생각해야 잘 쓸 수 있다' 이것이 내가 제시하는 글쓰기의 절대원칙이다. 이것이 절대원칙이 될 수 있는 이유는 '모든 사람의 모든 글'에 이러한 이치가 동일하게 적용되기 때문이다. 달리 말하면, 잘 읽지 못하고 잘 생각하지 못하는 이는 결코 잘 쓸 수 없다! 읽기와 쓰기는 동전의 양면과 같아서 이쪽이 없으면 저쪽도 없으니, 읽기가 안 되면 쓰기가 될 까닭이 없다.

대상을 잘 보지 못하는 사람이 그림을 잘 그릴 수 없듯이, 잘 읽지 못하는 사람은 글의 속성·특징을 잘 알지 못하기에 잘 쓸 수 없게 된다. 음식 맛을 제대로 볼 줄 모르는 사람이 요리사가 될 수 없고, 잘 듣지 못하는 사람이 음악가가 될 수 없는 이치와 같다.

제대로 쓰기 위해선 무엇보다 제대로 읽을 줄 알아야 한다. 이것이 글쓰기를 위한 제1의 조건이다. 이 조건이 갖춰지지 않으면 나머지도 기대할 수 없다. 그러므로 글을 잘 쓰고자 하는 이는 '읽기'에 각별히 주의해야 한다. 길이 눈에 보여야 길을 찾아갈 수 있는 것처럼, '잘 읽기'가 될 때 '잘 쓰기'도 가능하다.

> 눈 높은 초짜는 세상에 드물다. 눈이 낮아서 자기 검열도 느슨하다.
> 초짜가 타짜가 되려면 일단 '보는 눈'부터 높여야 한다.
>
> —배상문, 『그러니까 당신도 써라』에서

어떤 분야든 초짜는 안목이 없다. 안목이 없기 때문에 초짜요, 초짜의 눈으로 보기 때문에 보아도 보이지 않는다. 그래서 '보는 눈'이 달라진다는 것은 초보에서 벗어나게 된다는 뜻이다. 반면 고수는 예외 없이 '보는 눈(안목)'이 높은 사람들이다. 이들은 다른 사람이 보지 못하는 것까지 보고, 같은 것을 봐도 더 깊고 섬세하게 본다. 이들의 눈엔 오랜 연마와 예민한 촉으로 깃든 고도의 심미안이 장착되어 있다.

> 우선은 보는 눈이 뜨여야 이런 저런 무엇을 갖출 수가 있는 것이다. 안고수비(眼高手卑)라는 말이 있어서, 마음은 크고 눈은 높아도 재주가 모자라 손이 눈을 따르지 못하는 것을 탄식하기도 하다만, 수비는 나중 이야기고 우선은 안고가 되어야 한다. 보는 눈이 먼저 열려야 분별을 하게 되고, 눈에 격이 생겨야 그 격에 이르려고 부지런히 손을 익힐 것 아니냐. 타고난 재주가 아무리 출중허고, 일평생 익힌 솜씨가 아무리 능란해도, 눈이 낮은 사람은 결국 하찮은 몰풍정(沒風情)을 벗지 못할 것이다. 그러니, 다른 무엇보다, 사람은 눈을 갖추어야 하느니라.
>
> ―최명희, 『혼불4』에서

몸이 천 냥이면 눈이 구백 냥이라 했던가. 글쓰기에서도 '보는 눈'은 구백 냥과 같다. 그림자가 빛을 따르듯, 글쓰기 솜씨는 기본적으로 반드시 눈의 수준을 얼마간 따라가는 법이다. 문장은 물론이요 글의 구상이나 내용도 언제나 자신의 눈높이에서 터를 잡으며, 자기 검열도 자신의 눈만큼만 가능하다.

"사랑하면 알게 되고, 알게 되면 보이나니 그때 보이는 것은 전과 같지 않으리라"고 하지 않던가. 읽기를 좋아하고 사랑해야 알게 되고 알게 되면 보이나니, '보이는 것'이 전과 달라져야 쓰는 것도 전과 달라지게 된다.

작가가 되려면 다른 작가들의 글을 두루 읽어야 한다는 것이다. 글쓰기는 유혹이다. 다른 작가의 글에 매혹된 경험이 없는 작가는 자신의 글로 남을 유혹할 수도 없다.

—배상문, 『창작과 빈병』에서

어떤 요리의 맛을 내려면, 우선 그 요리의 맛을 보는 일이 선행되어야 한다. 그 맛을 안 후야만 그와 같은 맛을 만들어낼 수 있기 때문이다. 마찬가지로 어떤 글맛을 내려면, 그러한 글을 읽고 그 맛을 느끼는 체험이 선행되어야만 한다. 글을 통해 재미와 감동을 느껴봐야 그러한 세계가 있음을 알게 되고, 그것을 알아야 그러한 세계를 만들어내려는 열망을 가지게 되며, 그런 시도도 비로소 할 수 있게 된다. 알지 못하면 열망도 없으며, 시도조차 할 수 없다. 안다는 것은 내적 경험으로 체감했다는 것이니, 아는 만큼 보인다는 말은 결코 허언이 아니다.

> 좋은 글을 본다 해도 그저 '잘 썼네!' 하고 지나가서는 '자기 것'이 되지 않습니다. 어떤 제목을 써서 독자의 눈길을 사로잡는지, 첫 단락은 어떻게 만들어 호기심을 자극하는지, 어느 부분에서 적절히 인용을 하는지, 자신의 주장을 어떤 과정으로 전개해나가고 있는지 꼼꼼히 살펴봐야 합니다. 즉 읽기를 할 때는 반드시 '분석적 읽기'를 해야 한다는 겁니다.

—김민영, 『첫 문장의 두려움을 없애라』에서

글쓰기를 잘하는 최선의 방법은 잘 읽는 데서부터 시작되며, 잘 읽기는 '분석적 읽기'와 '반복해 읽기'에 있다. 분석적 읽기가 정독(精讀)이라면, 반복해서 읽기는 숙독(熟讀)이다. 정밀하게 읽고 익숙하도록 읽어 새로운 눈이 되고 안목의 경지를 바꾸는 것! 글쓰기의 안고(眼高)는 정독과 숙독 사이에서 생겨난다. 안목이 높아지면 생각도 달라지고 쓰는 것도 전과 달라지게 된다.

글쓰기 훈련으로 '필사(筆寫: 베껴 쓰기)'를 권하는 이들이 더러 있다. 그들은 마치 필사가 글쓰기 학습에 최선의 방법인양 이야기한다. 그러나 나는 조금도 필사를 권하고 싶지 않다. 필사는 매우 수고로워 일반인에게 전혀 적합하지도 않을 뿐 아니라, 필사에 들이는 시간과 노력보다 훨씬 더 효과적인 방법이 존재하기 때문이다. 그것은 좋은 글이나 책을 잠심(潛心)으로 반복해서 읽으며 그 장점과 특징을 배우는 것이다.

잠심이란 깊이 젖어든다는 뜻이니, 결국 잘 읽는다는 것을 뜻한다. 그렇다면 왜 글을 잘 쓰는 최고의 비결이 '잘 읽는 데' 있는 것일까? 잘 읽어야만, 글의 특징(기술, 장점)을 정확하고 섬세하게 볼 수 있고, 느낄 수 있고 또 체득할 수 있기 때문이다. 잘 읽는 것은 마치 광대한 글의 정원에서 '글쓰기 노하우'를 마음껏 채집하는 것과 같다. '단어의 사용, 문장의 길이와 리듬, 문장 부호, 비유적 표현, 단락 나누기, 글의 전체 구성과 흐름' 등등을 잘 살피면서 읽으면, 저자의 기술을 그대로 전수받을 수 있다.

"여기서 나는 무엇을 배웠는가? 여기서 배운 것을 다른 글쓰기에 어떻게 적용할 것인가?"(바버라 베이그) 나머지는, 이런 질문으로 자신이 읽기를 통해 배운 것을 확인하며, 전수받은 기술을 직접 사용해보는 일이다.

그러므로 글쓰기를 배우고자 하는 이는 어떤 글이나 책을 읽든, '어떻게 썼나?'에 초점을 맞춘 '초점화 읽기'를 해야 한다. 이런 초점화 읽기를 하면 시각이 섬세해져 글의 장점과 특징을 더 잘 보게 될 뿐 아니라, 그 과정에서 문장에 대한 감각 또한 절로 발달하게 된다.

예컨대 윤동주의 시집을 읽는다고 할 때, '감상 차원에서 그냥 읽는 것'과 '시 작법상의 특징에 유의하면서 읽는 경우', 어느 쪽이 작법상의 특징을 더 많이 발견하겠는가? 당연히 후자일 것이다. 그러한 초점화 읽기의 과정 속에서 안목은 더 섬세해지고 예리해진다.

책 한 권을 읽는 데 이틀 걸렸으면 이틀을, 사흘 걸렸으면 사흘을 생각하는 일에 바치십시오. 책을 읽을 때와 똑같은 집중과 관심으로 그 책에 대해 이모저모 세세하게 생각해나가십시오.

'왜 그런 소재를 선택했을까', '주제와 소재는 효과적으로 조화되어 있는가', '주제의 형성화는 잘 이루어졌는가', '사건 전개는 우연이나 조작적이지 않고 실감 있고 필연적인가', '구성의 허술함이나 무리는 없는가', '인물들의 개성과 생동감은 살아 있는가', '문체의 특성은 무엇인가', '감각과 묘사력은 특색이 있는가', '결말 처리는 효과적이었는가', '소설로서 성취도는 어느 정도인가'.

이런 것을 소가 눈 지그시 감고 느긋하게 되새김질하듯 차근차근 곱씹고 되씹으며 따져 나가야 합니다. 그것이 작품에 대한 객관적 분석이고 비판입니다. 그리고 그것은 당신 스스로 하는 가장 효과가 큰 소설에 대한 종합 공부입니다. (…) 그 위대한 천재들의 작품을 정신 집중해 차근차근 또박또박 읽어나가십시오. 그러면 당신은 무수한 봉우리를 넘고 골짜기를 건너며 온갖 보석을 줍게 될 것입니다. 작가마다 다른 다채로운 문체, 형형색색의 소재, 각양각색의 주제, 온갖 기발한 구상, 기기묘묘한 표현 기법, 무궁무진한 상상력, 세련된 대사 처리의 효과, 과감한 생략의 역효과, 뜻밖의 상징과 감동, 살아 생동하는 무수한 인물 군상…….

그건 세계적인 천재들이 맘껏 펼치는 문학의 대향연이며, 언어의 대축제입니다. 그 잔치에서 맘껏 마시고, 취하고, 즐기십시오. 아무도 간섭하는 사람이 없습니다. 그러면 당신은 당신이 그토록 알고 싶어 하는 소설 실기, 소설 잘 쓰는 방법 등 모든 것을 한꺼번에 얻게 될 것입니다.

그 책 속에는 천재들이 '최선을 다한 촉감'이 들어 있습니다. 그 촉감과 얼마나 진하게 교감하느냐 아니냐는 전적으로 당신에게 달렸습니다. 당신의 집념과 열정과 끈기와 성실이 그것을 결정지을 것입니다.

—조정래, 『황홀한 글감옥』에서

조정래 작가가 소설 쓰기의 비법을 전수한 글이다. 세상에 글 잘 쓰는 이들이나, 모든 작가들이 다 마찬가지다. 다른 이의 작품을 통해 장점과 노하우를 배웠고, 그것을 활용해 자신의 세계를 다시 만든 것이다.

'어떻게 썼나?'에 초점을 맞춘 '분석적 읽기'가 글 속의 다양한 기술을 고스란히 전수받을 수 있는 길이라면, '반복해서 읽기'는 그것을 자기 안에 확실하게 다져 심는 과정이니, 글을 반복해서 읽으면 일종의 삼투 현상이 생겨난다. 이른바 '글쓰기 삼투 현상'이란 것이니, 글을 자꾸 반복해서 읽으면 그 글의 장점이나 특징이 서서히 내 안으로 배어들어 절로 '그러한 속성의 글'을 쓸 수 있게 되는 현상을 말한다.

> 좋은 글은 여러 결이 차곡차곡 겹쳐 있기에 아주 두껍습니다. 고흐 그림처럼 말이죠. 읽을 때마다 전에 보지 못한 새로운 결이 드러납니다. 늘 아는 만큼만 보이고 이해한 만큼만 들리는 법이니까요. —이강룡

읽고 또 읽는 과정에서 안목은 더 정교해지고, '장점 본받기'가 '장점 스며들기'로 전환된다. 반복해서 읽기는 글의 장점을 내 것으로 만드는 첩경이다. 마음이 깃든 읽기엔 반드시 삼투 현상이 일어난다. 그러한 잠심의 반복을 통해 내공이 쌓이면 '저절로 그렇게 되는 경지'에 이른다. 마음과 눈에 친숙한 것은 닮아가게 마련이어서, 그것은 단지 읽기나 안목 차원에서 그치는 것이 아니라, 내 안에 축적된 풍성한 문기(文氣)이자 습득된 하나의 경지가 된다.

> 작가들은 다른 작가들과 사랑에 빠진다. 이것이 바로 그들이 글쓰기를 배우는 방법이다. 그들은 한 작가에게 다가가, 그가 쓴 모든 작품들을 통해 그가 어떻게 움직이고 휴식을 하는지, 어떻게 세상을 바라보는지 완전히 이해할 수 있게 될 때까지 읽고 또 읽는다. 그리고 마침내

자신에게서 빠져 나와 다른 누군가의 피부 속으로 옮겨 들어가는 것, 이것이 바로 사랑에 빠진 사람의 모습이다. 다른 사람이 쓴 글을 사랑하게 되는 능력이 당신 안에 있는 능력을 흔들어 깨운다는 뜻이다. 다른 작가가 쓴 글이 아주 자연스럽게 당신 것으로 변해가면, 당신은 글을 쓸 때 그것들을 활용하게 될 것이다.

—나탈리 골드버그, 권진욱 역, 『뼛속까지 내려가서 써라』에서

우리는 여기서도 똑같은 목소리를 들을 수 있다. 예컨대 자기 고백적 글쓰기를 익히고 싶은 사람에겐 샬롯 브론테(Charlotte Bronte)의 명작 『제인에어』를, 유려한 문체와 통찰력을 배우고 싶다면 이어령의 『흙 속에 저 바람 속에』를, 비유의 달인이 되고 싶은 이에겐 문장 미학의 파노라마인 김성우의 『돌아가는 배』를 추천하고 싶다. 분석적 읽기로 눈과 마음을 적시며 세 번만 반복해서 읽어라. 그것만으로도 글쓰기 실력이 비약적으로 향상될 것이다. 작가가 되고 싶은 이는 그 이상을 반복해서 읽어라. 조정래 작가가 지적한 것처럼 그 책의 모든 노하우를 고스란히 전수받게 되는 것은 물론이요, 책의 내공이 갈수록 내 안으로 스며들어 그것을 자유자재로 활용할 수 있는 경지를 만들어줄 것이다.

이처럼 자신이 본받고 싶은 어떤 책이든, 잘 읽기만 한다면 나에게 '글쓰기 비법'을 알려줄 최상의 스승이 된다. 그러므로 좋은 책 한 권만 제대로 읽어도 글쓰기 실력을 단번에 높일 수 있다.

필사 한 번 할 시간에, 서너 번 이상 반복해서 읽을 수 있다. 이 때문에 필사보다 정독과 숙독이 콤비를 이룬 '꼼꼼히 읽기의 반복'이 훨씬 뛰어난 방법이라고 말하는 것이다. '잘 읽기의 반복된 숙련'보다 보는 눈을 빨리 틔우는 길도 없고, 그것보다 내면의 경지를 빨리 획득하는 방법도 없다. 읽는 만큼 보이고, 그 보이는 바가 깊고 넓어지는 만큼 앎과 그 앎

을 실현할 쓰기의 내공은 축적된다.

아울러 '정독해서 반복해 읽기' 외에 또 하나 추천하고 싶은 방법은 문장 암송이다. 좋은 문장이나 마음에 드는 구절을 암송하는 것은 문장 감각을 기르는 데 매우 효과적인 방법이다. 좋아하는 특정 구절이나 문장 하나 없는 사람치고 글을 잘 쓰는 경우는 거의 없다. 좋아하지 않고서 뭔가를 잘 배울 수는 없는 법이다. 암송하는 구절이나 문장은 내 안에 더 깊이 젖어들고 새겨진다. 암송 또한 '글쓰기 삼투 현상'을 일으키는 좋은 방법이 되는 이유이다.

빙어를 낚고 싶은 사람은 빙어가 있는 곳으로 가야 하고, 숭어를 낚고 싶은 사람은 숭어가 있는 곳으로 가야 한다. 글쓰기도 이와 마찬가지다. 촉촉하고 감성적인 글을 쓰고 싶은 이는 촉촉하고 감성적인 글을 많이 읽어야 하고, 논리가 정연한 글을 쓰고 싶은 사람은 논리가 정연한 글을 많이 읽어야 한다. 모든 학습의 기본은 '장점 본받기'를 통한 '하나되기' 이기 때문이다.

서예를 배우려는 이는 서예 선생에게 가고, 검도를 배우려는 이는 검도 선생에게 간다. 꿀을 찾는 벌과 나비처럼, 자유롭게 내가 배우고 싶은 것을 가르쳐 줄 수 있는 선생을 찾아가라. 세상의 모든 좋은 책이 바로 최상의 글쓰기 교재이자 최고의 스승이 된다. 읽기로 그 스승을 자주 만나라. 책을 반복해서 읽으면 그 글의 표현적 특성뿐 아니라, 그 글의 감성과 사유와 통찰까지, 즉 정신적인 세계까지 다 배울 수 있게 된다.

만일 기쁨을 위해 독서를 한다면 무의식 중에 작가의 문체나 기술을 흡수하게 될 것이다. 더욱 중요한 것은 이렇게 전문작가에게서 배우는 과정을 좀 더 의식적으로, 좀 더 계획적으로 하는 것이다. 그러니까 자신이 좋아하는 작가의 작품에 대해 연구할 필요가 있다. 따라서 책

LQ 글쓰기 스터디 1

을 읽을 때 자기 자신을 사로잡는 것에 주목하라. 그 부분의 인물 묘사가 생동감이 있는가? 대화의 전개라든지 작가가 뭔가를 설명하는 방식이 마음에 드는가? 작가의 어휘 선택이라든지 글의 특색이 마음에 드는가? "와, 정말 멋지다!" 하는 감탄사가 절로 나오는 문장이나 어휘, 구절에 주목하라. 그때 스스로에게 "이 사람은 어떻게 이런 글을 썼지?"라고 물어보라. 그리고 그 구절을 몇 차례 반복해서 읽어본다. 또 큰 소리로도 읽어본다. 그 부분이 멋져 보이는 이유를 찾아낼 수 있는지 확인해보라. (…) 훌륭한 작가의 작품을 반복해서 읽다 보면 언젠가는 보답하기 마련이다.

—바버라 베이그, 박병화 역, 『하버드 글쓰기 강의』에서

언제나 내가 읽고 싶고, 닮고 싶은 글에 답이 있다. '사려 깊고 정교하게 다듬어진 글'을 읽으면 그러한 글의 특징을 배울 수 있고, '부드러운 문체와 유려한 비유로 이루어진 글'을 읽으면 그러한 글의 매력을 배울 수 있다. 내가 읽는 책이 웅대한 사상을 지녔다면 그러한 사상을 배울 수 있고, 탁월한 통찰을 지녔다면 그러한 통찰을 글로 표현하는 법을 배울 수 있다. 어떤 글을 쓰고 싶은가? 자신이 쓰고 싶고, 자신이 닮고 싶은 글, 즉 자기 글쓰기의 '이상'을 찾아서 반복해서 읽어라. 그것이 그런 장점과 매력을 배우는 최고의 지름길이다.

아울러 소설을 쓰고 싶은 이는 좋은 소설을 찾아서 읽고, 칼럼을 쓰고 싶은 이는 좋은 칼럼을 찾아서 읽어라. 마찬가지로 에세이를 쓰고 싶은 이는 좋은 에세이에서 답을 찾고, 시를 쓰고 싶은 이는 좋은 시에서 답을 찾아야 한다. 장르 안에서—혹은 장르를 넘나들며— 깊이 읽고 넓게 읽어라. 이것이 장르의 특성을 마스터하는 최상의 길이다.

어떻게 하면 글을 잘 쓸 수 있는지 고민하던 중 떠오른 생각이 신문

의 칼럼을 벤치마킹하는 전략이었다. 잘 쓴 신문 칼럼을 매일 두 번씩 읽고 그 스타일을 모방하여 글을 쓰기로 했다. 처음에는 전체적인 내용을 읽었고 두 번째는 다음과 같이 분석하면서 읽어나갔다.

(제목, 첫 문장, 인용문, 접속사, 끝 문장, 문장 구조, 좋은 문장, 수사법, 문장 길이)

이렇게 신문 칼럼 하나를 선택해서 매일 두 번씩 읽다 보니 2개월 정도 지난 후에는 글쓰기의 틀이 보이기 시작했다. 6개월 정도 지났을 때는 글 쓰는 데 어느 정도 자신감이 붙었다. (…) 내 이야기를 듣고 많은 사람들은 이렇게 말했다.

"매일 신문 칼럼을 읽었지만 한 번도 분석해본 적이 없었습니다. 하지만 칼럼을 분석하면서 읽다 보니 정말 글 읽는 재미를 알게 되었고 나도 언제가 글을 쓸 수 있다는 자신감이 생겨났습니다. 칼럼을 한 번 읽는 사람과 두 번씩 읽으며 분석하는 사람과의 차이가 작가가 되고 안 되고의 차이였음을 알게 되었지요."

문제는 실천이다. 실천할 수만 있다면 누구든지 칼럼형 작가가 될 수 있다. 그리스의 철학자 플라톤은 "탁월성은 지속성이다"라고 말했다. 이 세상의 탁월한 모든 것은 바로 지속성의 산물이다. 매일 칼럼 하나를 선택해 두 번씩 읽으면서 언젠가 작가가 될 수 있다는 자신감을 가져보자.

—양병무, 『일생에 한 권 책을 써라』에서

처음엔 내용을 읽고 두 번째는 글의 표현적 특성을 읽는 것도 좋은 방법이 된다. 양병무는 단지 신문의 칼럼을 '2번 분석해서 읽는' 꾸준한 연습을 통해 스스로 칼럼 쓰기를 배웠고, 또 칼럼은 물론이요 여러 권의 책을 쓰는 저자로까지 성장하였다. 그도 분석적 읽기를 하기 전까지 보통 사람과 다를 바 없는 이였다. 글을 잘 쓰고 못 쓰고의 차이는 단지, 글의 특징을 제대로 읽을 수 있느냐, 없느냐에 그리고 배운 것을 온전히 실행할 수 있느냐 없느냐에 따라 나뉠 뿐이다.

　　같은 글을 두고 이렇게 극과 극의 판단이 내려질 수 있는 것은 글을 읽는 사람마다 '스키마'가 다르기 때문이다. 그럼에도 부정할 수 없는 사실은 '잘 쓴 글'과 '못 쓴 글'은 대체로 구분이 된다는 것이다. 글을 잘 쓰기 위한 연습법은 간단하다. '잘 쓴 글'의 특징을 따라해 보고, '못 쓴 글'에 드러난 실수는 철저히 피하면 된다.

　　　　　　　　　　　　　　—배상문, 『그러니까 당신도 써라』에서

　이 글엔 '쓰기를 위한 읽기'의 황금률이 담겨져 있다. 단점은 타산지석으로 삼고, 배운 장점은 따라해 보면서 온전히 자신의 것으로 체득하라! 이제 자신에겐 실행과 그 경험의 축적만이 남았을 뿐이다. 시도하지 않으면 아무것도 이룰 수 없다.

　"지식저장형 인재보다는 문제해결형 인재가 되라. 이를 위해서 독서하는 시간에 삶의 문제와 화두를 끌어들여야 한다. 책에서 얻은 지식을 삶에서 실험해봐야 한다. 지식과 경험의 양쪽 바퀴를 함께 굴려서 성공의 마차를 힘차게 달리게 하라."(이희석)

　이론과 실제가 다르듯, 이상과 경험은 다르다. 노하우를 아무리 많이 알아도, 그것을 사용해보지 않으면 내 실력이 되지 않는다는 것을 명심해야 한다. 써먹을 수 있는 지식만이 살아 있는 지식이다!

✿ 실습 과제

1. 김성우의 산문집 『돌아가는 배』를 분석적으로 읽으며 장점 배우기를 해보자.
2. 오쇼 라즈니쉬의 『오쇼 자서전』을 분석적으로 읽으며 장점 배우기를 배보자.

많이 읽고 많이 생각하고 많이 써라

처음에는 질보다는 양을 높이는 게 문장력을 기르는 지름길이다. 양을 마음대로 조절할 수 있으면 질도 향상시킬 수 있다. ―양병무

양질전환의 법칙이라는 게 있다. '양'이 많아지면 '질'이 바뀐다는 뜻이다. 예컨대 검도를 배우면 제일 먼저 '정면베기'부터 배우게 된다. 처음엔 베기 실력이 없지만, '정면베기'를 수천 번, 수만 번 하게 되면 '정면베기'의 파워가 처음보다 훨씬 높아지게 된다. 반복된 '양'이 '질'의 수준을 확연히 바꾼 것이다. 계란후라이를 처음 하는 취사병에겐 후라이가 익숙하지 않지만, 몇백 몇천 개의 계란후라이를 계속 만들다 보면 나중엔 아주 능숙해져서 한 번에 여러 개를 굽는 정도도 아무렇지 않을 만큼 쉬운 일이 된다. 이처럼 숙련의 양은 '일의 수준과 경지'를 변화시킨다. 한 방울의 물은 힘이 없지만, 댐 안에 가득 고인 물의 힘은 엄청나다.

이렇듯 세상사엔 양이 쌓여 '질'의 속성을 바꾸는 것이 수없이 많거니와, 글쓰기에도 양질전환의 법칙은 그대로 적용된다. '더 많이 읽고, 더 많이 생각하고, 더 많이 써라. 그럴수록 그만큼 경지가 달라질 것이다.' 이것이 글쓰기에 확고히 존재하는 양질전환의 법칙이다.

많이 읽으면 '읽기의 질'이 높아질 것이고, 많이 생각하면 '생각의 질'이 바뀔 것이며, 많이 써보면 '쓰기의 질'이 달라질 것이다. 지극히 자연스러운 이치가 아닌가. 누구에게나 법칙은 동일하게 적용되는 것이니, 이러한 삼다(三多)는 만고불변하는 글쓰기의 정도이자 대도(大道)다.

소설가 조정래는 '글 잘 쓰는 비법'에 대한 질문에 이렇게 답했다.

그건 다름 아니라 '삼다(三多)' 방법입니다. 많이 읽고(多讀) 많이 쓰고(多作), 많이 생각하라(多商量). 여러분들이 실망해서 "에게게" 하는

소리가 들립니다. 이건 여러분도 이미 알고 계실, 저 중국 시인 구양수의 구태의연한 처방법입니다. 그러나 온고지신(溫故知新)이라고 하지 않습니까. 이 말은 바로 이런 경우를 놓고 이른 것입니다. 제 경험으로는 이보다 좋은 방법은 없습니다.

그런데 제가 경험한 바를 통해서 약간의 수정과 보완을 덧붙이고자 합니다. 우선 그 순서를 다독, 다상량, 다작으로 고치십시오. 그다음으로는 노력의 시간을 효율적으로 배분하는 것입니다. 다독4, 다상량4, 다작2의 비율이면 아주 좋습니다. 이미 좋다고 정평이 나 있는 작품을 많이 읽으십시오. 그 다음에 읽은 시간만큼 그 작품에 대해서 이모저모 되작되작 생각해보십시오. 그리고 마지막 단계로 글쓰기를 시작하는 것입니다.

그러나 수많은 문학도는 그 순서를 거꾸로 하거나, 한 가지를 경시해서 일을 그르칩니다. 어서어서 작가가 되고 싶은 다급한 마음에 많이 쓰고, 적당히 읽고, 별로 생각하지 않는 것입니다. 그 마음 급함이 글을 발전시키지 못하고, 소설가가 되는 것도 오히려 더디게 방해합니다. 그 절실한 가르침은 우리 선조들이 남긴 말씀에 있습니다.

'바늘허리에 실 메어 못 쓴다'

'첫 술에 배부르랴'

많이 읽고, 많이 생각하고, 많이 쓰는 이 방법보다 더 좋은 방법은 없습니다. 이것은 글을 잘 쓸 수 있는 가장 확실한 방법이면서 유일한 방법이고, 또한 첩경입니다. 이 권유와 충고는 백 번, 천 번, 만 번을 해도 과하지 않습니다. 글을 쓰고 싶은 욕구가 있으면, 글을 잘 쓰고 싶은 욕심이 있으면, 작가로서 좋은 작품을 남기고 싶은 욕망이 있으면 그 세 가지 일깨움을 당신의 영혼에 아로새기고, 가슴 한복판에 화인처럼 찍으십시오. 그리고 하루도 빠짐없이 날마다, 날마다, 바보처럼, 미련퉁이처럼 실천에 옮기십시오. 그러면 문학의 여신은 뜻밖에도 빨리 여러분을 찾아올 것입니다.

—조정래, 『황홀한 글감옥』에서

글쓰기에서 양질전환을 만들어내는 삼다(三多)! 이것을 가장 확실하고 유일하고 방법이며, 첩경이라고 말할 수 있는 까닭은 '이치'가 그러하기 때문이다. 이치는 만인에게 고루 적용되는 섭리요 법칙이다. 불씨는 모여야 더 뜨겁고, 물은 웅덩이를 채워야 넘쳐서 흐른다. 읽은 것이 적고 생각한 것이 적으면 무엇으로 뜨거울 것이며, 무엇으로 넘쳐서 흐를 것인가.

글을 쓴다는 것은 특별한 능력으로부터 나오는 것이 아니다. 그것은 내가 가진 것들을 밖으로 표현하는 여러 활동 중 하나다. 말을 쏟고, 땀을 쏟고 배설물을 쏟는 것처럼, 글 역시 내 안에서 넘쳐나는 그 무엇인 것. 즉 글쓰기는 나 자신을 드러내고, 내 존재를 확인하는 자연스러운 인간 행위 중 하나이다.

—윤세진, 『언어의 달인 호모 로퀜스』에서

읽은 것이 적고 생각한 것이 적은 사람은 자연히 '내 안에 넘쳐나는 것'이 없거나 적을 수밖에 없다. 쏟아내고 싶어도 쏟아낼 것이 없으니, 아직 넘쳐서 흐르는 '넉넉한 물'이 되지 못한 것이다. 반면 독서와 생각이 고여 넘쳐날 때 쓰는 글은 좋은 글이 될 가능성이 높다. 그것은 억지로 짜낸 글이 아니라 절로 흘러나온 '넉넉한 글'이기 때문이다. 이것이 다작(多作) 전에 먼저, 많이 읽고 많이 생각해보아야 하는 이유이다.

작가는 자신이 하고 싶은 이야기, 말하고자 하는 것이 있어야 한다. 없다면 작가가 될 수 없고, 글을 쓸 수 없다. 말하고자 하는 것이 있기 위해서는 많은 책을 읽어야 한다.

읽은 만큼 보이고 보이는 만큼 쓸 수 있기 때문이다. 보이는 만큼 하고 싶은 말이 많아지게 될 것이다. 하지만 읽지도 않고, 그래서 아는 것도 적고 눈에 보이는 것도 적은 사람은 하고 싶은 말이 금세 바닥이

나고 만다.

—김병완, 『인생을 바꾸는 기적의 글쓰기』에서

모든 일에는 순서가 있다. 라면 하나를 끓이는 데도 순서가 있으니, 글쓰기 학습에 어찌 순서가 없으랴. '읽기—생각하기—쓰기'는 글쓰기의 자연스러운 질서다. 순서가 어긋나면 결과도 어긋난다. 밑그림이 없이 채색을 먼저 할 수는 없고, 체력이 없이는 마라톤을 완주할 수 없다.

'모든 예술은 모방으로 시작하되, 그것을 넘어서야 한다.' 제가 앞에서 좋은 책을 많이 읽으라고 누누이 말한 것도 '창조적 모방'을 하라는 뜻일 수 있습니다. —조정래

큰 나무는 뿌리도 그만큼 깊고 크다. 얻은 것이 많아야 줄 것도 많아진다. 내 안에 축적된 것이 있어야 그것을 넘어서는 창조적 모방도 할 수 있다.

작가와 독서는 절대 떨어질 수 없는 불가분의 관계다. 작가치고 독서광이 아닌 사람은 없다. 반대로 독서를 하지 않는 사람 가운데 글을 잘 쓰는 사람은 없다.

—김태광, 『마흔, 당신의 책을 써라』에서

많이 읽어봐야 잘 읽을 수 있고, 많이 생각해봐야 잘 생각할 수 있으며, 많이 써봐야 잘 쓸 수 있다. 조금 읽고, 조금 생각하고, 조금 써본 이가 잘 쓰기는 거의 불가능하다. 그런 사람은 초보자일 뿐이다. 초보와 고수는 대개 경험과 숙련의 양으로 나뉜다. 그런 점에서 삼다(三多)에 깃든 양질전환의 법칙은 앞서 말한 '잘 읽고, 잘 생각해야, 잘 쓸 수 있다'라는

글쓰기의 절대원칙과 한 궤를 이룬다.

본 것이 적으면 아는 것도, 사유도 적을 수밖에 없고, 그렇게 지적 수원(水源)이 작으면 당연히 쓸 것도 적을 수밖에 없다. "읽은 만큼 세상이 보이게 되고, 보이는 만큼 글을 쓸 수 있게 되고, 그 글을 쓰는 데 투자한 만큼 남게 되는 것"은 '읽기'로부터 시작해 '쓰기'로 완성되는 연쇄작용의 자연스런 귀결이다.

> 나는 한 달에 노트 한 권은 채우도록 애쓴다. 글의 질은 따지지 않고 순전히 양만으로 내 직무를 판단한다. —나탈리 골드버그

'질'보다 '양'이 먼저다. 양이 쌓여야 질로 변환된다. 경험이 누적되었는데 어찌 실력이 생기지 않겠는가. 다만 쓰기의 양을 늘리기 전에 읽기의 양부터 늘려야 한다. 기대치가 높을수록 더 많이 읽어야 한다. '생각과 쓰기'는 읽기의 그림자와 같아서 자연히 그 뒤를 따라온다. 무릇 '자득을 통한 깨우침'은 읽기로부터 시작해서 생각으로 숙성되며 쓰기로 완성되는 것이다.

수업시간에 갑자기 '뉴질랜드 역사에 대해서 어떻게 생각하느냐?'고 학생들에게 물으면 당황스러워 눈만 껌벅일 뿐 아무도 아무런 답을 하지 못한다. 한국 학생들은 대부분 '뉴질랜드 역사'에 대해서 아는 바가 전혀 없기 때문에, 답은 물론이요 이에 대해 생각조차 하지 못한다. 아마 뉴질랜드 학생들에게 '한국의 역사'에 대해 물었어도 이와 마찬가지였을 것이다.

우리는 여기서 중요한 사실을 하나 발견할 수 있다. 그것은 '지식이 없으면 생각할 수 없다'는 점이다. 아는 게 없으면 그것에 대해 생각하고자 해도 생각할 수 없다. '고려 2대 왕 혜종의 정치에 대해 어떻게 생각하는

가? 페르시아의 국제무역에 대해 어떻게 생각하는가? 양자심리학에 대해서 어떻게 생각하는가?' 이런 질문에 대부분의 사람들은 전혀 답을 할수 없는 것은 물론이요, 어떤 생각조차 할 수가 없을 것이다. 아는 바가없기 때문이다. 알아야만, 어떤 지식이나 정보가 있어야만 그것에 대해생각해 볼 수 있다. 무식한 사람이 온전한 식견을 가지기 힘든 이유도 이때문이다.

아는 바가 있어야 그것에 대해 깊이 있게 생각해 볼 수 있고 말을 하거나 쓸 수 있게 된다. 이것이 생각과 쓰기가 '읽기'로부터 시작되는 이유이다. 그래서 '지식이 없으면 제대로 생각할 수 없다'는 말은 '읽지 않으면 제대로 생각하거나 쓸 수 없다'는 말로 전환된다. 본 것이 많아야식견도 풍부해지며, 입력이 많아야 출력도 많아진다!

> 똑같이 그리는 동작을 통해 거장의 솜씨가 기억 속에 각인된다. 여기서 우리가 얻을 수 있는 교훈이 있다면 그건 바로, 부지런히 따라해야 한다는 것이다. 이는 요즘 같은 시대에 그다지 인기 있는 개념은 아니다. 요즘은 어디서나 자신만의 방식을 찾으라고 가르치고, 무슨 수를 쓰든 자신만의 독창적인 색깔을 찾아내라고 훈계하는 시대이므로. 하지만 내 충고는 올바르다고 생각한다. 설령 다른 사람의 발자국을 따라가는 것일지라도 위대한 행로를 따라가 보는 것은 기술을 습득하는 데 꼭 필요한 수단이다.
>
> —트와일라 타프, 노진선 역, 『천재들의 창조적 습관』에서

거장의 위대한 행로를 따라가 보는 것은 그런 경지를 깊이 맛보는 것과 같다. 창조적 모방의 첫걸음인 것이다. 곡간에서 인심 나듯, 많이 읽기는 많은 생각을 낳고, 많은 읽기와 생각은 '많이 쓰기'를 낳는다. 어떤것이든 많이 해보지 않고서 어찌 익숙해질 수 있으랴. 삼다(三多)라는 글

쓰기의 섭리에 충실하라. 그러면 모든 거장들이 걸어갔던 길을 뒤이어 걸어가게 될 것이다.

쓰기의 원천, 독서

해마다 햄릿을 읽으며 책에 대한 인상을 적어놓는 것은 사실상 우리의 이야기를 쓰는 것이나 다름없다. 왜냐하면 우리가 인생에 대해서 더 많이 알면 알수록 우리가 아는 것에 대한 셰익스피어의 코멘트도 달라지기 때문이다. —버지니아 울프

절대적으로 그런 것은 아니지만, 대개 두 번 읽을 가치가 없는 책은 한 번 읽을 가치도 없다. 이왕이면 좋은 책을 읽어야 하고, 효과적으로 읽어야 한다. 읽기의 수준은 사고의 수준과 쓰기의 수준을 함께 결정짓는다.

대학생이라고 해도 사정은 별다를 게 없다. 언젠가 국문과 학생들을 놓고 강의할 기회가 있었는데, 국문과 학생들인데다가 요즘 대학생들이 무슨 책을 읽는지도 궁금했던 터라, 대학 들어와서 읽은 책을 모두 써보라고 했다. 결과는 마찬가지. 대개가 베스트셀러 소설이거나 수업 시간에 다룬 소설들, 아니면 가벼운 수필집이나 처세서들이 대부분이었다. 무엇보다 내가 놀란 건, 그들의 독서 목록에서 인문학 분야의 책들은 거의 찾아볼 수 없었다는 사실이다. 대형 서점에 가면 그렇게나 많은 책들이 넘쳐나는데, 읽는 책들은 어쩌면 그리도 비슷한지. 대학에서 논술시험을 도입한 이후로 독서 교육의 필요성이 강조되고, 인문학이 대중화되었다고 하지만, 청소년들의 독서는 양과 질 모두에서 여전히 형편없는 수준이다. 분량이 많거나 주제가 조금만 무거워 보여도, 이 어려운 걸 어떻게 읽느냐며 지레 겁을 먹고 쉬운 책을 찾는다.

—윤세진, 『언어의 달인 호모 로퀜스』에서

실로 안타까운 일이지만 '형편없는 수준'이란 말에 나는 적극 공감한다. 내가 경험한 현실 또한 그러했기 때문이다.[1] 우리는 너무 책을 안 읽거나, 읽어도 대부분 쉬운 책들만 읽는 데 길들여져 있다. 폰에 죽고 폰에 사는 '폰생폰사족'은 넘쳐나지만 독서에 죽고 독서에 사는 '책생책사족(册生册死族)'은 보기 드물다. 독서의 수준, 읽기의 수준이 달라지지 않으면 사고의 수준이 달라지지 않으며, 그에 따라 글쓰기 수준도 달라지지 않는다. 조금씩 자신의 독서 수준을 높여가야 한다. 너무 가벼운 아령으로는 근육을 키우지 못한다.

나만의 관점은 자기 주도적 사고의 다른 단계와 마찬가지로 저절로 길러지지 않는다. 항상 의식적으로 자신만의 관점을 가지려고 노력해야 한다. 그러려면 우선 지금까지 다른 사람들이 가졌던 관점부터 알아야 한다. 기존의 관점을 이해해야 그것과 다른 관점도 생긴다. 창의력도 마찬가지다. 나만의 관점을 더욱 넓고 깊게 발전한 것이 바로 창의력이다. (…)

기존의 관점을 이해하는 가장 확실한 방법은 읽기다. 각종 문서와 데이터, 신문기사 등 대부분 자료는 읽기라는 행위를 통해 내 안에 축적된다. 그리고 그것을 바탕으로 반 발짝만 더 새로운 생각을 해보려고 노력하다 보면 서서히 자신의 관점이 세워진다. 그것을 풀어내는 것이 바로 글쓰기다. 글쓰기가 자기 주도적 사고의 결과물이라면 읽

---

1 이에 대한 이야기는 부록에 실려 있는 「1학년 수업의 빛과 그늘」에 잘 나타나 있다. "대학을 졸업하기까지 우리는 많은 공부의 시간을 보냅니다. 초등 6년간은 1일 8시간으로 따졌을 때 17,280시간, 중고생 때는 1일 12시간으로 잡아 25,920시간, 대학생은 공부하는 시간이 많지 않으니 6시간으로 계산해 8,640, 모두 합하면 51,840시간쯤 됩니다. 초등학교부터 대학까지 5만 시간 이상을 공부해온 20세 이상의 성인 남녀가 독서와 글쓰기에 어둡고, 독서 토론을 할 줄 모른다는 사실이 안타깝기만 합니다." -김민영, 「어른을 부끄럽게 하는 책 『정세청세』」에서.

기는 자기 주도적 사고를 위한 밑거름이라 할 수 있다.

—김지영, 『글 쓸 줄 아는 사람이 되라』에서

　나의 주체적 관점을 가지는 것은 '다른 관점'을 아는 데서부터 시작된다. 거름이 있어야 곡물이 잘 자라는 것처럼, 다양한 관점을 이해하고 수용할 수 있어야 균형 잡힌 내 시각을 가질 수 있고, 전체를 알아야 내 포지션을 선정할 수 있다. "어떤 주제에 대해 다양한 주장들을 다 알고 있어야 설득력 있는 자기 목소리를 낼 수 있다."(강준만) 확실한 나의 관점과 나의 목소리를 찾으려면, 먼저 폭넓은 읽기를 통해 내 시야와 지적 토대부터 넓혀야 한다. 자기 주도적 사고의 밑거름이 충실할 때, 자기 주도적 사고의 결과물도 풍성할 수 있지 않겠는가.

　독서가 정말 중요한 까닭은 우리가 독서를 통해서 창작의 과정에 친숙해지고 또한 그 과정이 편안해지기 때문이다. 책을 읽는 사람은 작가의 나라에 입국하는 각종 서류와 증명서를 갖추는 셈이다. 꾸준히 책을 읽으면 언젠가는 자의식을 느끼지 않으면서 열심히 글을 쓸 수 있는 어떤 지점에(혹은 마음가짐에) 이르게 된다. 그리고 이미 남들이 써먹은 것은 무엇이고 아직 쓰지 않은 것은 무엇인지, 진부한 것은 무엇이고 새로운 것은 무엇인지, 여전히 효과적인 것은 무엇이고 지면에서 죽어가는 (혹은 죽어버린) 것은 무엇인지 등등에 대하여 점점 더 많은 것들을 알게 된다. 그리하여 책을 많이 읽으면 읽을수록 여러분이 펜이나 워드프로세서를 가지고 쓸데없이 바보짓을 할 가능성도 점점 줄어드는 것이다.

—스티븐 킹, 김진준 역, 『유혹하는 글쓰기』에서

'아는 만큼 보인다'는 말은 달리하면, '무지하면 보이지 않는다'는 뜻이 된다. 이것은 비단 글에서뿐 아니라 세상 모든 분야에 동일하게 적용되는 말일 것이다. 한 평생을 살며 세상만사를 보아도 삶의 이치를 알기는 쉽지 않다. 하물며 견문이 적어 내가 보고 듣고 아는 바가 지극히 작은 것이라면, 그것으로 어찌 삶과 세상을 제대로 이해하고 알 수 있겠는가. 식견이 적으면 너나 할 것 없이 우물 안 개구리 신세를 면하기 어렵다. 무식으로 세상을 보는 건 무지의 대롱으로 하늘 보기와 크게 다르지 않을 터.

비록 높은 식견을 갖추기 위해 책에 살고 책에 죽는 열혈지사는 못 될지라도, 때때로 책에서 노닐고 책에서 쉬는 삶, 독서로 스스로의 성장을 도모하는 삶은 기꺼이 살아볼 만한 것이며 또 누구에게나 가능한 일일 것이다.

다른 작가들의 작품을 읽지 않은 사람의 글은 공허하다. (…) 글쓰기는 혼자 하는 작업이지만, 공동체에 관한 일이기도 하다. 작가에 따라서는 글을 쓰는 동안 다른 작가들의 작품을 읽지 않는 것을 원칙으로 삼는 경우도 있다. 그건 괜찮다. 하지만 글쓰기의 절반이 읽기라는 것은 분명하다. 자신이 쓴 글만 읽는 것은 소용없다. 그건 배고픈 뱀이 자신의 꼬리를 먹는 것과 같은 행동이다. 꼬리가 없어지는데도 뱀은 계속 자기 꼬리를 삼킨다. 얼마 지나지 않아 스스로 자기 자신을 완전히 먹어치우고 만다.

책을 읽지 않는 건 외부의 영양분과 영감을 놓치는 일이다. 책을 읽어야 한다. 당신에게 좋은 양분이 될 것이다.

—나탈리 골드버그, 한진영 역, 『글쓰며 사는 삶』에서

'글쓰기의 절반이 읽기'라는 말에 나는 적극 동감한다. 한쪽 다리로는 걸을 수 없듯 읽기 없는 쓰기는 존재할 수 없다. 독서는 쓰기의 영원한

원천이다. 가뭄에도 수량이 마르지 않는 큰 저수지처럼 자기 안에 커다란 글쓰기의 원천을 만들어라. 원천이 넉넉할수록 쓰기는 한결 쉬워질 것이다.

> 사람은 독서를 통해서 물질적 조건과 사회적 제약에도 불구하고 스스로 자유로운 결정을 할 수 있는 존재가 되고, 자유로운 존재로서의 자기에게 필요한 상황을 창조할 수 있는 능력을 획득할 수 있다. '자유인'이란 무엇인가? 무지와 몽매와 미신의 굴레에서 자유로워진 인간이다. (⋯)
> 소크라테스나 코페르니쿠스 또는 갈릴레오 등은 스스로 자유인이었고, 자신의 생명을 바쳐서 동시대의 동포들과 후세의 인류를 '자유인'으로 한 단계 높여준 '독서인'이었다. 독서는 진리요, 해방인 것이다.
>
> —리영희, 『희망』에서

독서는 내 안의 무지와 몽매와 억압을 불태우는 자유의 불이다. 그 불로 내 바깥까지 밝히는 정신의 불이다. 연암 박지원은 일찍이 이렇게 말했다. "천하 사람들이 편안히 앉아 글을 읽는다면, 천하가 태평해질 것이다." 천하를 조금이라도 바꿀 글을 쓰려면, '천하태평의 비전'을 품고서 우선 나부터 천하를 태평하게 하는 글을 찬찬히 읽어야 하지 않겠는가!

"비전이란 미래를 생생하게 바라보는 기술이다. 비전을 품는 순간, 이전까지는 보이지 않던 미래가 보이기 시작한다." 언제나 비전이 있는 깨어 있는 독서를 해야 한다. 비전이 없는 독서는 기름 없는 램프와 같을 것이다.

> 마니아들은 자기가 미쳐 있는 것들을 통해 세상을 본다. 당구에 미쳐 있는 사람에게는 당구대에 인생이 담겨 있고, 음악 마니아에게는

음악이 세상으로 가는 열쇠이다. 바둑 마니아는 바둑판 사십 구로에서 삶의 의미를 찾고 낚시광은 낚시를 통해서만 인생을 이해할 수 있다고 말한다. 책에 미친 사람들은 책을 통해서 세상을 만난다. 책에 미쳐 있다는 것은 책 속에 담긴 멋진 인생과 다양한 세상에 미쳐 있다는 것이다. 왜 그런 멋진 일을 거부하겠는가. 그래서 오늘도 TV를 보면서 인터뷰하는 사람 뒤로 보이는 책장에 시선을 고정시킨다. 저 사람은 어떤 세상에 미쳐 있을까 궁금해 하면서.

—조희봉, 『전작주의자의 꿈』에서

잘 읽기의 기술

저는 이전의 박웅현과 이후의 박웅현을 다르게 만들어주는 책을 좋아하는데, 그런 책 중 하나입니다. 아주 좋은 만남이 됐어요. 『한국의 미 특강』을 읽은 후 갤러리, 미술관, 박물관에 가보면 이전과 전혀 다른 새로운 유물과 예술이 보이는 경험을 하실 수 있을 겁니다. 그야말로 '안목'이 생기는 것이지요.

—박웅현, 『책은 도끼다』에서

책을 읽고 나면, 책을 읽기 이전의 나와 조금이라도 달라져야 한다. 이것이 진정한 독서다. 이러한 독서를 하려면 어떻게 해야 할까. 뚜렷한 목적의식을 가지고 '마음'으로 책을 꼼꼼히 읽어야 한다. 마음이 없으면 보아도 보이지 않고 들어도 들리지 않는다.

책을 읽을 때 독서의 효율을 높이는 기본 규칙 세 가지를 소개한다.

① 목차 읽고 전체 내용 파악하기(유추)
② 한 챕터 읽고 생각 정리하기(1분 내외)
③ 책을 다 읽은 후 다시 목차 보며 생각 정리하기(5분 내외)

목차는 책의 설계도이자 지도이다. 목차를 보면 책의 전체 내용이 일목요연하게 파악된다. 피라미드 속을 답사한다고 할 때 지도를 보고 가는 것과 보지 않고 가는 것 중 어느 것이 좋을까? 당연히 지도를 보고 그 내부 구조를 알고 가는 것이 답사에 훨씬 편리할 것이다. 책을 읽는 것도 마찬가지다. 책의 전체 구조와 핵심 내용이 무엇인지 알고 가는 것이 책을 읽는 데 더 도움을 준다.

또 한 챕터를 읽고 바로 계속 그 다음 챕터로 넘어가기보다, '한 챕터의 내용'을 머릿속으로 정리하고 넘어가면 읽었던 내용과 생각이 정리될 뿐 아니라 머릿속에 더 많은 것이 남는다. 입력된 것이 있으면 정리하는 시간도 필요한 법이다. 고작 1분 정도 잠시 숨 고르기를 하고 넘어가면 훨씬 독서효율을 높일 수 있다.

책을 다 읽으면 바로 책장을 덮지 말라. 그 순간 제일 앞에 있는 목차로 돌아가 다시 목차를 읽으면서 읽었던 내용들을 찬찬히 떠올려 보면, 읽었던 내용들이 다시 머릿속에서 재정리되면서, 더 많은 내용이 기억에 남게 된다. (혹은 책의 소제목이나 자신이 그은 밑줄을 살펴보는 것도 도움이 된다.) 컴퓨터도 파일을 정리할 때 시간이 필요하듯 이렇게 다시 목차를 보며 책 전체 내용을 반추하는 작업은 기억의 대대적인 누수를 막기 위해 반드시 필요한 작업이다.

이상의 이 세 가지 규칙을 잘 지키면서 책을 읽으면, 그냥 무심코 읽을 때보다 훨씬 많은 내용이 선명하게 머릿속에 남는다. 단지 몇 분만 더 투자하면 마치 책을 0.5번 더 읽은 것처럼 명료하게 책의 내용이 머리에 남게 된다. 책을 읽을 때 이를 실천해 보라. 그러면 그 차이를 확연히 느낄 수 있을 것이다.

모든 읽기의 기본은 자신의 가슴속에 있는 느낌표를 깨우는, 감성이 살아있는 읽기다. 모티머 애들러는 『독서의 기술』에서 다음과 같이 말했다.

> 사랑에 빠져서 연애편지를 읽을 때, 사람들은 자신의 실력을 최대한
> 으로 발휘하여 읽는다. 그들은 단어 하나하나를 세 가지 방식으로 읽
> 는다. 그들은 행간을 읽고 여백을 읽는다. 부분적인 관점에서 전체를
> 읽고 전체적인 관점에서 부분을 읽는다. 문맥과 애매함에 민감해지고
> 암시와 함축에 예민해진다. 말의 색채와 문장의 냄새와 절의 무게를
> 곧 알아차린다. 심지어 구두점까지도 그것이 의미하는 바를 파악해
> 내려한다.
>
> —모티머 애들러, 『독서의 기술』에서

잠심(潛心)의 읽기란 이런 것이다. 감성의 촉이 글 속의 행간까지 읽고
느끼는 것! 이렇게 읽으면 어찌 잘 읽지 않을 수 있으랴.

최시한의 『고치고 더한 수필로 배우는 글읽기』에는 잘 읽기를 위한
여섯 가지 방법이 소개되어 있다. '① 많이 읽어야 한다. ② 주체적으로
읽어야 한다. ③ 글 자체에 충실하게 읽어야 한다. ④ 새로운 사실과 가
치를 찾으려는 자세로 읽어야 한다. ⑤ 글의 형식을 챙겨 보아야 한다.
⑥ 선명한 이해에 도달할 때까지 거듭 읽어야 한다.' 이 여섯 가지 사항
도 모두 잘 읽기를 위한 좋은 지침이 될 것이다.

읽기의 보다 세부적인 방법에는 '자기 감정으로 읽기, 사실적으로 읽
기, 추리·상상하며 읽기, 비판하며 읽기, 구조 파악하며 읽기, 비교하며
읽기, 창의적으로 읽기' 등 다양한 방식이 있다. 읽기에는 이처럼 다양하
고 심층적인 측면이 있다. 아울러 책에 따라, 목적에 따라 읽는 방법 혹
은 초점이 달라질 수 있다. 하지만 가장 중요한 것은 '목적이 분명한 읽
기'를 해야 한다는 점이다.

책을 읽을 때 나라면 어떻게 썼을까 생각하면서 읽어야 한다. 자신이 쓰는 듯이 타인의 글을 읽고, 타인이 쓴 글인 듯이 자신의 글을 읽어 가면서 자신의 글을 써야 한다. 자신의 글을 타인들에게 읽혀 보고 반응을 살펴서 미처 내가 다 헤아리지 못한 부분은 없는지 살펴야 한다. 또한 타인이 지적하거나 권하는 방식이 아니라, 내 자신이 정말로 쓰고 싶은 내용과 쓰고 싶은 방식을 찾아 써야 한다.

—이만교, 『개구리를 위한 글쓰기 공작소』에서

어떻게 읽든, 쓰기를 위한 읽기는 '내가 쓰고 싶은 내용과 쓰고 싶은 방식'을 찾기 위한 것이다. 자신의 스타일을 자득하는 그런 독서라야 '쓰기는 읽기로부터 시작되고, 읽기는 쓰기로 완성된다'고 말할 수 있다. '비전을 향한 글 읽기'만이 '비전이 있는 글쓰기'로 이어진다. 그래서 무엇을 읽느냐 못지않게 어떤 마인드와 시각으로 읽느냐가 중요하다.

모든 독서는 어제의 나와 결별하고 새로운 나를 찾으며 내면의 지평을 넓힐 수 있는 읽기여야 한다. "독서를 통해 얻고자 하는 것은 결국 자기 변화와 삶의 도약이다. 자기를 알지 못하면 변화는 이루어지지 않는다."(이희석)

천지만물과 세상의 이면까지 읽어라

'나는 읽는 대로 만들어진다'는 말이 있다. 이 말이 함유하고 있는 뜻은 실질적이며 진실하다. 다만 우리가 읽어야 할 것은 글이나 책만이 아니라는 점이다.

글자로 되어 있지 않은 책을 읽을 수 있어야 바야흐로 사람을 놀라게 하는 절묘한 구절을 얻을 수 있다(能讀無字之書 方可得驚人妙句). —장조 세상엔 천지만물이라는 책이 있고, 인생이라는 책이 있고, 사람들의 수많은 마음이라는 책이 있다. 우리는 문자의 책뿐 아니라, 문자 너머의 책과, 문자가 아닌 책까지 읽을 수 있어야 한다. 인류라는 책, 시간이라는 책, 사회라는 책, 만남이라는 책, 사랑이라는 책, 슬픔이라는 책, 타인이라는 책, 시비 분별이라는 책……. 천지만물은 실로 신이 만든 살아 있는 문자요, 자연의 무자지서(無字之書)이다.

우리는 책을 읽은 힘으로, 삶의 무수한 무자지서를 읽어야 한다. 겉을 보는 눈으로 안을 보고, 안을 보는 눈으로 겉을 볼 수 있어야 하며, 너를 보는 눈으로 나를 보고, 나를 보는 눈으로 너를 볼 수 있어야 한다. 부분을 보면서 전체를 보고, 전체를 보면서 부분을 볼 수 있어야 하고, 사실 속의 진실과 진실 속의 사실을 보아야 한다. 지나간 것을 통해 현재를 보고, 현재를 통해 미래를 볼 수 있어야 한다. 또 이상 속의 현실과 현실 속의 이상을 볼 수 있어야 하고, 욕망 속의 나와 세상 속의 욕망을 함께 볼 수 있어야 한다. 어떤 것에도 얽매이지 않고 늘 깨어있는 눈! 우리는 천지의 무자지서까지 읽을 수 있는 눈, 바람처럼 자유로운 천 개의 맑은 눈을 가져야 한다.

사람이 존재하는 모습은 여러 형태로 나뉜다. 가령 현실에서 인정되는 현실태, 잠재적으로 내재해 있는 잠재태, 앞으로 드러날 가능성이 있는 가능태, 그 사람의 실질적 모습인 실질태, 그 자신도 미처 의식하지 못한 채 심층 깊숙이 숨어 있는 심층태…….

모든 형태는 수없이 많은 종류의 '태'를 자기 안에 잠복시키고 있다. 그러나 많은 사람들이 현실태, 그중에서도 당장 눈에 보이는 표면태만으로 세상을 바라본다. 혹은 표면태로 만족하는 사람들이 제일 흔한 것 같다. 이런 사람들에게 대통령은 대통령, 의사는 의사, 백수는 백수, 아내는 아내, 부하 직원은 부하 직원, 공부 못하는 아이는 공부 못하는 아이로만 보인다.

하지만 현실에서는 그가 아무리 대통령이라 할지라도 잠재적으로 '족벌기업의 이익을 대변하는 꼭두각시'에 지나지 않을 수 있다. 그가 의사 선생님이지만, 의료분쟁이 일어나면 기득권을 수호하는 데 앞장 설 인간이라는 점에서 다만 잠재적으로는 '이기적이고도 관료적인 의료 시스템의 기생물'일 수 있다. 가르치는 '선생'이지만 실질적으로는 더 많이 배워야 하는 '학생'일 수 있다.

표면적인 모습은 자신감 있어 보이는 미남이지만, 심층태는 '부끄러움을 심하게 타는 신경증 환자'일 수 있다. 표면태는 말쑥한 신사지만, 심층태는 '어렸을 때의 트라우마를 전혀 극복하지 못한 사이코패스'일 수 있다. 쉽게 흥분하는 다혈질의 사람 같아 보이지만 알고 보면 매우 순진한 이면의 심층태를 지닌 사람일 수 있다.

—이만교, 『개구리를 위한 글쓰기 공작소』에서

나와 너 속에 있는 다층적인 태들! 현실태, 잠재태, 실질태, 가능태, 심층태 그 사이, 사이에 너와 내가 있고 숨김없는 삶의 모습이 있다. 겉과 속, 속의 속까지 보는 이런 심층적인 눈이 문자 너머의 것을 깊이 읽을 수 있는 눈이다. 수박을 겉만 핥아서는 안 되듯이 우리는 무엇을 보든 대상의 이면과 그 뿌리까지 볼 수 있는 눈을 갖추어야 한다. 거기서 통찰과 사유가 생겨난다. 세상의 진실을 보면서 나와 너를 깨우는 눈! 이런 것이 '무자지서 읽기'이다. 우리가 문자의 책을 읽는 까닭은 책벌레가 되기 위해서가 아니라, 삶의 수많은 무자지서를 읽을 수 있는 힘을 기르기 위해서이다.

문자의 책을 읽듯, 늘 삶과 세상이 파노라마처럼 펼쳐놓은 무수한 무자지서를 읽어라. 인생이라는 책장을 넘기며 사람들의 무수한 마음을 읽고, 신의 지문이 새겨진 천지만물의 얽힘을 읽고 우주의 장대한 메시지를 읽어라. 세상 모든 것이 내 안과 밖에 펼쳐진 마음의 책이다. 『어린 왕자』에서도 말하지 않았던가. "가장 중요한 것은 눈에 보이지 않아. 마음으로 보아야 해." 무자지서는 마음의 눈이 있어야만 읽을 수 있는 책일 것이다.

수많은 읽기를 통해서 남다른 '눈'을 가져라. 무릇 남이 보지 못하는 것을 보는 이는, 남이 보지 못하는 것을 말하고 쓸 수 있게 된다. 바둑을 둘 때 고수는 돌 하나에도 하수보다 더 많은 것을 보고 더 깊이 생각한다. 세상사도 마찬가지일 터. 언제나 조금밖에 보지 못하는 이는 하수요, 많이 보는 이는 고수에 가까울 것이니!

2장

최대한 진솔하게,
말하듯이 자연스럽게 써라

펜을 적실 때마다 잉크병 속에 자기의 살 한 점을
집어넣을 때에만 글을 써야 한다. ―톨스토이

정직은 최선의 정책이다. ―R. 페이틀리

심정을 있는 그대로 솔직히 쓴다는 것은 얼마나 좋은 일입니까.
그렇게 할 수 있는 사람은 아주 드뭅니다.
쓰는 것만을 일삼는 대부분의 사람들은 평생토록 그것을 배우지
못합니다. ―릴케

말하듯이 자연스럽게 써라

글쓰기에 심리적 부담을 가지는 사람이 많다. 그 심리적 부담을 최소화하고 마음 편히 글을 쓸 수 있는 방법은 없을까? 그것은 '말하듯이 쓰는 것'이다.

> 글은 결국 사람과의 소통이다. 먼저 내 앞에 가장 친한 사람이 앉아 있다고 치자. 그는 내 말을 잘 들을 준비가 되어 있는, 아주 편안한 사람이다. 그런 사람과 마주앉아 있을 때 얼마나 행복한지 잠시 상상해 보는 것도 좋겠다. 드디어 나는 그 앞에서 말을 시작한다. 하고 싶은 말을 가장 효과적으로 전달하리라 마음먹고, 그러면 말이 저절로 꼬리에 꼬리를 물고 터져 나온다. 그걸 손으로 옮겨 쓰면 되는 것이다.
>
> 글이 잘 안 써지거나 문장이 자꾸 꼬일 때 나도 이런 방법을 쓴다. 내 앞에 앉은 사람을 상상하면서 그에게 내 얘기를 들려주는 것처럼 소리 내서 중얼거려보는 것이다. "자, 내 얘기를 잘 들어봐. 내가 하고 싶은 말은 바로, 어떻게 쓰는가에 관한 거야. 물론 쓰는 데 무슨 특별한 방법이 있는 건 아니라고 생각해. 하지만 굳이 잘 쓰는 방법을 하나 정도 알려준다면 그건 말하듯이 편하게 쉽게 쓰라는 거야." 그리고 그 내용을 받아 적는다. 강조하기 위해서 쉬어갈 때는 쉼표를 찍어주고, 좀 더 설명이 필요할 때는 '그러니까'라는 단어도 넣어준다.
>
> '누군가에게 말하듯 편하게'
>
> 이것이 글쓰기에 어려움을 느끼는 사람들에게 권하는 제1원칙이다.
>
> —박미라, 『치유하는 글쓰기』에서

우리는 일상에서 말을 주고받는 것을 어려워하지는 않는다. 특히나 자신과 가장 친한 사람과 수다를 떠는 것을 어려워하거나 부담스러워하는 사람은 없다. 마치 그렇게, 자신에게 가장 편한 사람에게 말을 하듯이, 혹은 그 이야기를 가장 하고 싶은 사람에게 말을 하듯이 쓰면 심리적 부담을 최소화하고, 쉽게 글을 쓸 수 있게 된다. 이는 실로 글쓰기를 보다 쉽게 할 수 있는 최상의 방법이다.

나도 평소는 물론이요, 글이 잘 안 써지거나 문장이 자꾸 꼬일 때 더욱 이런 방법을 쓴다. 그 얘기를 가장 잘 들어주는 사람을 떠올리면서 그냥 마음 편히 말을 하는 것이다. 그러면 거짓말처럼 막혔던 글의 매듭이 풀려나오기 시작한다. 마음속으로 말하기는 언제나 쓰기보다 훨씬 쉽다. 마음속의 말은 일체의 얽매임이 없는 매우 자유롭고 자생적인 것이기 때문이다.

> 글을 쓸 때처럼 말하고, 잘 먹히는 말을 할 때처럼 글을 쓰면서 글과 말을 생활에 적용한다면 말도 잘하고 글도 잘 쓸 수 있다는 자신감을 얻을 수 있다. (…) 좋은 글이란 어려운 내용을 이해하기 쉽게 쓰는 글이며, 말을 잘한다는 것, 강의를 잘한다는 것은 어려운 내용을 쉽고 명확하게 설명하는 것이다. 글쓰기를 하며 말에 조금만 관심을 갖는다면 이 두 가지를 동시에 잘할 수 있다.
>
> —최복현, 『닥치고 써라』에서

글이란 본디 '말'을 문자로 옮겨놓는 작업에 지나지 않는다. 말과 글은 연결되어 있다. 말은 글의 시원이다. 그런 까닭에 말을 그대로 녹취해서 기록해도 글이 되고 책이 된다. 말을 그대로 기록해 놓은 수많은 책들이 있다. 인터뷰나 대담(대화), 강연 등 말을 그대로 기록해서 나온 숱한 책들이 있지 않은가. 리영희와 임헌영의 대담집 『대화』, 조국과 오연호의 인터뷰를 기록한 『진보집권플랜』, 강신주의 강연을 담은 『강신주의 다상담』, 법정 스님의 법문집 『일기일회』와 『한 사람은 모두를 모두는 한 사람을』 등등, 이런 방식으로 엮인 수많은 책들은 말이 글이 되고, 책이

LQ 글쓰기 스터디 1

됨을 보여주는 명확한 증거다.

헤밍웨이가 "모든 미국 문학은 마크 트웨인의 『허클베리 핀의 모험』에서부터 나온다"고 극찬했던 『허클베리 핀의 모험』은 처음부터 끝까지 구어체로 씌었다. J. D. 샐린저의 『호밀밭의 파수꾼』도 그렇고, 김소월과 백석의 시도 상당 부분 구어체로 씌었다. 실로 수많은 문학 작품들이 구어체에서 힘을 빌리거나 빚을 져왔다. 단지 말하듯이 써서도 수준 높은 문학작품을 쓸 수 있다는 얘기다.

일반서적의 경우에도 구어체를 활용한 사례는 적지 않다.

> 대니엘 골먼에 따르면, 정서지능이 높은 사람은 우선 자신의 감정을 잘 알아차립니다. 그리고 어떤 결정을 내릴 때 머리로만 따지기보다는 가슴이나 뱃속에서 느끼는 것에 따라 결정합니다. 또한 정서지능이 높은 사람은 충동을 통제하는 데 능하고, 자기관리를 잘하며, 변화하는 상황에 잘 적응합니다. 그리고 자신의 감정만이 아니라 타인의 감정도 잘 알아차리고, 타인에 대해 잘 이해하고 파악하면서 대처합니다.
>
> 마지막으로, 정서지능이 높은 사람은 관계를 잘 관리합니다. 갈등을 잘 해결하는 것은 물론이고, 타인에게 영감을 주거나 좋은 영향을 주고, 타인의 성장에 도움을 줍니다.
>
> 이처럼 정서지능이 높은 사람들이 행복하고, 성공하며, 건강하고, 다른 사람들에게도 좋은 영향을 준다는 것이 연구 결과 확인되었습니다. 다행스러운 점은 정서지능은 노력을 통해 발전시킬 수 있다는 사실입니다. 물론 타고나는 부분도 있지만, 후천적인 노력으로 발전시킬 수 있습니다.
>
> —최성애 · 조벽, 『청소년 감정코칭』에서

필자가 모든 이에게 필독서로 추천하고 싶은 『청소년 감정코칭』은 전문서적임에도 구어인 경어체를 의도적으로 사용하고 있다. 경어체 문장으로 되어 있어, 마치 저자를 직접 만나 강의를 듣는 것처럼 친근한 느낌을 준다. 경어체는 잠재적 소통 상황에서 '화자-청자'의 직접적 유대를 가능케 한다. 최성애·조벽 교수의 다른 여러 책들도 다 경어체로 되어 있다. 정도언의『프로이트의 의자』, 문요한의『천 개의 문제, 하나의 해답』, 서광 스님의『치유하는 유식 읽기』, 박웅현의『책은 도끼다』와『여덟 단어』, 이강룡의『뚜껑 대신 마음을 여는 공감 글쓰기』등등 많은 책들이 이처럼 경어체로 되어 있다. 때론 구어체(경어체)가 특정 정보나 지식을 전달하는 데도 매우 유용하다는 증거다.

"말하듯이 쓰는 글은 단문이다. 또한 말하듯이 쓰는 글은 구체적이고 쉽다. 그러니 쉬운 말로 단순하고 짧게 쓰면 된다" 말은 자연스러운 생래적 호흡을 가지고 있다. 말은 장문처럼 길게 늘어지지 않기 때문에 이해하기 쉽고, 인위적인 작용도 덜하며 발화하기도 편리하다. 그래서 말하듯 쓰는 것은 가장 자기답고 자연스러운 말의 호흡을 그대로 담아낸다.

어떤 일이든 처음은 쉽게 시작을 해야 한다. 말하듯이 쓰면 쉽게 '말하기'를 '글쓰기'로 옮겨갈 수 있다. 어떤 경우든 '말하기'를 할 수 있으면 '글쓰기'도 할 수 있다. 누구나 말을 하듯이, 누구나 글을 쓸 수 있다는 얘기다.

> 백지를 앞에 두고 앉아 숨을 고른 뒤 마음속으로 이렇게 말해보자. '이제 나는 글을 쓸 거야. 내면이 말하는 걸 그저 받아 적는다는 심정으로 말이지. 그 어떤 말을 하더라도 모두 받아들일 거야. 설사 별로 쓸 게 없더라도 그것조차 인정해줄 거야. 자, 이제 편하게 시작해보자. 괜찮겠지?' ─박미라

모든 말과 글은 자신의 내면에서 시작된다. 그 어떤 글이든 그것은 자기 내면이 들려주는 이야기를 종이 위에 옮긴 것에 지나지 않는다. '내면이 말해주는 것을 그냥 받아 적는다'는 마음으로 글을 쓴다면, 누구나 큰 어려움 없이 자기 속에 있는 것을 쏟아낼 수 있다. 그렇게 부담 없이 자연스럽게 거침없이 내면의 말을 쏟아내는 연습을 하다 보면, 그러한 작업에 익숙해져 '말을 하듯 쓰는 것'에 하나의 흐름이 생겨나 점점 노련한 솜씨가 갖춰질 것이다. 말하듯 쓰는 것이 자연스레 글을 잘 쓸 수 있는 필력으로 확고히 정착된다는 뜻이다.

하지만 '말하듯이 쓰라' 했다고 모든 글을 구어체로 쓸 수는 없다. 구어체로 써도 좋을 때가 있는 반면 그렇지 않을 때도 많다. 이것은 어디까지나 전략 차원의 문제다. '말하듯이 쓰라'는 지침은 무엇보다 '심리적 태도'를 그렇게 가지라는 말이다. 그러한 심리적 태도를 가지면 어떤 글을 쓰든, 글의 물꼬를 트기가 훨씬 쉽고, 글을 계속 전개해나가는 일도 한결 편리해진다는 뜻이다.

그러니 말하듯이 써라. 말하듯이 쓰는 것이 아주 자연스러워져서, 글쓰기의 두려움과 망설임을 완전히 녹여내는 수준에 이를 때까지. 하여 내 안의 고여 있는 말들을 고스란히 혹은 거침없이 문자로 옮겨놓을 수 있는 살아있는 생생한 필력을 얻을 때까지!

> 진리는 벌거벗었을 때 가장 아름답다. 그리고 그 표현이 단순하면 단순할수록 감명 깊다. 표현 과잉을 조심해야 한다. 동정(童貞) 같은 순결한 문체라야 한다. 무용한 것은 모두 유해하다. 단순·소박이라는 법칙은 어느 예술에나 해당된다. ─쇼펜하우어

편지체 글쓰기

진리를 말하는 어법은 꾸밈이 없고 단순해야 한다. ─세네카

'말하듯이 쓰기'를 익힐 수 있는 가장 좋은 장르는 '편지문'이다. 편지는 말하듯이 쓰기를 위한 최적의 조건 두 가지를 가지고 있다. 편지는 기본적으로 특정 독자 '한 사람'에게 쓰는 것이고, 대부분 수신자가 나와 친분이 있는 사람이기에 '심리적 친화력'이 전제되어 있다. 물론 수신자가 누구이며, 자신과 어떤 관계냐에 따라 감정의 편폭에 다소의 차이는 있겠지만, 편지문에서는 이런 두 가지 특징 때문에 말하듯 쓰기가 한결 쉽게 이루어진다.

서간체로 친밀감을 느낄 수 있는 특정인(한 사람)에게 말하듯이 쓰면 글이 매우 진솔해진다. 이것은 편지문이 가지고 있는 특유의 힘이자 매력이다. 다음 예문에도 그런 특성이 잘 나타나 있다.

없는 사람이 살기는 겨울보다 여름이 낫다고 하지만, 교도소의 우리들은 없이 살기는 더합니다만 차라리 겨울을 택합니다. 왜냐하면 여름 징역의 열 가지 스무 가지 장점을 일시를 무색케 해버리는 결정적인 사실─여름 징역은 자기의 바로 옆 사람을 증오하게 한다는 사실 때문입니다.

모로 누워 칼잠을 자야 하는 좁은 잠자리는 옆 사람을 단지 37℃의 열덩어리로만 느끼게 합니다. 이것은 옆 사람의 체온으로 추위를 이겨나가는 겨울철의 원시적 우정과는 극명한 대조를 이루는 형벌 중의 형벌입니다.

자기의 가장 가까이에 있는 사람을 미워한다는 사실, 자기의 가장 가까이에 있는 사람으로부터 미움받는다는 사실은 매우 불행한 일입니다. 더욱이 그 미움의 원인이 자신의 고의적인 소행에서 연유된 것

이 아니고 자신의 존재 그 자체 때문이라는 사실은 그 불행을 매우 절망적인 것으로 만듭니다. 그러나 무엇보다도 우리 자신을 불행하게하는 것은 우리가 미워하는 대상이 이성적으로 옳게 파악되지 못하고말초감각에 의하여 그릇되게 파악되고 있다는 것, 그리고 그것을 알면서도 증오의 감정과 대상을 바로잡지 못하고 있다는 자기혐오에 있습니다.

—신영복, 『감옥으로부터의 사색』에서

계수씨에게 보낸 이 편지엔, 오직 '옥살이를 하는 이'만이 알 수 있는 삶의 체험과 아픈 심정이 아주 진솔하고 절절하게 잘 나타나 있다. 이 글에서 볼 수 있듯 편지는 '특정인에게 말하는 글'이다. 그래서 숨김없는 자기 속내를 솔직하게 펼쳐내는 데도 매우 효과적인 장르이며, 그것이 누군가를 전제로 한 고백체라는 점에서 문학적 개성도 띠게 된다. 편지엔 '사연'이 있고 이를 고백하는 이와 이를 들어주는 청자가 함께 들어있다. 편지는 독자가 가장 분명한 글인 동시에, 고백의 속성이 가장 뚜렷한 글이기도 하다. 『안네의 일기』가 키티에게 보내는 편지체로 쓰인 것도, 보다 인상적인 책이 된 것도 이런 면이 기여한 바가 크다.

이런 특성은 '진정성'이라는 미덕을 획득하게 하며, 편지를 문학의 수준으로 끌어올리는 구심력으로 작용한다. 실제로 편지가 훌륭한 문학작품이 되는 경우도 적지 않다. 신영복의 『감옥으로부터의 사색』, 서준식의 『서준식 옥중서한』, 빈센트 반 고흐의 『반 고흐, 영혼의 편지』, 베토벤의 『베토벤, 불멸의 편지』, 헬렌 한프의 『채링크로스 84번지』, 마르틴 되리의 『상처입은 영혼의 편지』 등은 모두 실제 편지를 엮은 책들로, 널리 읽힌 명저들이다.

실제 편지뿐 아니라 편지체의 글이 소설이 되기도 한다. 괴테의 『젊은

베르테르의 슬픔』, 진 웹스터의 『키다리 아저씨』, 수산나 타마로의 『마음가는 대로』, 다니엘 글라타우어의 『새벽 세시, 바람이 부나요?』, 츠지 히토나리의 『츠지 히토나리의 편지』, 쇼데를로 드 라클로의 『위험한 관계』, 메리 앤 섀퍼·애니 배로스의 『건지 감자껍질파이 북클럽』 등은 모두 편지체로 쓴 소설이다.

또 소설뿐 아니라 편지체로 쓴 에세이도 숱하게 있다. 릴케의 『젊은 시인에게 보내는 편지』, 앨런 맥팔레인의 『손녀딸 릴리에게 주는 편지』, 대니얼 고틀립의 『샘에게 보내는 편지』, 김기태의 『지금 이 순간이 기회입니다』, 공지영의 『네가 어떤 삶을 살든 나는 너를 응원할 것이다』나 『빗방울처럼 나는 혼자였다』 등은 모두 '편지 형식'을 차용한 에세이집이다. 필자도 첫 책 『한시의 그늘에 서서』를 서간체로 썼다. 편지체로 글을 쓰면 정말로 독자가 내가 띄우는 글의 수신자가 되는 느낌이 든다.

　님이여,
　어쩌면 님의 영혼은 그 사람을 기다린 것이 아니라, 오랫동안 묻혀 있던 님 안에서의 억압과 상처와 아픔들의 치유와 해방을 기다려 온 것인지도 모릅니다. 그러므로 그 사람만을 만날 것이 아니라, 그 사람만을 사랑하려 할 것이 아니라, 님 안에서 올라오는 그 상처와도 깊이 만나고 그 절규 또한 깊이 껴안으십시오. 지금 님의 마음의 힘겨움은 그런 님 자신은 만나지 않고 오직 그 사람만을 만나려고 하는 데에서 비롯된 것입니다.

　사랑은 먼저 자기 자신을 만나는 데에 있습니다.
　자기 자신을 만나지 않고 어떻게 남을 온전히 만날 수 있겠습니까.
　자기 자신을 사랑하지 않고
　어떻게 남을 온전히 사랑할 수 있겠습니까.

그러므로 님이여.

사랑이라는 이름으로 님에게 온,

님 자신을 만날 수 있고 님 자신을 사랑할 수 있는

지금 이 순간에 감사하며, 이 기회를 놓치지 마십시오.

사랑 안에서 자기 자신을 온전히 만나는 것이 또한

동시에 그 사람과의 사랑을 온전케 하는 길임을 깨닫고

'나'를 만남으로 동시에 '너'를 만나

두 사람의 사랑이 온전하게 꽃피어날 수 있기를 진심으로 바랍니다.

이것이 바로 사랑의 진정한 힘이요, 아름다움이랍니다.

—김기태, 『지금 이 순간이 기회입니다』에서

편지체로 에세이를 쓰면 독자와 저자 사이의 친밀감을 높여준다. 편지가 독자와 저자 사이를 직접 이어주는 '다리' 역할을 하는 것이다. 아울러 인용문처럼 '경어체로 쓰인 경우'는 문체를 부드럽게 하며 그러한 친밀감을 더 높여주는 기능을 한다.

예컨대 『손녀딸 릴리에게 주는 편지』는 케임브리지 대학 노교수가 손녀딸이 10년 뒤 읽어보기를 바라며 써내려간 28통의 편지를 엮은 책이다. 이 책엔 "세상의 판단에 휘둘리지 않고 온전히 자신의 삶을 살아가도록 돕는 지혜와 성찰이 담겨 있다. 결혼, 우정, 돈, 인류의 미래, 추천하고 싶은 책 목록까지. 부모가 자녀에게 말하고 싶었지만 그저 어설픈 충고로 그치곤 했던 이야기, 어떻게 살아야 할지 고민일 때 누군가 해주었으면 하는 이야기. 건강한 삶의 자세를 기르는 데 큰 도움이 될 이야기들이 주제별로 잘 정리"되어 있다. 이러한 특징은 애초에 편지 형식을 빌려 책을 쓰기 위해 집필되었기 때문이다. 이처럼 다양한 시도를 통해, 편지문이 생활문을 넘어 문학작품으로서 고도의 전략적 글쓰기가 될 수 있는 것이다.

연애편지는 우선, 독자가 분명하다. 독자의 취향과 성격, 수준이 분명하다. 단 한 명의 독자만 만족시키면 되는 글, 그것이 바로 연애편지다. (때로는 상대방의 친구나 부모까지도 겨냥하는 사람들이 있지만 그런 경우는 예외로 하자.) 타깃 독자가 분명하다는 것은 글쓰기에 있어 매우 중요한 요소가 된다. 누가 읽을지 모르는 글을 쓰는 것만큼 힘든 일도 없다.

또한 연애편지는, 목적이 분명하다. 연애편지는 대체로 '읽는 사람의 마음을 사로잡는다'라는 확실하고 명쾌한 목표를 가지고 있다. 목표가 분명해지면 역시 글쓰기는 한결 쉬워진다. 작자는 독자의 마음을 사로잡기 위해서 다양한 비유와 인용을 동원하게 되며 그것을 통해 점점 더 자신의 글을 발전시켜 나가게 된다. 반대로 목적이 불분명한 글은 쓰는 사람도 괴롭고 읽는 사람도 힘들다.

마지막으로 연애편지는, 작가가 가진 역량을 총동원하게 만든다. 그러니까 대충대충 쓸 수가 없는 글이라는 얘기다. 강렬한 욕망, 바로 그 욕망이 나로 하여금 내 아는 것, 가진 재능 모두를 소비하게 만드는 것이다. 사랑에 빠지면 뭔들 못하겠는가. 밤을 새워가며 시집을 뒤지고 수십 번에 걸쳐 글을 고친다. 연애편지의 이런 특성은 글이 언급하고 있는 대상, 즉 화제를 사랑한다는 간단한 사실에서 비롯되는 것이다.

나는 좋은 글을 쓰는 일이 연애편지를 적는 일과 결코 다른 것이라고 생각하지 않는다.

―김영하, 『김영하 · 이우일의 영화이야기』에서

소설가 김영하는 '좋은 글을 쓰는 일'이 연애편지를 적는 일과 유사하다고 말한다. '독자'와 '목적'이 분명하며, 진솔하고 간절하고 진한 감정을 담은 '진정(眞情)'의 글쓰기. 연애편지의 글쓰기는 이 세 박자가 잘 맞물려 있다. '한 사람을 만족시키는 글은 다른 사람까지 만족시킬 수 있다'는 말이 있다. 모든 글을 마치 연애편지 쓰듯이 써보자. 예비 독자(수신자)의 성향과 수준에 맞게, 확고한 목적을 가지고, 간절한 마음으로 진

LQ 글쓰기 스터디 1

심을 담아서!

　　좋은 연애편지를 쓰려면 그것을 받았을 때의 느낌이 어떨지 생각해
봐야 한다. 읽는 사람의 입장이 되어보는 것이다. 상대방이 나에게 호
감이 있을 경우와 그렇지 않을 경우에 따라 조심스럽게 접근해야 하
기 때문이다.

　　베스트셀러 작가는 독자의 심리를 꿰뚫어보는 능력이 뛰어나다. 그
들은 독자가 자신의 글을 읽으면서 어떤 감정을 느끼고 어떤 반응을
보일지 정확히 안다. 그런 까닭에 독자를 울려야 할 때 울리고, 분노해
야 할 때 분노하게 만들고, 사랑해야 할 때 사랑하게 한다. 그들은 문
장 하나하나를 적을 때마다 독자의 입장이 되어 생각해본다. 또한 문
장 하나하나에 보이는 독자의 반응뿐 아니라, 각 문장이 전개되면서
독자의 심리가 어떻게 변해갈지 끊임없이 고민한다.

　　작사가도 마찬가지다. 어느 대목에 이르렀을 때 뭇 대중의 가슴이
바르르 떨릴지 안다. 노랫말이 심금을 울리는 이유는 사람들의 반응
을 정확히 예측하고 작사를 했기 때문이다.

　　상대방의 기분은 아랑곳하지 않고 단순히 자기 목적에 취해 포교활
동을 하는 것과 상대방의 상황이나 마음에 대한 깊은 이해를 바탕으
로 포교활동을 하는 것 중에서 어느 쪽이 성공할 확률이 높을까? 당연
히 후자다. 글도 마찬가지다.

ー임승수, 『글쓰기 클리닉』에서

　　성공한 연애편지는 님의 마음을 진동시키고 공감의 반응을 얻어낸다.
모든 글의 목적도 이와 크게 다르지 않다. 독자의 마음에 일정한 반향과
공감을 일으키는 것이 모든 글의 기본 목표다. 그런 점에서 연애편지 쓰
기는 '세심하게 독자의 입장을 생각하는 글쓰기'까지 배울 수 있다. '읽
는 이의 반응'에 최적화되어 있는 전략적 글쓰기인 것이다.

꼭 연애편지가 아니어도 좋다. 서간체의 글은 대개 이와 같은 속성들이 담겨 있다. 그 누구에게든 자유롭게 편지를 써보자. 심지어 수신자가 신이나 어떤 동물이나 사물이어도 좋다. 오히려 그럴수록 문학적 개성과 상상력은 더 강화될 것이다. 상상력을 발휘하여 다양한 편지를 써보자.

넓은 의미에서 보면, 독자가 수신자가 되고 저자가 발신자가 된다는 측면에서 세상의 모든 글이나 책은 일종의 편지다. 문자가 발명된 것도 모두 내 마음의 말을 어떤 이에게 실어 나르기 위한 것이 아니던가. 모든 글은 누구가의 '마음속의 말'을 문자에 부친 것에 지나지 않을 터. 글쓰기는 글로 말하기다. 다양한 편지문 쓰기를 통해서 '말하듯이 쓰기'를 익혀보라. 말문이 트이듯 글문을 트는 데 지름길이 되어줄 것이다.

> 괴테는 '편지란 가장 아름답고 가장 가까운 삶의 숨결(the most beautiful, the most immediate breath of life)'이라고 했는가 하면, 17세기 영국의 시인 존던은 '편지는 키스보다 강하고 두 영혼을 결합해 준다(More than kiss, letter mingle souls)'고 했다. 이 글들은 우리들에게 편지의 가치를 새삼 일깨워 준다. ―장영희

🌸 실습 과제

1. 부모님이나 고마운 분께 감사의 편지를 써보자.
2. 가장 그리운 이에게 부치지 않아도 좋을 편지를 써보자.
3. 나의 멘토나 좋아하는 인물에게 가상의 편지를 써보자.

최대한 진솔하게 써라

> 그 순간의 생각을 써라. 자연스럽게 나오는 생각이 가장 귀중한 것인 경우가 많다. ―베이컨

글의 힘은 아주 잘 다듬어진 글이라기보다 마음에서 우러나오는 진실한 글에서 나온다. 그런 글이 힘이 있다. 정말 사람을 감동시키는 글은 머리로 쓴 글이 아니라 가슴으로 쓴 글이다. ―최복현

글을 잘 쓰는 최고의 노하우 중에 하나는 최대한 진솔하게 쓰는 것이다. 가장 좋은 글은 거울처럼 깨끗하고 정직한 글에서 시작된다. 가슴에서 우러나오는 진실함은 모든 글에 힘을 불어넣어주는 에너지의 자장이다. 우리가 진실하지 않은 사람을 좋아하지 않듯이, 진실하지 않은 글은 독자의 마음을 끌 힘이 없다.

'살아 있는 글'과 '죽은 글'을 구분하는 가장 바람직한 기준은 글 속에 진솔함이 담겨 있느냐 없느냐의 여부다. 그러니 글쓰기에는 무엇보다도 진실이 중요한 것이다.

아무리 뛰어난 재담가라도 자신이 감동받지 않은 소재로 타인을 감동시킬 수 없다. 진실은 머릿속에 있는 것이 아니라 가슴속에 있기 때문이다. 꽉 닫혀있는 가슴을 활짝 열어야 한다. 감동은 머리로 받아들이는 것이 아니라 가슴으로 받아들이는 것이다.

―김병규, 『하루 7분 기적의 글쓰기』에서

글쓰기는 진실해야 한다. 최대한 진솔하게 쓰는 이유는 '진실'해지기 위해서이다. 최대한 진솔하게, 최대한 솔직하게 써라. 진솔하게 쓸수록 거짓 없는 자기 내면의 진실에서 글이 쓰인다. 우리 몸에 피가 돌듯, 내면의 진실에서 나온 글이라야 생명력이 깃들게 되고 그 생명력으로 독자의 가슴에 닿을 수 있다. 진실함이 없는 것은 울림이 없다.

글이란 거울처럼 투명해야 한다. 투명하지 않고서 무엇을 제대로 비출 수 있을 것인가. 이태준은 말하길 "글은 마음의 사진이다. 자기의 글

을 읽는 사람들은 자기의 마음속을 들여다보는 사람들이므로 글을 쓰려면 먼저 내 마음속을 활짝 열어 보여도 수치스러움이 없도록 심경(心境)을 닦고 앉아야 할 것이다. 그것은 마치 손님이 오는 날 방안을 미리 치우는 것과 같다"고 하였다.

어떤 글이든 글은 나의 진실로 세상에 조금이라도 '새로운 진실'을 더할 수 있어야 한다. 그래서 최대한 진솔하게 쓴다는 것은 언제나 정직하게 쓰는 것과 통한다. 정직이란 내 정신을 세우는 기둥이자, 세상의 진실을 떠받치는 기둥이다. 정직하지 않는 것은 언제나 본질을 왜곡시키고 질서를 흩트려 놓는다.

> 글을 쓰는 나의 유일한 목적은 진실을 추구하는 오직 그것에서 시작하고 그것에서 그친다. 우리에게는 현실의 가려진 허위를 벗기는 이성의 빛과 공기가 필요하다. 진실은 한 사람의 소유물일 수가 없고 이웃과 나누어야 하는 생명인 까닭에, 그것을 알리기 위해서는 글을 써야 했다. 글을 쓴다는 것은 우상에 도전하는 이성의 행위이다. 그것은 언제나 어디서나 고통을 무릅써야 했다. 과거에도 그랬고 지금도 그렇고, 앞으로도 영원히 그러하리라고 생각한다. 그렇지만 그 괴로움 없이는 인간의 해방과 행복, 사회의 진보와 영광은 있을 수 없다. 책의 이름을 일컬어 『우상과 이성』이라 한 이유이다
>
> ─리영희, 『우상과 이성』에서

글쓰기는 진실을 찾아가는 깨어있는 이성의 작업이자, 생명의 빛과 공기를 세상에 더하는 일이다. 그것은 세상의 우상과 허위를 벗기고 인간의 해방과 행복, 사회의 진보와 영광을 이끄는 일이기도 하다. 이것이 우리가 언제나 '진실을 위해, 진실에 의한, 진실의 글'을 써야 하는 이유일 것이다. 시인 존 키츠가 "모든 사실은 당신이 사랑해야만 진실이 된다"고

말했듯 '진실'을 드러내는 것은 세상에 대한 사랑의 다른 이름이다.

니체는 "좋은 글은 '피의 여로'를 거친 것이어야 하고, 피로 쓴 것만이 진실한 것이다"라고 말했다. 어떤 글이든 언제나 자신의 내면에 충실하게, 펜 끝에 심장의 열기와 진정성이 묻어나도록 써야 한다.

> 우리가 글을 잘 쓰고 싶다고 생각했을 때 그것은 무슨 의미인가? 우리는 자신을 위장하기 위해 글을 쓰는 것이 아니다. 누군가에게 문장력이 훌륭하다는 칭찬을 듣거나 으스대기 위해서라면 글을 잘 쓰기는 어려울 것이며, 타인의 공감을 얻어내는 것도 힘들 것이다. 글을 쓰는 이유는, 그가 위대한 작가이든 아니면 치유를 위한 글을 쓰는 사람이든 간에 누군가와 가장 자기답게 소통하기 위해서이다.
>
> 가장 자기답기 위해서, 그리고 그런 모습으로 상대와 소통하고 싶어서 기교도 사용하는 것이다. 자기가 하고자 하는 말의 울림을 더욱 크게 하는 수단으로 기교를 도입하는 것이다. 그래서 기교도 타인의 것을 흉내 내기보다는 자신에게 가장 잘 맞는 것으로 선택해야 한다. 그런 게 아니라면 다시 기본으로 돌아와야 한다. 상대와 진솔하게 의사소통하기 위한 글로 고쳐쓰기를 시작해야 한다는 말이다.
>
> —박미라, 『치유하는 글쓰기』에서

둥근 수레바퀴처럼 글쓰기의 시작과 끝은 언제나 진솔한 소통으로 이어져야 한다. 인도의 시성 카비르는 "진실하라. 자연스러워라. 진실한 것만이 자연스럽다"고 했다. 진솔한 것만이 진실하고 자연스럽다. 글을 잘 쓰기 위해, 우리는 언제나 가장 자기답게 또 자연스럽게 소통할 수 있는 최선의 길을 따라가야 한다.

"글쓰기는 한마디로 소통이자 대화여야 한다. 그렇다면 대화와 소통의 가장 중요한 것이 무엇인지를 생각해 보자. 가장 중요한 소통과 대화의 본질은 바로 진실이다. 아무리 대화 스킬이 뛰어나고 소통의 달인이라고 해도 어느 장소에서 그가 만나는 사람들에게 하는 모든 말에 진정성이 의심된다면 그의 소통과 대화는 아무 값어치가 없는 것에 불과하다."(김병완)

이태준은 "마음의 열(熱)과 진정(眞情)은 글의 생명이다. 산 사람에게 피가 흐르듯이 글에는 진정이 흘러야 산 글이 된다. 즉 남을 움직일 수 있는 글이 된다"고 했다. 소통의 기본은 진실을 품은 진정성이다. 우리는 누구나 값어치 있는 글을 쓰고 싶다. 그러려면 글자 하나하나에, 글의 행간 사이사이에 생명의 피가 흐르도록 마음의 열과 진정을 쏟아부어 써야 한다.

> 워크숍 첫날 내가 새로운 학생들을 대상으로 강의를 시작할 때 가장 먼저 하는 이야기가 있다. 바로 '좋은 글쓰기는 진실을 말하는 것'이라는 점이다. 우리는 먼저 우리 자신이 누구인지를 알고 싶어 하는 종족이기 때문이다. 그리고 글을 쓰려면 무엇보다 자신의 본질부터 이해할 필요가 있다.
>
> —앤 라모트, 최재경 역, 『글쓰기 수업』에서

진실을 말하지 않은 글을 읽어서 무엇 하겠는가. 나의 본질에서 나온 글, 나의 본질을 비추는 글 그런 글을 써야하지 않겠는가. 진실을 말하기 위해 우리는 자신의 본질에 닿도록 좀 더 깊은 곳으로 들어가야 한다. "나는 학생들에게 '뼛속까지 내려가서 쓰라'고 요구한다. 자기 마음의 본질적인 외침을 적으라는 말이다." 나탈리 골드버그가 전해주는 이 말을 내면의 닻으로 삼아보자.

'내가 아는 나'와 '내가 모르는 나' 사이에, 또 '남이 아는 나'와 '내가 아는 나' 사이에 무수히 많은 나가 있다. 글쓰기는 그 '수많은 나'의 진실을 찾아가고 만나는 일련의 정신적 작업이다. 최대한 진솔하게 자신을 만나고 드러낼 때, 글쓰기라는 도구는 자신의 본질을 고이 비추는 거울이 되어준다.

영국의 작가 엘리자베스 조지는 "마음은 늘 거짓말을 하지만, 몸은 절대로 거짓말을 하지 않는다. 그러므로 이 몸의 경험을 글로 만드는 방법을 익혀야 한다. 쓰고 싶은 이야기를 쓸 때는 그 이야기의 진실을 실제로 느껴야 한다. 그 진실을 느껴야 당신의 영혼이 솟구쳐 오를 수 있다"고 했다. 내 가슴과 피부로 온전히 '진실'이 느껴지는 이야기를 쓸 때, 글에도 어떤 진실이 담길 것이다.

> 글이 와 닿지 않았다면, 십중팔구 마음이 담기지 않았기 때문이다. 이른바 '공식적 멘트'일수록 그럴 가능성이 크다. 마음 없는 말, 마음 없는 글을 멀리하자. (…) 백만 번 지당한 말씀이어도 도덕 교과서처럼 읊으면 '메롱'하고 싶다. 이참에 '메롱 하고 싶은 글쓰기'를 새로운 유형으로 분류해도 좋겠다. 메롱 하고 싶지 않게 쓰려면 솔직해야 한다. 자신의 마음을 스스럼없이 꺼내놓으면 읽는 이의 마음도 열린다. 글쓰기 불변의 제1원칙이다.
>
> ─고경태, 『글쓰기 홈스쿨』에서

자신의 마음을 스스럼없이 꺼내놓은 글은 바람을 받으며 활짝 펴진 하얀 돛과 같다. 돛을 올려야 출항을 시작할 수 있다. 마음이 담기지 않은 글, 진솔하게 자기를 꺼내놓지 못하는 글은 돛을 제대로 펴지 못한 글이다. 마음에 닿지 않는 글을 써서 무엇하리요. 읽는 이의 마음을 열리게 하는 글, 멀리 가 닿을 수 있게 마음의 돛이 활짝 펴진 글을 쓰자.

글쓰기에 마음을 스스럼없이 꺼내놓아 독자의 가슴에 파문으로 닿는 책이 하나 있다. 『프리덤 라이터스 다이어리』는 미국 윌슨고등학교에서 문제아로 낙인찍힌 낙제반 학생들이 에린 그루웰이라는 지혜로운 선생님을 만나 릴레이 일기를 쓰면서, 상처받은 자신들의 영혼을 치유해나가는 과정을 잔잔하게 풀어놓은 책이다. 이 책엔 글을 쓰면서 변화해가는 그들의 내면 풍경과 삶의 모습이 아주 진솔하게 담겨 있다. 4년 동안의 '영혼을 치유하는 일기'로 엮은 이 책은 '진솔하게 속마음을 구체적으로 쓰는 것'만으로, 단지 그것만으로 낙제 고딩들의 글이 심금을 울리는 명저로 거듭날 수 있음을 감동적으로 보여주는 책이다. (각자 읽어보도록!)

그렇게 가슴에 닿는 글은 대개 글쓰기 자체를 즐길 때 나온다.

> 즐거워야 할 글쓰기가 힘들고 무서운 것이 되는 이유는 무엇보다 우리가 글을 쓰는 것이 아니라 글을 '잘' 쓰려고 하기 때문이다. 글쓰기는 자기가 자기 자신에게 던지는 즐거운 대화이다. 자기와의 대화에 거창한 형식이나 기교 따위는 들어갈 자리가 없다. 정 멋들어진 글을 원한다면 나중에 천천히 고쳐 쓰면 된다. 게다가 글 쓰는 재주 역시 다른 재주와 같이 쓰면 쓸수록 는다. 그런데 이런 단순한 진리를 정작 많은 사람들은 망각해버리고는 글을 '잘' 쓰기 위해 노력하느라 글쓰기의 즐거움과 매력을 잃어버린다. 그러면서 정작 '어려워서 한 줄도 쓰지 못하는' 악순환에서 한 걸음도 벗어나지 못한다.
>
> —이인환, 『기적의 글쓰기 교실』에서

언제나 '잘 쓰려 하기보다, 솔직하고 자연스럽게 쓰려고' 해야 한다. 잘 쓰는 것이 중요한 게 아니라, 쓰기의 즐거움 속에서 솔직하고 자연스럽게 쓰는 게 더 중요하다. 도리어 잘 써야 한다는 강박이 막대한 심리적 부담과 부자연스러움을 낳는다. 잘 쓰려는 부담 없이, 솔직하고 자연스럽게 즐기면서 쓰다 보면 절로 잘 쓰는 데 가까워진다. 글쓴이의 영혼이 투명하게 내비치는 글은 반드시 어떠한 가치나 향기를 지니기 마련이다.

   햇살처럼 구부러짐 없이 써라. —키리카후아 추장 코키스

   나를 매료시킨 기막힌 비유 문장이다. 우리의 마음속에도 정신의 태양은 있을 터이니, 햇살처럼 밝게, 투명하게, 구김 없이, 누구에게나 공평하고 따뜻하게 쓰자. 최대한 진술하게 물비늘의 햇살처럼 마음에 부서질 듯 쓰자. 만지면 소리가 날 듯 바람의 눈처럼 투명하게 쓰자.

무조건 한 문장만 써라

   글쓰기는 아무리 능숙한 사람이라도 쉽지 않다. 당신만 글쓰기가 어렵고 잘 안 되는 것이 아니라, 대다수의 사람들이 비슷한 어려움을 호소하고 실제로 잘 쓰지 못한다. 계속 이렇게 고통 속에서 헤맬 것인가 아니면 과감히 떨쳐 일어날 것인가는 당신의 선택에 달려 있다. 글쓰기는 자신이 어렵다고 생각하면 한없이 어려운 과제지만, 할 수 있다는 자신감만 있으면 어떻게 쓸지에 관한 방법은 얼마든지 찾아낼 수 있다.
                                      —장미영, 『백지공포증이 있는 대학생을 위한 글쓰기』에서

   글쓰기에 대한 얼마간의 두려움은 누구나 가지고 있는 것이다. 그 두려움 때문에 글을 못 쓰거나 자구 미적거리는 경우는 비일비재하다. 쓸데없는 두려움은 나를 묶어두는 족쇄와 같을 것이니, 그 답답한 두려움을 과감히 허물어뜨리는 좋은 방법은 없는 것일까?
   헤밍웨이는 우리에게 이렇게 조언한다. "근심할 것 없어……. 네가 해

야 할 일은, 하나의 진실한 문장을 쓰는 일뿐이다. 네가 알고 있는 가장 진실한 문장을 써라." 하나의 진실한 문장을 쓰고 나면 그 다음은 자연스럽게 풀린다고 한다. 핵심을 관통하는 가장 진실한 하나의 문장만 쓰고 나면 나머지는 그 주석과 다를 바 없다는 얘기다. 그와 비슷한 얘기를 하는 사람이 또 있다.

> 레이먼드 카버는 『불(Fires)』에서 자신은 단편소설의 첫 문장을 쓰고 나면 나머지는 다 쓴 거나 마찬가지라고 했다. 이를 그가 시적으로 표현한 것이 "한 줄을 쓰고 나서 다음 줄 그리고 다음 줄"이다. 이제 당신 안에서 나오는 한 문장을 써보라. 너무 까다롭게 고를 필요는 없다. "8월의 어느 화요일, 내 삶과 사랑에 빠졌다"같이 단순한 문장도 괜찮다. 이제 계속해서 다음 문장을 적고, 또 다음 문장을 써라. 바로 다음 문장이 아닌 훨씬 뒤의 문장은 생각하지 말라. 지나간 문장도 되돌아보지 마라. 그냥 이야기를 엮어가라. 한 문장씩 더하면서 이야기의 구성이 드러나게 해야 한다. 벽돌을 차곡차곡 쌓아가듯 문장들을 적어라. 다만 한 문장 한 문장 진실함을 유지하라.
>
> —나탈리 골드버그, 한진영 역, 『글쓰며 사는 삶』에서

천리 길도 한 걸음부터라 하지 않던가. 한 걸음 갈 수 있는 힘과 용기가, 그 다음 걸음, 그 걸음이 다시 그 다음 걸음을 예정한다. 한 편의 긴 글을 쓰기는 쉽지 않아도, 그냥 문장 하나를 쓰는 것은 매우 쉬운 일이다. 단지 한 번에, 한 문장만 쓰면 된다는 마음으로 써라. 그것은 심적 부담을 최소화한다. 부담이 없거나 적어야 피로하지 않게 계속 써나갈 수 있다.

만리장성도 벽돌 하나로부터 시작되었고, 대륙을 잇는 긴 기찻길도 레일과 레일이 계속 이어져서 만들어졌듯이, 한 문장 한 문장도 이와 같

이 계속 더해지면 빠짐없이 '고심의 시간' 위에 조금씩 쌓여간다. 옆도 뒤도 돌아보지 말고 곧장 앞으로 과감하게 걸어 나가라. 걸어 나간 만큼 글의 도정 위에 내 영혼의 발자국이 또렷이 새겨지리니. (매일 하루에 A4지 한 장 분량의 글을 쓴다면, 일 년에 365장을 쓰게 된다. A4지 365장이면 족히 250~300페이지 내외, 즉 책 3권 정도의 분량이 된다. 정말로 티끌 모아 태산인 것이다.)

첫 문장에 대한 두려움 역시 날려버려야 합니다. '내가 지금 쓸 수 있는 글은 여기까지야!'라고 인정하며 스스로를 다독이고 격려하면 자신감 있게 첫 문장을 시작할 수 있습니다.

이때 주의할 점은 정답을 찾으려고 애쓰지 말라는 겁니다. 잘 쓸 필요는 없어요. 그저 마음 가는 대로 쓰면 돼요. 내면의 소리에 귀 기울여보세요. 누구에게도 하지 않았던 이야기가 들릴 겁니다. 그러면 천천히 펜을 움직이세요.

—김민영, 『첫 문장의 두려움을 없애라』에서

잘 쓰려는 마음의 경직이 글을 못 쓰게 만드는 가장 큰 장애 중에 하나이다. 어떤 일을 처음부터 잘할 수는 없다. '잘하는 것'은 '즐겁게 꾸준히 하는 것' 뒤에 오는 법이다. 그저 내면의 소리에 귀 기울이며 마음 가는 대로 써라.

"'살아 있는 글'과 '죽은 글'을 구분하는 가장 큰 기준은 글에 진솔함이 있는가 하는 것"이다. 잘 쓰는 글이 아니라, 내면이 살아 있는 글을 써야 한다. 과욕은 금물이다. 과욕은 나를 멈추게 하는 브레이크다. 글의 결과가 어떠하든 스스로를 인정하면서 그 습작의 과정 하나하나를 통해 배워가야 한다. 그것은 나를 성장시키는 의미 있는 작업이다.

글쓰기의 절반은 자신감과 용기입니다. 한발만 나아가면 '주위 시선'이라는 장애가 존재합니다. 그런데 거기다 내밀한 경험, 상처, 아픔 같은 소재를 꺼내야 하니, 힘든 일이죠. 하지만 진짜 이야기는 거기서 나옵니다. 다른 사람이 겪지 못한 나만의 경험을 쓸 수 있어야 앞으로 나아갈 수 있습니다. 그 문턱을 넘어야 글쓰기에 자신감이 생기고, 무슨 얘기든 끄집어낼 수 있는 용기를 갖게 되죠.

—김민영, 『첫 문장의 두려움을 없애라』에서

나는 운전을 배운 후 처음 터널 속을 지날 때, 매우 두렵고 긴장되었다. 매번 긴 터널을 빠져나온 후 안도의 한숨을 쉬어야 했다. 그러나 몇 년이 지난 지금은 그렇지 않다. 삶의 수많은 굽이엔 이런 터널이 조금씩 놓여있다. 글쓰기에도 여기저기에 터널이 있다. 앞으로 나아갈 수 있는 용기와 자신감은 경험에서 생겨난다. 터널을 여러 번 지나다 보면 점점 익숙해져서 처음의 두려움이나 긴장이 사라지는 것처럼, 글을 자꾸 써 보는 실전 경험은 안정적인 자신감과 용기를 심어준다. 자신감과 용기란 경험과 함께 누적되는 것이며, 그것은 기꺼이 망설임의 문턱을 넘은 사람만이 누릴 수 있는 호사다.

"쓰세요, 거침없이 쓰세요. 쓰세요. 손을 쉬게 하지 마세요. 너무 많이 생각하지 마세요. 편집하려 하지 마세요. 못할 거라는 자기부정에서 벗어나세요."(나탈리 골드버그) 어떤 글이든 계속 쓸 수 있으려면, 반드시 자기부정의 터널을 빠져나와야 한다.

무슨 일이든 자꾸 하면 늘게 마련이다. 이처럼 글쓰기도 그냥 즐거운 마음으로 하면 실력이 향상되고 우연이 행운을 안고 돌아올 수도 있다. 문제는 하다가 중지하는 것이다. 중지하지 않고 지속적으로 뭣이든 하면 기회는 온다. 그냥 즐겨라. —최복현

늦게 가든 빨리 가든 계속 가면 누구나 마라톤을 완주할 수 있다. 마라톤을 처음 뛰는 사람은 기록이 아니라 완주에 목표를 둔다. 글도 이와 마찬가지다. 늦으면 늦는 대로 빠르면 빠른 대로 계속 쓰기만 하면 누구나 탈고라는 결승점에 도달할 수 있다. 그런 완주가 한 번, 두 번 반복되다 보면 실력이 늘게 마련이다. 즐거운 마음으로 하면 그 완주의 과정 자체가 의미 있는 시간으로 채워질 것이다.

나는 사람들의 예감을 믿는다. 이를테면 뭔가 하고 싶은 게 있다면 그는 거기에 대한 유전 인자를 안고 태어난 것이다. 말하는 능력, 글을 쓰는 능력을 타고나지 않은 사람은 없다. 그러니 자신감부터 갖고 시작하면 된다. 더디더라도 글은 누구나 쓸 수 있다. 단 의지를 가지고 끈기 있게 글을 잘 쓸 수 있는 달인이 되기까지 노력하느냐가 중요하다. 노력 여부에 따라 재능이 없는 이라도 충분히 재능을 가진 사람을 앞지를 수 있다.

—최복현, 『닥치고 써라』에서

윌리엄 진서는 말하길 "글을 잘 쓴다는 것은 자기 글을 믿고 자기 자신을 믿는 것이다. 그리고 위험을 감수하고, 남들과 달라지려 하고, 스스로를 부단히 연마하는 것이다. 여러분은 스스로 노력하는 만큼 글을 잘 쓸 수 있다"고 하였다. 노력 여부가 누구에게나 자기 안에 잠재되어 있는 잠자는 재능을 일깨우냐를 결정할 뿐이다. 그것은 숨겨진 내면의 광산과 같다.

"적극적으로 쓰기를 실천하라. 종이 위에 펜을 올려놓지 않으면 당신의 생각은 몽상에 불과하다. 몽상은 아무 소용이 없다. 머리가 아니라 손을 통해 이야기가 나오게 하라."(나탈리 골드버그) 우리 안에 잠자고 있는 글쓰기 재능을 끄집어내는 것은 종이 위에서 부지런히 움직이는 손이다.

『연금술사』의 작가 파울로 코엘료는 말하길 "아무리 준비를 철저히 해서 와도 정작 이곳에 와보면 많이 다릅니다. 중요한 것은 현장에서 부딪혀 보는 것이에요. 결심을 했을 때 그냥 첫발을 떼세요. 일단 길을 나서게 되면 영적인 무언가가 우리를 끝까지 인도하게 될 것입니다"라고 했다. 예상과 실전에는 언제나 간극이 있다. 오직 많은 경험만이 그 간극을 메운다.

> 몽상가는 꿈을 꾸고, 작가는 글을 쓴다. 시편들, 소설들, 온갖 책들은 모두 아이디어와 상상력과 꿈의 결실이다. 그런데 그 결실을 가능케 하는 것은 오직 행동 글쓰기다. 애오라지 당신만이 말할 수 있는 무수한 이야기가 있다. 그것을 말하라! 정열적으로, 최대한 참되고 즐겁게! 당신은 지금 당장이라도 작가의 꿈을 펼칠 수 있다.
>
> —로버타 진 브라이언트, 승영조 역, 『누구나 글을 잘 쓸 수 있다』에서

가슴속에 할 말이 없는 사람은 세상에 없다. 그것이 시가 되고, 수필이 되고, 소설이 되고 더 나아가 온갖 책이 되느냐 마느냐는 오직 '행동하는 글쓰기'에 달렸을 뿐이다. 그 행동하는 글쓰기 때문에 누군가의 가슴속 말은 세상의 빛과 소금이 되지만, 누군가의 가슴속 말은 망각의 시간 속에 보이지 않는 먼지가 되어간다.

마음속 가장 깊은 곳에서 샘물처럼 터져 나오는 열망으로 자신이 가장 쓰고 싶은 것을 써라. 거침없이 흘러가는 장강(長江)처럼, 내가 기꺼이 말하고 싶고 또 말해야만 하는 것을 나의 숨결과 어법으로 마음껏 자유롭게 써라. '나다움'이란 오직 광활한 자유와 도전의 집적 속에서 나온다.

"세련된 필력을 가진 사람보다는 질박하고 소박한 필력이지만 진심

으로 글을 쓰는 사람, 혼신을 다해 글을 쓰는 사람, 신명나게 글을 쓰는 사람이 더 좋은 글을 쓸 수 있다고 필자는 믿는다."(김병완) 나도 그렇게 믿는다. 화려한 몽상가 대신 순박한 실천가가 되라. 그리고 때때로 전력 질주 속에 자신의 혼을 불사를 줄 아는 열정가가 되라.

> 무엇이 빛을 비추는가? 무엇이 환하게 빛나는가? 어떤 종류의 글이 —혹은 연기나 춤이나 음악이나 그림이— 우리를 감동시키고 우리의 삶을 뒤흔드는가? 그것이 핵심이 아닌가? 삶에 빛을 비추어 조명하는 것, 세상에 빛을 그리고 틈을 사랑하는 것, 무언가를 뒤흔드는 것. 중요한 것은 완벽이 아니라 진정성이다.
> "완벽하려고 애쓰지 마세요. 모든 것엔 틈이, 틈이 있답니다. 그 틈으로 빛이 들어오죠."(레너드 코헨)
>
> —바바라 애버크롬비, 박아람 역, 『인생을 글로 치유하는 법』에서

방에 햇빛이 들어오는 것은 창문이라는 틈이 있기 때문이다. 내 안에도, 내 글에도 그러한 틈이 있는가? 숨 쉴 틈이 조금도 없는 완벽주의는 우리를 숨 막히게 한다. 마음의 틈을 만들어라. 그 틈으로 빛이 들어오도록 자신을 놓아주어라.

글쓰기는 '틈으로 들어오는 빛'과 같은 것이다. 틈이 없으면 빛은 들어올 수 없다. 우리의 정신에도, 또 삶과 세상에도 수많은 틈이 있다. 그 틈으로 빛과 산소가 들어온다. 그러한 빛과 산소를 받으려면 우선 마음과 생각에 틈을 열어야 한다. 모든 글쓰기 작업에도 틈의 숨통을 만들어야 한다. 완벽주의는 그 틈과 숨길을 꽉 막아버린다. 완벽주의는 초고 완성의 가장 큰 적이다!

진정성이란 완벽주의가 아니다. 진실하게 소통하고자 하는 진지한 자

세일 뿐이다. "글쓰기 연습에서 중요한 건 잘 되든 안 되든 글감이 떠오르면 일단 써보는 겁니다."(이강룡) 그렇다. 영감이 떠오르거나 쓸거리가 생기면 일단 써보는 습관을 들여야 한다. "알기 때문에 쓰는 것이 아니라 쓰기 때문에 참으로 알게 된다."(구본형) 틈을 허락하며 기꺼이 써보는 것, 그 진지함의 과정 속에서 '참으로 알게 됨'을 배울 수 있는 것이다.

글쓰기에 대한 모든 부정을 지워라. 마음속의 모든 부정을 지워야 계속 쓸 수 있다. 부정의 폭설에 둘러싸이면 그 안에 고립되어 아무것도 할 수 없게 된다.

『상상과 창조의 글쓰기』(김진해, 이상임, 김수이, 고인환, 김동건)는 자문자답을 통해 글쓰기에 대한 '부정'을 '긍정'으로 바꾸는 좋은 해법을 전해주고 있다.

> 나는 글을 잘 쓰지 못한다. 글쓰기에 재능이 없다.
> → 많은 시간과 노력을 들여 글쓰기를 꾸준히 해본 적이 있는가?
> ⇒ 열심히 계속해서 써보자. "많이 쓰면 잘 쓸 수 있다."

> 글쓰기는 너무 어렵고 힘들다.
> → 무조건 잘 쓰려고만 하는 것은 아닌가? 좋은 글에 대한 선입견이 있는 것은 아닌가? 다른 사람의 눈을 지나치게 의식하고 있는 것은 아닌가? 자신을 격려하기보다는 주눅 들게 하고 있는 것은 아닌가?
> ⇒ '나'를 칭찬하고 격려하자. "오늘은 이만큼 쓴 걸로 만족하자. 다음에는 더 잘 쓸 수 있다!"

> 쓸 말이 생각나지 않는다. 무슨 말을 써야 할지 모르겠다.
> → 혹시 생각하지 않거나, 생각하지 않으려 하는 것은 아닌가? 나무 밑에 앉아서 사과가 떨어질 때만을 기다리고 있는 것은 아닌가?

⇒ 급할 것 없다. 천천히, 충분히 생각하자! 책을 읽거나, 산책을 하는 것도 좋다.

글쓰기가 내 마음대로 되지 않는다. 막상 쓰면 생각과는 다른 글이 된다.

→ 자신이 하고 싶은 말을 정확히 모르고 있는 것은 아닌가? 내 생각을 정확하게 표현하기 위해 충분히 고치고 다듬었는가?

⇒ '쓰다 보면 어떻게 되겠지' 하는 마음으로 막연히 시작하지 말고, 하고 싶은 말을 한두 문장으로 명확히 정리한 후에 쓰자.

글 쓰는 일이 싫다, 재미없다.

→ 글쓰기의 즐거움을 알게 되기도 전에 글쓰기와 멀어진 것은 아닌가? 마음에서 우러난 것이 아닌 억지로 꾸민 글쓰기를 한 것은 아닌가?

⇒ 내가 좋아하는 것, 쓰고 싶은 것에 대해 쓰자. 마음이 가는 대로 자연스럽게, 정직하게 쓰자.

햇살에 쌓인 눈이 녹듯, 내면 속에 있는 글쓰기에 대한 모든 부정적인 관념을 녹여야 한다. 나를 막고 있는 부정적인 생각에서 완전히 풀려나야, 그제서야 과감하고 자유롭게 글을 쓰며 드넓은 글쓰기의 대양에 풍덩 빠질 수 있다.

E. L. 닥터로는 언젠가 이렇게 말한 적이 있다. "소설을 쓰는 것은 밤에 자동차를 운전하는 것과 같다. 당신은 차의 헤드라이트가 비춰주는 데까지만 볼 수 있을 뿐이다. 그런 식으로 목적지까지 갈 수 있다." 당신이 가려고 하는 곳을 볼 필요는 없다. 목적지를 볼 필요도 없으며, 가는 동안에 지나치는 것을 모두 다 볼 필요도 없다. 단지 당신 앞의 2~3피트 정도 앞만 보면 된다. 바로 이것이 글쓰기에 대해서, 아니 어쩌면 인생에 대해서도 내가 들은 것 가운데 가장 값진 충고일 것

이다.

—앤 라모트, 송정희 역, 『글쓰기 잘쓰기』에서

우리는 평생 숨을 쉬고 살지만, 그 숨이란 연속된 한 번의 호흡으로 이루어질 뿐이다. 한 번에 평생의 숨을 쉬는 게 아니라, 오로지 한 번의 들숨과 날숨으로 일생의 숨을 쉬며 산다. 하나 속에 다(多)가 깃들어 있으니, 일즉다 다즉일(一卽多 多卽一)이다.

어떤 서화든 일획이 만획을 낳는다. 일획이 곧 만획인 까닭이다. 오로지 지금 당장 한 문장만 쓰면 된다. 빗방울 하나가 모이고 모여 큰 호수가 되는 것처럼, 망설임 없이 무조건 첫 번째 문장 하나만 쓰자. 갓 태어난 신생아처럼, 세상의 모든 문장은 언제나 그 자체로 유일무이한 첫 번째 문장이다. 마음을 비추는 헤드라이트는 한두 문장을 쓸 수 있는 만큼이면 족하다. 우리는 그것으로 끝까지 갈 수 있다. 마치 청사초롱의 작은 불빛으로도 어둠 짙은 천리 밤길을 걸어갈 수 있는 것처럼!

하루하루가 모여 일 년이 되고, 순간순간이 모여서 영원이 되는 것처럼, 글의 물길도 오래 흘러야 시내가 되고 강이 된다. 한 문장이 모여 한 편의 글이 되고, 한 권의 책이 되고, 한 채의 도서관이 된다. 한 문장이 모든 글과 책의 시작과 끝이다. 한 문장 쓰기가 바로 글쓰기의 시작과 끝인 것이다. 그러니까 무조건 계속 한 문장만 쓰자.

"신나게 즐기면서 재미있게 쓰라. 전율을 느끼면서 신들린 사람처럼 글을 쓰라. 작가가 전율을 느껴야 독자들도 전율을 느끼게 된다. 작가가 즐기면서 책을 써야 독자들도 즐기면서 책을 읽을 수 있다. (…) 자기 자신을 위한 글을 쓰는 것, 재미로 즐기면서 신나게 신명나게 글을 쓰는 것이 최고로 글을 잘 쓸 수 있는 비결이라는 것이다."(김병완) 이런 말을 마음의 청사초롱 삼아서…….

3장

더 개성 있게,
더 자유롭게 써라

천재의 독창성은 본질적으로 보는 방식에 있다. ―하르트만

높이 나는 새가 멀리 본다고 하지만
멀리 보고 싶은 의지가 있는 새만이 높이 날 수 있다. ―이지상

생각의 속도로 날기 위해서는, 그곳이 어디든
그대는 자신이 이미 그곳에 도착해 있음을 아는 것으로부터
시작하지 않으면 안 된다. ―리처드 바크

남다른 글은, 개성이 있다

군계일학(群鷄一鶴)이라는 사자성어가 있다. 여러 마리의 닭 속에 한 마리 학이라는 뜻이다. 닭 무리 속에 있는 한 마리 학은 뛰어남의 상징이자, 개성의 표상이다. 평범한 것은 눈에 잘 띄지 않는다. 반면 돋을새김처럼 눈에 잘 띄는 개성적인 것엔 절로 눈길이 간다. 그래서 평범한 글은 닭처럼 세상을 날 수 없으나, 개성적인 글은 학처럼 멀리 날아갈 수 있다. 개성은 하나의 자질인 동시에 탁월함을 빚는 확실한 실력이다.

경쟁도 도를 넘어 초경쟁시대로 돌입한 요즘은 남보다 잘하는 '나'가 아니라 남과는 전혀 다른 가장 '나다운 나'에 경쟁력이 실린다. 지문처럼 전혀 다른 삶을 살아온 개인이 그 여정 속에 잠재된 암호를 해독하여 이야기로 풀어내고 바이러스로 전파할 때 그것은 경쟁과 복제를 원천 불허하는 강력한 힘이 된다. 마침내 당신은 이 세상에 둘도 없는 근원(오리진)으로서 당신을 창조하게 된다. 이야기 바이러스의 위력은 이와 같다.

—송숙희, 『모닝페이지로 자서전 쓰기』에서

창조적 가치는 언제나 '넘버 원'이 아니라 '온리 원'을 지향한다. 세상에 하나밖에 없는 것, 그 최초의 '새로운 하나'를 만드는 것이 창조정신의 엔진이 아니던가!

왜 길이 뻔한 한 줄에만 서려 하는가? 우리는 서열과 차등이라는 경직된 한 줄의 틈새에 설 것이 아니라, 무한히 열려 있는 전방위의 새로운 길과 길로 저마다 달려가야 한다. 옥죄는 경쟁의 쳇바퀴 속에서 '남과 다른 나'가 되기보다는 창조의 화력 속에서 나날이 거듭나는 나다운 나, '새로운 나'가 되는 것이 훨씬 낫다.

"그늘에 오래 있다 보면 누구나 그림자가 되는 법이야. 그림자가 되기 전에 너만의 빛을 찾아야 해."(팀 보울러) 꿈과 뜻이 있다면 그림자가 되어 묻히기 전에, 나만의 빛을 찾아야 하지 않겠는가.

세상에 이류나 삼류 혹은 아류가 되는 책들은 차고 넘쳐나지만, 원류나 일류가 되는 책은 그리 많지 않다. 무엇이 그런 차이를 만드는가? 바로 개성과 창조성의 유무이다. 세상에 널린 것은 아류가 되지만, 둘도 없는 유일한 것은 일류가 되고 원류가 된다. 원류는 대체할 수 없는 유일무이한 것이기에 온리 원이요, 일류인 것이다. 그러니 남과 같아지려 하지 말고 어떻게 달라질지를 고민해야 하고, 어떻게 혁신할지를 고심해야 한다. 스티브 잡스의 말처럼 "혁신은 리더와 추종자를 구분하는 잣대"이다.

나라는 존재가 이 우주에 단 하나뿐인 생명이듯, 한 편의 글도 세상에 태어난 하나의 고유물이다. 「인연」이라는 같은 제목으로 수필을 썼어도 그것은 제각기 다른 글이다. 한 편의 영화가 그런 것처럼, 글 한편이 하나의 고유명사인 것이다. 그래서 글은 각각의 개별성으로 명명(命名)되어진 값을 해야 한다. 다이아몬드가 값비싼 보석이 되는 이유는 희귀성 때문이다. 글도 사람도 제값을 받으려면 개성의 기치와 희귀성을 담보하고 있어야 한다. 개성이 없는 글은 생명력이 약한 글이요, 장삼이사의 범부나 그들이 하는 옹색한 말과 다르지 않을 뿐이다.

윌리 램은 교도소 재소자들에게 글쓰기를 가르치는 일에 대해 논하면서 "나는 대리석 안에서 천사를 목격하고 그를 해방시킬 때까지 팠다"는 미켈란젤로의 말을 인용한다. 그는 자신과 재소자 학생들이 손상된 상태로 기다리고 있는, "종이와 펜의 도움을 받아 최고의 자아를 조각할 잠재력을 가진" 천사들이라고 말한다.

사람은 누구나, 정말 '누구나', 대리석 안에서 기다리고 있는 천사를 하나씩 갖고 있다. 나는 암과 싸우는 사람들을 상대하면서 경험을 통해 이 사실을 배웠다. 수년 동안 나는 암 환자들을 위한 글쓰기 워크숍을 진행했는데, 나의 워크숍에 온 사람들은 치유를 위한 글을 쓰고 싶어 했다. 그들은 작가가 되려고 온 것은 아니었지만 모두 자신의 천사에 대해 글을 쓰면서 종이 위에서 자신을 발견했다.

—바바라 애버크롬비, 박아람 역, 『인생을 글로 치유하는 법』에서

미켈란젤로가 대리석 속에 깃든 천사를 보았듯 우리는 우리 안에 잠들어 있는 천사를 찾아 일깨워야 한다. 우리는 모두 잠재적인 천사이다. 최고의 자아를 끄집어내는 것이 나를 더욱 나답게 하는 일이다. 개성적 글쓰기는 바로 문자로 그 최고의 자아를, 내 안에 깃들어 있는 고유한 천사를 종이 위로 조각해내는 일일 것이다.

스티브 잡스는 2005년 스탠포드대학교 졸업식 축사 중에 이런 말을 했다. "여러분 내면의 소리를 죽이지 마십시오. 가장 중요한 것은 자신의 마음과 영감을 따르는 용기입니다. 여러분의 마음과 영감은 이미 당신이 진정으로 무엇을 원하는지를 알고 있습니다. 나머지는 모두 부차적인 것입니다." 자기 마음의 순수한 욕구를 따르는 것, 내가 진정으로 원하는 것을 찾아 나의 내면을 깊이 일깨우는 것, 그것이 곧 우리가 할 일이다.

그는 또 이런 말도 했다. "예술가로 살려면 너무 자주 뒤를 돌아보지 말아야 한다. 당신이 한 일, 당신이 어떤 사람인지를 기꺼이 받아들이고 또 그것들을 던져버릴 수 있어야 한다." 우리는 자신의 꿈과 의지와 용기에 자신을 내맡길 수 있어야 한다. 새로운 나는 그런 새로운 시도와 거듭나기 속에서 발견될 터이다.

포드 자동차는 모두 정확하게 같습니다. 그러나 사람은 같을 수 없습니다. 모든 새로운 생명은 태양 아래 새롭습니다. 그와 같은 것은 전에 없었고, 이후에도 없을 것입니다. 젊은 사람들은 스스로 그런 생각을 가져야 합니다. 개성의 불꽃을 찾아내 자신의 가치를 높이기 위한 노력을 해야 합니다. 사회와 학교는 당신을 다른 이와 똑같이 만들려고 합니다. 그들은 당신을 똑같은 틀에 넣으려고 합니다. 그러나 그 불꽃이 사라지지 않게 해야 합니다. 그것은 당신이 중요한 진정한 이유입니다. ─헨리 포드

일정한 틀에 의해 공장에서 찍어내는 벽돌이나 자동차처럼 한 사회의 교육과 대중문화는 개인을 몰개성에 빠뜨린다. 하지만 내가 가치 있는 이유는 다른 이와 같지 않기 때문이다. 전에 없었고 앞으로 없을 나는 오직 '나다운 나'가 되기 위해 태어났을 뿐이다.

데일 카네기는 말했다. "나는 이 세상에 유일한 사람이다. 그것을 기뻐하라. 자연이 나에게 준 것을 최대한으로 활용하라. 최종 분석에 따르면 온갖 예술은 자전적이다. 나는 나만의 것을 노래할 수 있고 그릴 수 있다. 나는 경험, 환경, 유전에 의하여 만들어져야 한다. 좋든 싫든 나의 작은 정원을 가꾸어야 한다. 원하든 원치 않든 인생이라는 오케스트라에서 나의 악기를 연주해야만 한다."

자전적이지 않은 예술이 있겠는가. 마찬가지로 자전적이지 않은 글이 있겠는가. 어떤 글을 쓰든 그 안에 내 삶의 음영과 정신이 담긴다. 나와 똑같은 사람이 없듯, 나와 똑같은 삶은 없다. 개성의 가치는 거기서 배태되는 것이다. 똑같지 않은 삶에서 얻어진, 똑같지 않은 경험과 생각과 느낌과 이야기들로 내 글쓰기의 정원을 가꾸어야 한다. 그것이 세상이라는 오케스트라에서 부여된 나의 악기다.

당신이 쓰고 싶어 하는 이야기를 당신보다 더 잘 쓸 수 있는 사람은 없다는 것을 기억하라. 지금까지 당신의 삶을 살아온 사람은 오직 당신뿐이다. 그 누구도 당신이 할 수 있는 이야기를 당신의 목소리로 들려줄 수 없다. "누구나 재능이 있고, 독창적이며, 해야 할 중요한 말을 가지고 있다"고 브렌다 유랜드는 말했다.

누구도 당신에게 무엇을 써야 하는지 가르쳐줄 수 없다. 편집자도, 에이전트도, 발행인도, 선생도, 친구도, 연인도 가르쳐줄 수 없다. 글쓰기라는 여행에 나선 우리는 용감한 사람들이다. 우리는 내면의 안내자가 지시하는 대로 우리 앞에 놓인 길을 따라가지만 그 길이 우리를 어디로 데려갈지는 알 수 없다. 모퉁이를 돌자마자 어떤 일이 벌어질지조차 알 수 없다.

—주디 리브스, 김민수 역, 『365일 작가 연습』에서

나의 삶을 살아온 이는 오직 나뿐이다. 내 온갖 감정과 생각을 온전히 함께한 이도 오직 나뿐이다. 내가 아니면 누가 그것을 제대로 말할 수 있겠는가. 우리는 저마다 그러한 고유한 경험과 내면세계를 가지고 있기에, 잠재적 측면에서 '누구나 재능이 있고, 독창적이며, 해야 할 중요한 말을 가지고 있다'고 말할 수 있다. 이러한 것을 묵혀두는 사람은 있어도, 그러한 것을 가지고 있지 않은 사람은 없다.

나만이 가진 고유한 것을 끄집어내는 '내면의 안내자'란 무엇인가? 그건 뭔가를 표출하고 싶은 내 안에 잠재되어 있는 순수한 욕구이다. 무엇이 내 안에 차고 넘치는가, 무엇이 나를 흔들어 깨우는가, 무엇이 먼저 내 안에서 무르익었는가. 우리는 단지 그 순수한 욕구를 따라, 내가 체험한 세계, 내가 말하고자 하는 세계를 쓰면 되는 것이다.

대학의 작문 수업에 초청될 때마다 나는 학생들에게 제일 먼저 이렇

게 묻는다. "여러분의 문제는 무엇인가요? 여러분의 관심거리는 무엇인가요?" 메인 주에서부터 캘리포니아 주까지 어딜 가나 대답은 똑같다. "우리는 선생님이 바라는 걸 써야 해요." 정말이지 힘 빠지는 말이다.

"좋은 선생은 그런 걸 바라지 않아요"라고 나는 학생들에게 말해준다. "어떤 선생도 같은 주제에 대해 같은 사람이 쓴 복사본 스물다섯 개를 원하지 않아요. 우리가 찾는 것, 눈에 번쩍 띄었으면 하는 것은 개성입니다. 뭐가 되었건 여러분만의 독특한 것을 찾는 겁니다. 자기가 아는 것, 자기가 생각하고 있는 것에 대해서 쓰세요."

―윌리엄 진서, 이한중 역, 『글쓰기 생각쓰기』에서

비슷비슷한 것은 몰개성으로 가는 지름길이다. 그것은 가짜다. 진짜는 비슷하지 않다. 진짜는 나의 고유한 내적 체험에서 나오기 때문이다. 생명력이 넘치는 것들은 모두 자신의 세계를 추구하는 법이다.

매 학기마다 나는 비슷비슷한 독후감을 100편도 넘게 읽으며 매번 긴 한숨을 쉰다. 누가 덤덤하고 비슷한 글을 계속 보고 싶겠는가. 누구나 '무료함을 깨뜨릴 수 있는 글, 눈에 번쩍 띄는 개성과 독특함이 있는 글'을 읽고 싶을 것이다.

한동안 당신은 자신의 목소리를 갖고 글을 쓴다. 그 목소리가 어떤 것이든, 즉 재미있는 목소리든, 사려 깊은 목소리든, 뻔뻔한 목소리든, 거친 목소리든, 부드러운 목소리든, 그 목소리가 페이지 위에서 생생하게 살아서 당신의 이야기와 적절하게 어우러진다. 그러다 어느 날 갑자기 목소리가 재미없는 교과서처럼 무미건조해지거나 위선적이고 부자연스럽게 변한다. 당신의 목소리를 되찾는 유일한 방법은 계속 쓰는 것이다. 믿음을 가져라. 목소리는 돌아올 것이다.

―바바라 애버크롬비, 박아람 역, 『인생을 글로 치유하는 법』에서

100

좋은 가수들은 저마다 자신만의 목소리와 창법을 가지고 있다. 그 목소리와 창법이 그 가수를 존재케 하는 정체성의 골자이다. 나의 글에 자신만의 목소리가 깃들었는가? 글쓰기에서 개성이 완성되는 데는 깨나 시간이 필요하다. 그것은 언제나 진행형이다. 나의 색깔과 목소리가 찾아질 때까지 계속 찾아야 한다.

소설가 신경숙은 어느 인터뷰에서 이렇게 말했다. "처음에 소설을 쓰기 시작했을 때 이런 생각을 했다. 여기 빈 책상 위에 표지도 없고 제목이나 저자 이름도 없는 책이 떨어져 있는데, 누가 지나가다 그 책을 주웠다고 해보자. 그 사람이 책을 몇 페이지 읽어보고는 '아, 이건 신경숙 소설인데!'라고 알아볼 수 있는 소설을 쓰고 싶었다. 그게 새로움이라고 생각한다. 그런데 인류 역사가 이렇게 오래 진화해왔는데 이 세상에 완전히 새로운 이야기가 과연 있을까? 그래서 가장 새로운 것은 나답게 쓰는 것이다. 이 세상에 나라는 사람은 하나뿐이기 때문에……"

나답게 쓴다는 것은 남과 다르게 쓴다는 뜻이 된다. 나의 색깔을 최대한 살린 나의 목소리가 뚜렷해질 때 나는 남과 다른 글을 쓸 수 있다. 그렇게 '나답게 쓰기'가 무르익을 때 이름표가 없어도 저자가 누군지 알 수 있는 '개성'이라는 것이 생겨난다. '나답게 쓰는 것'은 글쓰기의 정도이자, 개성과 승리가 거쳐 가는 관문이다.

이태준은 "한 마디의 말이라도 내가 생각해낸 것, 변변치 않은 것이라도 내가 감각한 것을 적어야 그것이 내 것이요 그것이 비로소 남에게 내 것이라고 내어놓을 가치가 있는 글일 것이다"라고 말했다. 또 "작품은 개인의 뿌리에서 피는 꽃이다. 당신 자신의 기질에 맞는 최선의 형식으로 무엇이든지 아름다운 것을 지어 달라"고 했다.

우리는 같은 영화를 보고도 저마다 다르게 느끼고 다르게 받아들이지 않던가. 우리는 같은 물리적 세상에 살면서 저마다 다른 내적 세계에서 살아간다. 그 내적 세계에서, 진실로 내가 느끼고 생각한 것을 써야 한다. 그 내적 세계가 바로 내가 만든 내 안의 유일하고 새로운 세계이기 때문이다. 그것이 모든 개성의 원천이다.

"당신의 이야기를 위해 당신이 가장 먼저 해야 할 것은 신이 의도한 가장 당신다운 것을 당신이 살아온 삶 속에서 찾아내는 것이다. 그것은 발견하는 것이지 만들어내는 것이 아니다."

내 삶 속에 있는 가장 나다운 것은 무엇인가? 가장 나다운 것은 내가 외부 세계와 접속하면서 만든 나의 '내면 세계'에 있다. 그것에 나의 모든 것이 있다. 그것은 내가 만든 마음과 의식의 신천지다. 그것은 이미 내 안에 무진장으로 펼쳐져 있다. 그곳에서 내가 쓸 이야기를 위해, 무엇을 발견하고 못 하고는 나의 노력과 정성에 달렸을 뿐이다.

명문화된 법규는 사회공통체가 탈 없이 굴러가게 만든 최소의 가치 기준이다. 법규를 잘 지킨다고 훌륭한 사람은 아니다. 그런 사람은 다만 사회의 최소 가치기준의 착실한 준수자일 뿐이다. 더 중요한 것은 내면의 법이다. 내면의 법은 도덕 감정을 관장하는 양심이다. 대개는 사회법과 내면의 법이 상충되는 경우는 드물되 아주 없지는 않다. 사회의 최소 가치기준보다 내면의 법이 상위법이기 때문에 이럴 경우 당연히 양심에 따라 말하고 행동하는 게 옳다. 건강한 사회가 되려면 법규를 얼마나 잘 지키느냐도 중요하겠지만, 그보다는 사회공동체 구성원 한 사람 한 사람의 내면의 법이 얼마나 잘 작동하느냐가 더 중요하다. 나는 내면의 규범에 투철하려고 사회의 법에 어깃장을 놓은 적이 있다. 그럴 경우 따돌림을 받거나 불이익을 받고, 당연히 내 것일 수 있는 기회와 재화와 명예를 잃는다. 그게 억울하지 않은 것은 내가 치러야 할 대가인 까닭이다. 오늘의 나를 만든 것은 풍속이나 사회적 규범들이 아니라 내 안에 작동하는 내면의 법들이다.

—장석주, 『느림과 비움의 미학』에서

내 안에 작동하는 내면의 법들! 이것이 한 개인의 세계관이요, 영혼의 밑그림이다. 예술가와 발명가와 혁명가와 구도자. ──이들은 세상의 법보다 '내면의 법'에 충실한 이들이다. 내면의 법에 충실한 이들일수록 개성이 두드러진다.

"죽은 물고기만이 강물을 따라 흘러간다"(브레히트)라는 말이 있다. 세상에도 수많은 물길들이 흐른다. 하지만 그들은 물길 따라 움직이는 것이 아니라, 살아서 자기 마음대로 움직인다. 그런 것이 진정으로 살아있는 것이 아니겠는가.

세상의 관성을 깨뜨리고 사회의 타성을 거부하며 자신의 길을 가는 삶, 진정한 글쓰기는 이런 삶에서 시작된다. 내면의 법으로 깨어있는 영혼이 아니면 의미 있고 빛나는 글을 쓰기 어렵다. 그런 점에서 개성이 없는 글쓰기는 죽은 물고기와 다르지 않다.

소설가 박상우는 "작가는 항상 자유로운 의식을 지니고 살아야 한다. 자유로운 영혼이라야 창작의 원천이 고갈되지 않고 오래오래 맑고 신선한 영감이 샘솟는다. 그런 의미에서 작가의 미덕은 끝없는 자기 갱신이다"라 하였다. 모든 자기 갱신은 끝없는 자기 부정과 자기 긍정 사이에서 생긴다. 그런 긴장이 나를 둘러싼 관성과 타성을 벗게 하는 것이다. 그런 점에서 쉼 없는 자기 갱신을 통해 '자신의 세계'를 이룬 사람들은 용감한 사람이며, 남다른 사람이며, 뜻깊은 사람이다.

> 나에게는 나만의 마음이 있다. 내가 내 생각을 좌우한다. 내 입으로 말하는 단어는 모두 내 것이다. 누구도 그것을 빼앗아갈 수 없다. 내가 도스토예프스키나 헨리 밀러처럼 쓸 수는 없다. 그냥 나처럼 쓸 수 있을 뿐이다. ─나탈리 골드버그

남의 발걸음을 따라가다 보면 내 발걸음을 잃게 된다. 토끼는 토끼의 발걸음으로, 사슴은 사슴의 발걸음으로 걸어야 한다. 오리의 다리가 짧다고 늘일 필요도 없고, 학의 다리가 길다고 자를 필요도 없다. 나는 단지 나의 다리와 보폭으로 '나처럼' 쓰면 그만인 것이다.

"글쓰기, 그것은 완성된 세계를 이미 만들어진 상태로 받아들이는 것이 아니라 세계의 창조에 참여하는 것이고, 세계 속에서 또 다른 세계를 창조하는 것이며, 자신을, 자신의 삶을 창조하는 것이다."(윤세진)

개성이 없는 글은 영혼의 무덤이요, 진부함의 장벽이다. 소재, 아이디어, 상상력, 통찰, 어휘 사용, 수사적 표현, 구성과 논지 등 어떠한 면으로든 독창성의 입김으로 생기를 불어넣어야 한다. 나만의 것을 찾아, 늘 조금이라도 개성 있게 쓰려고 하라. 그것은 조금이라도 창의적으로 쓰려고 하는 노력과 같은 것이다.

내면을 깨우는 프리라이팅

집 안이나 실내에서 입는 옷과 외출할 때 입는 옷이 다른 것처럼, 발표를 전제로 한 공적인 글과 혼자서 보는 사적인 글은 그 성격이 다소 다르다. 발표를 전제로 한 공적인 글은, 집필 전에도 전략을 잘 짜야 하고 집필 후에도 좀 더 정성을 들여 완제품을 만들어야 하지만, 습작이나 훈련을 위한 사적인 글은 그러한 규율에서 매우 자유롭다.

우선 공적인 글을 쓰는 기본 원칙 3가지를 살펴보자.

① 생각을 충분히 정리한다. (구상)
② 말하듯이 자연스럽게 쓴다. (집필)
③ 의미전달이 자연스러운지 충실히 퇴고한다. (수정)

첫째, 우선 글을 쓰기 전에 충분히 생각을 정리해야 한다. 생각을 충분히 정리하지 않으면 글의 내용이 명료하지 못하게 된다. 생각이 분명하지 않은데 글의 내용이 분명하고 깔끔할 수는 없다. 글의 논지 전개가 왔다 갔다 하거나 옆길로 새는 경우는 대부분 쓰기 전에 생각이 충분히 정리되지 않아서이다. 쓰기 전에, 자신이 말하고자 하는 것이 무엇인지 정확하고 선명하게 확인되어야 한다. 주제를 이끌고 가는 통제력이 있어야 글에 통일성이 생긴다. 아울러 내용뿐 아니라, 어떻게 어떤 순서로 쓸 것인지 구성 차원의 문제까지 염두에 두어야 한다.

둘째, 앞 장에서 이야기한 것처럼, 머릿속의 정리된 것들을 그 내용을 들려주는 싶은 이에게 말을 하듯이 자연스럽게 쓴다. 생각이 충분히 정리가 되어야만 이 작업도 수월하게 이루어진다. 초고는 가능하면 한 번에 끝까지 쓰는 게 좋다.

셋째, 글을 다 쓰고 나면 자신의 의사 표현이 제대로 이루어졌는지 꼼꼼히 살피며 충실하게 퇴고해야 한다. 퇴고를 통해 거칠거나 부족한 부분이 깔끔하게 보완되어져, 완제품으로서의 객관성을 갖춰야 한다.

발표와 전달을 목적으로 하는 공적인 글쓰기인 경우, 이런 규칙은 글쓰기 일반의 아주 기본적인 원칙에 지나지 않는다. 다만 '사적인 글쓰기'와 차이점을 이야기하기 위해서 이 점을 지적한 것이다. 사적인 글쓰기는, 특히 훈련을 위한 글쓰기는 첫째 조항과 셋째 조항이 매우 자유롭다. 사적인 글은 다른 이에게 보여주는 글이 아니므로 내용이나 형식, 표현에 이르기까지 그 어떠한 틀에도 매이지 않고 마음껏 자유롭게 쓸 수 있다.

자신의 깊은 자아를 믿는 글쓰기 훈련은 당신 인생 전체를 끌어안을 것이다. 바깥에서는 무섭게 천둥이 치고 있는데도 할머니가 만들어 준

따뜻한 수프를 먹고 있는 꿈을 꿀 수 있는 것처럼, 글쓰기는 재갈을 물리지 않은 야성이 숨 쉬는 공간이다. 여기에는 정해진 방향이 없으며 오직 그 순간 글 쓰는 사람과 다른 모든 것과의 연결이 있을 뿐이다.

이 훈련은 아름다운 정원에 가지치기를 하러 나가기 전, 다시 말해 좋은 책과 소설을 쓰기 전에 우리의 힘을 갖추어 나가는 거친 야성이 깃든 숲과 같다. 그 정원에 닿는 길은 쉼 없는 훈련뿐이다. 지금 당신의 마음이 달려가는 곳이 있다면, 그것이 무엇이든지 그대로 적어 내려가라. 무엇이 다가오더라도 지금 이 순간의 것을 잡아라.

—나탈리 골드버그, 권진욱 역, 『뼛속까지 내려가서 써라』에서

훈련을 위한 사적인 글쓰기는 '생각을 충분히 정리하고 나서 쓰는 것'이 아니라, 생각나는 대로 진정 마음 가는 대로 쓰는 것을 미덕으로 여긴다. 이는 규율을 지키는 글쓰기가 아니라 규율을 무너뜨리고, 오로지 자유롭게 마음 가는 대로 쓰는 글쓰기다. 그런 점에서 발표를 전제로 한 공적인 글쓰기가 의식적이라면, 훈련을 위해 거침없이 쓰는 사적 글쓰기는 무의식적이다. 무의식을 좇는 글쓰기는 떠오르는 생각을 즉각 즉각 자유롭게 쓰기 때문에, 내용이나 논지 전개가 뒤죽박죽일 수도 있고 구성도 일관성을 잃게 된다. 하지만 마음을 자유롭게 따라가는 글쓰기는 자신의 본연의 목소리를 찾게 하고, 망설임 없이 자기 안의 것을 온전히 끄집어낼 수 있는 필력을 생성시킨다.

"글쓰기 훈련을 위해서는 산만한 생각의 밑바닥으로 내려가 마음의 원시적인 상태에 가 닿아야 한다. 그곳에서는 우리가 생각하는 것이 아니라, 의지와 상관없이 생각이 그냥 솟아오른다." 그녀는 누구나 자기 마음속의 시원에 다다르면 내면에 고여 있던 보다 진실한 말들이 쏟아져 나온다고 말한다. 이는 의식 작용 너머의 '무의식의 영역'이며, 본원

106

적 순수함과 천연이 살아 있는 자아의 심층이다. 깊은 우물 속에 닿는 두레박처럼, 내면의 가장 깊은 곳을 건드리며 그 내면의 울림에 기초해서 쓰는 글쓰기를 익히는 것이다.

나탈리 골드버그는 다시 이렇게 말한다.

> 글을 쓰는 데 자신의 재능이나 잠재력을 문제 삼을 필요가 없다. 재능과 능력은 훈련을 거쳐가면서 커지는 법이다. 카타기리 선사가 말했다. "우리의 잠재력은 지구 표면 밑에 있는 보이지 않는 지하수면과 같습니다." 누구라도 이 지하수면에 가 닿을 수 있다. 그것은 당신의 노력 여하에 달려있다.
>
> 그러므로 글쓰기 훈련을 계속하라. 그런 다음 자신의 목소리를 스스로 믿을 수 있게 되었을 때, 그 목소리가 이끄는 곳으로 곧장 나가라. 장르에 상관없이 원하는 글을 써보는 과정에서 그 장르가 가지는 특징을 배우게 된다. 당신은 점점 자신만의 기술과 기법을 만들어가고 있다는 확신을 가지게 될 것이다. 우리가 기억해야 할 것은, 글쓰기는 글쓰기를 통해서만 배울 수 있다는 사실이다.

그녀의 작법론은 내면의 잠재력을 깨워 자신의 진정한 목소리를 찾는 것, 일체의 주저함이나 막힘·단절 없이 스스로의 목소리를 믿고 과감하게 글을 쓸 줄 아는 용기와 자신감, 또 넉넉하고 자유로운 실습 체험에서 생긴 탄탄한 필력과 번뜩이는 개성을 가능케 하는 글쓰기 방법을 보여준다.

의식의 통제를 완전히 제거하고 자신의 내면을 온전히 풀어놓아, 자신이 가고 싶은 대로 자유롭게 가게 하면, 빗장 풀린 정신의 세계 속에서 그전에 보지 못한 것을 보게 되고, 그전에 느끼지 못한 것을 느끼게 되며, 그전에 누려보지 못한 심경(心境)의 다채로움과 심층을 발견하게 된다. 프리라이팅이 자신도 몰랐던 자기 내면의 별천지를 찾아 떠나는 뗏목이 되는 것이다.

> 좋은 심리치료는 마음을 통제하기 위해 야성의 마음에서 찾아낸 조각들을 의식의 영역으로 집어넣는 것이 아니라 야성의 마음을 되찾아주고 거기에서 편안함을 느끼게 하는 것이다. 이것이 바로 사랑에 빠지는 것, 즉 통제를 포기하는 것이다. 그럴 수 있겠는가? 통제를 포기하고 야성의 마음을 풀어놓을 수 있겠는가? 나는 이것이 글을 쓰는 가장 좋은 방식이며, 삶을 잘 살아갈 수 있는 가장 훌륭한 방법이라고 생각한다.
>
> —나탈리 골드버그, 한진영 역, 『글쓰며 사는 삶』에서

야성의 마음이란 의식의 억압이나 통제에서 완전히 자유로운 것이다. 마음의 시원, 무의식이 숨 쉬는 상태인 것이다. 의도적이고 인위적인 일체의 통제와 관섭을 포기하는 것. 그 어떠한 자기검열도 어떠한 눈치도 볼 것 없이, 무조건 내가 쓰고 싶은 대로 그 무엇이든 마음대로 써보는 데서 자기만의 본질적인 목소리를 찾을 수 있다고 말한다.

이러한 글쓰기는 예상을 불허한다. 의식의 지도 밖에 있는 자유발상의 강물에서 마치 밧줄 풀린 뗏목처럼 어디로 갈지도 모르고, 무엇을 만날지 어떤 게 나올지도 모른다. 이러한 폭풍 글쓰기는 있는 그대로의 자신을 만나는 과정이자, 자기의 마음과 생각에서 초연해지는 선(禪)의 글쓰기다.

글쓰기 훈련은 세상과 자기 자신에 대해 지속적으로 마음을 열어 나가게 하고, 자기 내면의 목소리와 스스로에 대해 믿음을 가져가는 과정이다. 그리고 그 과정이 옳았을 때만 좋은 글을 얻을 수 있다. 자기

LQ 글쓰기 스터디 1

내면의 목소리를 믿는 것을 배운 다음 글을 쓰게 되면 그 글이 사업상의 서류이든 장편 소설이든, 박사논문이나 희곡, 여행기이든 그 글에 힘이 실리게 된다.

이것이 그녀가 말하는 '마음 가는 대로 자유롭게 쓰는 글쓰기 훈련'의 목표요 궁극적 가치일 것이다. 나는 이러한 훈련 방법이 충분히 가치 있는 것이라 생각한다. 대부분의 사람은 머릿속에 엉켜있는 복잡다단한 규율과 자기검열 때문에 마음껏 글을 쓰지 못할 뿐 아니라, 그런 경험 자체를 전혀 해보질 못했다. 마음껏, 마음대로 쓸 때 나의 목소리는 확실하고 또렷하게 내 안에 안착될 것이다. 그러한 초연한 필력이 내 안에 생성된다면, 그 다음부터는 어떤 글을 쓰든 그 초연하고 자유롭고 막힘없는 필력의 빛과 생기가 그림자처럼 따라붙을 것이다.

자신의 모든 것을 쏟아 놓는 폭풍 글쓰기인 이런 방식은 골드버그뿐 아니라, '모닝페이지'로 유명한 미국의 창조성 전문가 줄리아 카메론의 저서 『아티스트 웨이』에서도 적극 추천하는 방법이다. '모닝페이지'는 기상 직후 무의식의 흐름에 따라 무조건 3쪽 정도의 글을 쓰는 활동을 말한다. 그렇게 하면 내면의 잠재력을 깨워 놀랍도록 '글쓰기 능력과 창의력, 예술적 영감'이 계발된다고 한다.

그뿐만 아니라 바버라 베이그의 『하버드 글쓰기 강의』에서도 이와 유사한 프리라이팅을 통한 글쓰기 학습을 이야기한다. 바버라 베이그가 말하는 프리라이팅의 기본 개요는 다음과 같다.

① 무슨 일이 있어도 적어도 10분 동안은 계속 펜을 놀려라. 시계를 보지 말고 대신 자명종이나 스톱워치를 활용하라.
② 멈추고 싶은 생각이 들더라도 이 욕구에 따르면 안 된다. 말하고 싶은 것이 생각날 때까지 똑같은 것을 반복하더라도 끝까지 멈추지 말

고 펜을 놀려라. 쓰는 도중에 다른 표현이 생각나도 먼저 쓴 것에 줄을 긋거나 편집하지 마라.

—바버라 베이그, 박병화 역, 『하버드 글쓰기 강의』에서

단지 10분 이상 무조건 쉬지 말고 글을 쓰라는 것이 요지이다. 앞서 말한 골드버그나 줄리아 카메론의 '무의식의 흐름을 따라 계속 쓰기'와 본질적으로 동일한 글쓰기 훈련법이라고 할 수 있다. 그 효과를 바버라 베이그는 이렇게 이야기하고 있다.

프리라이팅 훈련을 통해 얻게 될 가장 중요한 소득은 아무런 방해도 받지 않고 자신의 생각과 말을 편안한 마음으로 종이에 옮기게 된다는 점이다. 오히려 쓰는 행위를 통해 여러분은 더 편한 마음을 갖게 될 것이다. 또 창조적 기능이 늘 무엇인가를 제공한다는 사실도 배우게 될 것이다. (…) 이 훈련을 익히면 마음속에서 말하고 싶은 것을 찾아내는 능력에 좀 더 자신감을 갖게 될 것이다.

프리라이팅의 가장 큰 소득은 '글쓰기가 쉽고 편안해진다는 것'과 '글로써의 자기 목소리에 자신감이 크게 신장된다'는 점이다. 이러한 소득도 골드버그나 줄리아 카메론이 말하는 소득과 동일하다. 프리라이팅 훈련의 진정한 가치는 여기에 있다. 자기 자신에게 글쓰기의 완전하고도 무한한 자유를 주면서 마음껏 내면의 힘을 신장시키는 것, 그를 통해 자기 목소리로 거리낌 없이 당당하게 쉽사리 글을 쓸 수 있는 뛰어난 능력을 만들어내는 것!

"글 쓰는 사람들은 모두 서로 다른 지점에서 출발해서 서로 다른 목적지를 향해 간다. 경쟁은 잊어버리고 자기 페이스대로 가자. 여러분의 유

110

일한 경쟁자는 자기 자신이다." 바버라 베이그의 이 말은 글쓰기 훈련의 가치가 '자기 잠재력의 갱신'에 있음을 천명한다. 글쓰기 학습에서 궁극적 목표는 '내 안의 잠재력을 일깨워 글로써 내가 하고 싶은 말을 마음껏 할 수 있는 능력'을 기르는 것이다.

내가 볼 때 습작에 매진한다는 것은 훈련과 학습에 자아를 아낌없이 던지는 것이다. 이것은 일종의 사랑이다. 그리고 다른 정신 훈련과 마찬가지로 습작은 시간이 지나면서 우리에게 필요하지도 않고 급하지도 않은 모든 것을 깨끗이 태워버리는 불이 된다. 불필요한 모든 것을 일소(一掃)함으로써 우리 자신의 진정한 자아만 남기고 우리 자신의 길을 밝혀줌과 동시에 다른 사람의 삶에도 빛을 던져주는 불이 된다는 말이다.

— 바버라 베이그, 박병화 역, 『하버드 글쓰기 강의』에서

창조력은 정신의 자유로움에서 나온다. 자아를 아낌없이 던지는 훈련은 내 안의 '정수'를 뽑아내기 위한 과정일 뿐이다. 프리라이팅은 내게 먼저 글쓰기의 광대한 자유를 선물하고, 뒤이어 내 안에 탄탄한 쓰기 엔진을 장착시켜 준다. 인위 대신 무위(無爲)를 택한 프리라이팅은 글쓰기에 대한 모든 경직, 두려움, 불편함, 미숙함, 억압과 통제, 망상과 가식까지 깨끗이 태워주는 불이다. 그것은 우리에게 자신의 진짜 능력과 목소리를 찾아주는 좋은 방법이다. 우리가 그 값없는 불씨를 하나씩 자기 품으로 가져가야 하는 이유이다.

글문이 터지지 않을 땐 '마구쓰기'를 해보자. 말 그대로 백지 위에 마구 써보는 행위다. 하다 보면 신기한 일이 벌어진다. 전혀 몰랐던 정보와 아이디어가 튀어나온다. 마구쓰기는 전문 작가가 되기 위한 글

111

쓰기 연습 과정 중 하나다. 마구쓰기는 글문을 틔우는 일이며, 내 안에 잠재된 글쓰기 능력을 계발하는 과정이다.

사실 우리의 뇌에는 우리가 의식하지 못하는 엄청난 정보가 보관되어 있다. 필요할 때마다 그 정보는 엄청난 속도의 정보처리 과정을 거쳐 뇌수면 위로 떠오른다.

—임정섭, 『글쓰기 훈련소』에서

4장

좋은 글은 좋은 내용과
좋은 표현의 조합이다

"글자는 네 영혼의 옷이다"고 했다.
충만한 영혼에서 빚어진 언어들, 그 언어들로 엮은 문장은
인류가 갈 길을 밝히는 등불이 될 것이다.
—장하늘

너무 고와 빨리 지느니보다
담백하여 오래가는 것이 낫다. —채근담

세상에 어떤 글이든, 글은 반드시 '내용'과 '표현'이라는 두 가지 요소로 이루어져 있다. 그러므로 우리는 이것을 바탕으로 '좋은 글'의 특징을 간단히 정의내릴 수 있다. 좋은 글은 '좋은 내용'과 '좋은 표현'의 조합으로 이루어진 글이다. 반면 빈약한 글이나 어설픈 글은 '빈약한 내용이나 어설픈 표현'으로 이루어져 있다. 이치가 아주 명확하고 단순하지 않은가!

'좋은 내용 + 좋은 표현 = 좋은 글'

이것은 글쓰기의 기본 공식이자 절대적 법칙이다. 좋은 내용을 담고 있지 않는 글이 좋은 글이 되는 경우는 없다. 마찬가지로 표현이 좋지 않는 글이 뛰어난 글이 되는 경우도 없다. 내용은 좋은데 표현이 부족한 글이나, 표현은 좋은데 내용이 부실한 글은 아쉬움을 남기는 미숙한 글이나 미완의 글이 된다. 내용과 표현 중 어느 한쪽이 부실하면 그것은 글의 수준을 현저히 떨어뜨리고 글의 전달력과 매력을 반감시키기 때문이다.

한쪽 날개가 짧은 새는 제대로 날 수 없고, 한쪽 바퀴가 작은 수레는 제대로 굴러갈 수 없는 것처럼, 글쓰기에 있어 '내용과 표현'은 반드시 균형과 조화를 이루어야 하는 새의 두 날개와 같고, 수레의 두 바퀴와 같다. 그러므로 글을 쓰는 이는 필히 '좋은 내용'과 '좋은 표현'을 글쓰기의 두 날개로 삼아야 하고, 글의 대지로 굴러가는 두 수레바퀴로 삼아야 한다.

한쪽 다리가 짧은 사람은 절뚝발이가 되어 제대로 걸을 수 없다. 내용이나 표현 중에 어느 한쪽이 부실한 글도 이와 같을 것이니, 글을 쓸 때는 언제나 쓰기 전에 반드시 이 두 가지를 염두에 두고 있어야 하며 그리고 글을 쓴 후에도 이 두 가지 요소가 잘 이루어졌는지를 살펴보는 것이 좋다.

무릇 모든 글쓰기의 첫머리 앞엔 언제나 두 가지 질문이 걸터앉아 있다. 그 질문은 '무엇(내용)에 대해 쓸 것인가?'와 '어떻게(표현) 쓸 것인가?'이다. 동전의 앞면과 뒷면이 서로 연결되어 있듯, 이 두 질문도 늘 함께 연계되어 있다. 우리가 커피잔에 맥주를 부어 마시지 않듯이, 또 결혼식장에 추리닝을 입고 가지 않듯이, 글쓰기에도 그 '내용'에 맞는 그 '형식과 표현'이라는 게 있게 마련이다. '그 내용에 그 형식(표현)'이라는 말은 이 같은 어울림의 가치와 중요성을 보여주는 말이다.

때문에 어떤 글을 쓰고자 할 때는 그 내용에 가장 잘 부합되는 형식과 표현이 무엇인지에 대해 진지하게 고민해야 한다. 전략상 그것은 승리의 첫 관건이다. '그 내용에 그 형식이요 표현이다'라고 할 수 있어야 좋은 글이 된다. 세상에 좋은 글들은 다들 그렇게 자신의 몸에 잘 맞는 옷을 차려입고 있다. 그런 점을 눈여겨보아야 한다. 어떤 글을 읽든 반드시 내용과 표현을 함께 읽어라. '내용'만 읽고 '표현'을 읽지 못하는 것은 반쪽짜리 읽기다.

> 글쓰기는 독자에게 필자의 아이디어(idea)를 전달하기 위해서 기록 언어를 사용하여 그 아이디어를 매체에 표시하는 행위다. 성공적인 글쓰기는 아이디어가 얼마나 고유한가를 나타내는 독창성과 이를 독자에게 얼마나 정확하고 효율적으로 전달할 수 있는가를 나타내는 효과적인 표현에 달려 있다. 필자가 아무리 좋은 아이디어를 가지고 있어도 이를 효과적으로 표현할 수 없어서 다른 사람에게 전달할 수 없다면 아무런 영향을 줄 수 없다. 이와는 반대로 필자가 자신의 아이디어를 아무리 잘 표현해도 그 아이디어가 독자에게 새로운 것이 없다면 독자의 시간을 낭비하는 것이다.
>
> —구자길 · 장남숙, 『에세이 작성 원리와 연습』에서

노래 한 곡도 곡의 내용에 따라 음률이 제각각 달라진다. 빼어난 작곡가는 가사의 성격과 음률의 속성을 절묘하게 연결한다. 같은 음식도 담는 그릇에 따라 그 느낌이 사뭇 달라진다. 뛰어난 요리사는 음식의 특성에 맞는 최적의 그릇을 준비하는 법이다.

성공적인 글쓰기는 기본적으로 '가치 있는 내용'과 그에 걸맞은 '효과적인 표현'의 결합으로 이루어진다. 마치 몸에 맞는 옷을 만들듯 '내용과 표현의 적절한 어울림', 이를 이루어내는 것은 모든 글쓰기 앞에 놓여 있는 근본 과제일 것이다.

내용과 표현 함께 읽기

이제 실제 작품을 통해서 '내용과 표현이 잘 조화된 글쓰기'의 면모를 살펴보자. 다음에 읽을 신영복의 「신입생을 위한 축사」는 실로 내용과 표현이 함께 뛰어날 뿐 아니라, '그 내용에 그 형식'이라고 할 만큼 두 요소가 잘 조화된 명문이다.

여러분들의 입학을 진심으로 축하합니다.

오늘은 여러분의 인생에 있어서 가장 아름다운 4년을 시작하는 날입니다. 그 아름다운 시작을 이처럼 가까운 자리에서 축하하게 된 나 자신도 마치 47년 전으로 되돌아 간 듯 대단히 행복합니다.

나에게는 여러분이 지금 시작하는 4년의 대학 외에 또 하나의 대학이 있습니다. 20년의 수형생활이 그것입니다. 나는 그 20년 역시 "나의 대학시절"이란 이름으로 부르고 있습니다. 오늘은 그 두 개의 대학시절 동안 깨달은 것들을 여러분과 함께 나누려고 합니다.

첫째, 대학시절에는 그릇을 키우는 공부를 해야 합니다.

대학시절에는 그릇을 채우려고 하기보다는 그릇 자체를 키우기 위하여 노력해야 합니다. 대학시절 이후에는 그릇을 키우지 못합니다. 오히려 그릇이 작아지고 굳어집니다. 그릇이란 물론 인간적 품성을 의미합니다. 인간적 품성을 키우기 위해서는 여러분들의 이성과 감성을 열어야 합니다. 대문을 열면 마당이 넓어지는 것과 같은 이치입니다. 역사와 미래를 향하여 열어야 하고, 우리 시대의 아픔을 향하여 열어야 하고, 한 포기 민들레를 향해서도 열어야 합니다.

여러분은 먼저 그릇을 비우고 그릇 그 자체를 응시하고 키우는 데서부터 시작해야 합니다. 당장 소용되는 것들로 그릇을 채우려고 하기보다는 더디지만 느긋한 걸음걸이로 냉철한 이성의 머리와 뜨거운 감성의 가슴을 보다 멀리, 보다 넓게 열어가야 합니다.

둘째, 대학에서는 주춧돌부터 집을 그리는 공부를 해야 합니다.

나와 함께 징역살이를 한 노인 목수 한 분이 있었습니다. 언젠가 그 노인이 내게 무엇을 설명하면서 땅바닥에 집을 그렸습니다. 그 그림에서 내가 받은 충격은 잊을 수 없습니다. 집을 그리는 순서가 판이하였기 때문입니다. 지붕부터 그리는 우리들의 순서와는 반대였습니다. 먼저 주춧돌을 그린 다음 기둥, 도리, 들보, 서까래, 맨 나중에 지붕을 그렸습니다. 그분이 집을 그리는 순서는 집을 짓는 순서였습니다. 실로 일하는 사람의 그림이었습니다.

세상에 지붕부터 지을 수 있는 집은 없습니다. 그럼에도 불구하고 우리는 지붕부터 집을 그리고 있습니다. 여러분은 지붕부터 집을 그리는 창백한 관념성을 청산하고 주춧돌부터 집을 그리는 튼튼한 사고를 길러야 합니다. 책과 교실, 종이와 문자에 갇히지 말아야 합니다.

셋째, 대학시절에는 평생을 함께 살아갈 동반자를 발견해야 합니다.

대학 4년 동안에 여러분은 평생을 함께 할 사랑하는 반려자를 찾아야 합니다. 사랑은 자신을 빛나는 꽃으로 만들어줍니다. 그가 내게로 달려와 꽃이 되고 내가 그에게로 달려가 꽃이 되는 것이 사랑입니다. 그러나 사랑은 자신을 아름답게 꽃피우는 것일 뿐만 아니라 본질에 있어서 자기를 뛰어넘는 비약입니다. 나는 어느 시나리오에서 왜 그 사람과 결혼하기로 결심하였느냐는 친구의 질문에 대해서 다음과 같이 답변한 대사를 기억하고 있습니다.

"Because I really conceived I could be a better person with him."

그 사람과 함께 살아간다면 내가 더 좋은 사람이 될 수 있다고 확신하기 때문에 결혼을 결심했다는 답변이었습니다. 사랑한다는 것은 자기를 뛰어넘음으로써 자신을 키우는 비약 그 자체입니다. 한 개인에 대한 사랑도 물론 아름다운 것입니다만 여러분은 한 걸음 더 나아가서 우리 시대, 우리 사회의 어떠한 사람들을 사랑할 것인가에 대해서도 생각해야 합니다.

그 사람들과 함께 어떠한 사회, 어떠한 역사를 만들어 갈 것인가에 대해서도 생각해야 합니다. 이것이야말로 더 큰 비약입니다. 자기를 뛰어넘는 사랑, 좋은 사회, 훌륭한 역사를 만들어가는 사랑에 대하여 생각해야 하며 여러분은 지금부터 그러한 사랑을 준비해야 합니다.

넷째, 대학시절은 씨앗을 땅에 뿌리는 계절입니다.

오늘은 여러분의 인생에 있어서도 새봄을 시작하는 날입니다. 우리는 추운 겨울을 지내고 농사를 시작하는 정월보름에 오곡밥을 지어먹습니다. 오곡밥을 먹는 풍습은 땅에 씨앗을 심기 전에 먼저 씨앗을 확인하기 위해서입니다. 겨울 동안 곡간에 갈무리했던 씨앗이 건강하게 살아 있는지 확인하기 위하여 오곡밥을 지어 먹습니다.

봄은 꽃의 계절이 아니라 씨앗의 계절입니다. 여러분의 오늘이 아름답고 빛나는 날임에 틀림없지만 오늘은 결코 찬란한 꽃의 날이 아닙니다. 씨앗의 시작입니다. 아름다운 꽃도 결국은 씨앗을 위한 것입니다. 미련 없이 떨어져 씨앗을 영글게 하는 멀고 먼 여정의 어느 길목에서 꽃은 피었다 집니다. 그래서 꽃을 찬란한 슬픔이라고 노래하기도 합니다. 여러분은 오늘이 저마다 씨앗을 땅 속에 묻는 날임을 잊지 말아야 합니다. 땅 속에 뿌리를 내리고 새로운 잎을 틔우는 긴 여정의 시작임을 잊지 말아야 합니다.

다섯째, 대나무는 사람들이 심어서 자라는 나무가 아니라 뿌리에서 죽순이 나오는 나무입니다.

땅 속의 시절을 끝내고 나무를 시작하는 죽순의 가장 큰 특징은 마디가 무척 짧다는 사실입니다. 이 짧은 마디에서 나오는 강고함이 곧 대나무의 곧고 큰 키를 지탱하는 힘이 됩니다. 훗날 온 몸을 휘어 강풍을 막는 청천 높은 장대 숲이 될지언정 대나무는 마디마디 옹이진 죽순으로 시작합니다.

모든 시작하는 사람들이 맨 먼저 만들어내어야 하는 것이 바로 이 짧고 많은 마디입니다. 그것은 삶의 교훈이면서 동시에 오래된 과학입니다. 여러분은 장대 숲으로 자라기 위해서 짧고 많은 마디를 만들어내야 합니다. 그리고 여러분들이 직면하게 될 숱한 어려움에 대비하기 위해서도 먼저 마디마디 옹이진 죽순으로 시작해야 합니다.

오늘 여러분의 아름다운 시작을 축하드리면서 참 많은 이야기를 했습니다. 서둘러 그릇을 채우기보다는 그릇 그 자체를 키우는 공부를 해야 하고, 지붕부터 그리던 창백한 관념성을 청산하고 주춧돌부터 집을 그리는 튼튼한 사고를 길러야 하며, 자기를 뛰어넘음으로써 오히려 자기를 달성하는 사랑의 비약을 준비해야 한다고 했습니다. 그리고 오늘을 찬란한 꽃의 계절로 맞이할 것이 아니라 땅속에 씨앗을 묻는 긴 여정의 출발로 받아들여야 하고, 앞으로 직면하게 될 숱한 과제들과 당당히 맞설 수 있기 위하여 짧고 많은 마디로 강고한 밑둥을 만들어가야 한다는 이야기를 했습니다.

마지막으로 여러분이 잊지 말아야 할 것은 세상에는 두 종류의 사람이 있다는 사실입니다. 세상에 자기를 잘 맞추는 지혜로운 사람과 반대로 세상을 자기에게 맞추려는 우직한 사람이 그것입니다. 역설적인 것은 세상을 사람에게 맞추려고 하는 어리석은 사람들의 우직함에 의해서 세상이 조금씩 발전해 간다는 사실입니다.[2]

---

2 저자의 다른 글에도 이와 유사한 내용을 볼 수 있다. "현명한 사람은 자기를 세상에 잘 맞추는 사람인 반면에 어리석은 사람은 그야말로 어리석게도 세상을 자기에게 맞추려고 하

대학은 우리의 역사를 가장 멀리 돌이켜보는 곳이기도 하고, 또 우리 시대를 가장 넓게 바라보는 곳이기도 합니다. 대학은 기존의 지배 이데올로기의 재생산 현장이기도 하지만 비판담론과 대안담론의 창조적 산실이기도 합니다.

최근 급속한 세계화와 치열한 경쟁논리로 말미암아 이러한 대학 본연의 사명이 방기되고 대학 고유의 인문학적 가치가 사라지고 있습니다. 이것은 여러분의 인간적 성장을 위해서도 불행한 일이며, 우리 사회의 미래를 위해서도 대단히 불행한 일입니다. 대학은 어떠한 경우라도 그 사회의 정신을 지키는 창조적 공간으로 건재해야 합니다. 특히 여러분은 그러한 사명의 최전선에서 힘 있는 전위로 굳건히 서 있어야 합니다.

여러분들이 지금부터 4년 동안 겪게 될 방황과 고뇌와 사랑의 모든 것이 남김없이 여러분의 빛나는 달성의 자양분이 될 것을 의심치 않습니다. 여러분의 건투를 기원합니다.

여러분의 인생에 있어서 가장 아름다운 시작을 다시 한 번 축하드립니다. 축하합니다.

—신영복, 「서울대학교 입학식 축사」, 2006. 3

이 글의 내용을 찬찬히 읽어본 이라면 누구나 이 글이 얼마나 좋은 내용을 많이 담고 있는지를 알 수 있을 것이다. '좋은 내용'이라는 좋은 글의 첫째 조건이 갖춰진 것이다. (사실 그 내용들이란 비단 대학 신입생뿐 아니라, 삶

는 사람이라고 했습니다. 그러나 역설적이게도 세상은 이런 어리석은 사람들의 우직함으로 인하여 조금씩 나은 것으로 변화해간다는 사실을 잊지 말아야 한다고 생각합니다. 우직한 어리석음, 그것이 곧 지혜와 현명함의 바탕이고 내용입니다. '편안함' 그것도 경계해야 할 대상이기는 마찬가지입니다. 편안함은 흐르지 않는 강물이기 때문입니다. '불편함'은 흐르는 강물입니다. 흐르는 강물은 수많은 소리와 풍경을 그 속에 담고 있는 추억의 물이며 어딘가를 희망하는 잠들지 않는 물입니다." -신영복, 『나무야 나무야』에서.

을 살아가는 누구에게나 귀감을 될 정도의 뜻깊은 통찰이 담긴 것들이다.) 더하여 이 글은 그런 내용에 잘 어울리는 표현도 매우 빼어나다.

표현의 측면에서 이 글의 핵심 특징을 꼽아 보면 '친근한 경어체 문장 사용, 다채롭고 적실한 비유들, 리듬감 있는 문체, 진솔한 체험담, 멋진 인용구, 역설법, 다양한 대구(對句), 순차적 열거법, 기승전결의 구성' 등을 찾을 수 있다. 이런 풍성한 표현적 특성들이 여섯 가지 메시지와 절묘하게 잘 맞물려 있다. 그것이 이 글의 품격을 높여주는 근본 원인이다.

물에 들어간 설탕처럼, 내용과 표현은 분리될 수 없는 하나이다. 그것은 언제나 '둘이면서 하나'여서, 내용은 표현을 통해서만 드러나고, 표현은 내용을 통해서만 의미를 지니게 된다.

'첫째 부분'을 좀 더 분석적으로 살펴보자. '그릇'은 인간적 품성에 대한 은유이다. 그릇이 작으면 그 안에 담기는 것도 작을 수밖에 없다. 그래서 이 비유가 메시지의 첫머리에 온 것이다. "대문을 열면 마당이 넓어지는 것과 같은 이치"라는 문장은 직유법이 사용되었다. 그릇의 비유적 의미를 잘 확장시키고 있다.

"역사와 미래를 향하여 열어야 하고, 우리 시대의 아픔을 향하여 열어야 하고, 한 포기 민들레를 향해서도 열어야 합니다"는 대구(역사의식＋사회의식)와 단구(감수성)가 결합된 문장이다. '역사와 사회에 마음을 여는 것'은 이성의 영역이요, '민들레에 마음을 여는 것'은 감성의 영역이다. 온전한 품성을 위해 이성과 감성을 함께 키워야 한다는 말이다.

"그릇을 채우려고 하기보다는 그릇 자체를 키우기 위하여"도 대구의 속성을 띤 문장이고, "……냉철한 이성의 머리와 뜨거운 감성의 가슴을／보다 멀리, 보다 넓게 열어가야 합니다"도 짧은 구절로 대구법을 두 번 사용한 문장이다. 이원적 속성을 잘 표현하기 위해선 대구법을 쓰지 않을 수 없다. 표현과 내용이 분리되지 않는다는 것은 그 표현이 아니면 그 내용이 되지 못한다는 뜻이다. 표현의 작은 변화는 그대로 의미의 작은 변화를 낳는다.

이와 같이 이 글에 사용된 모든 표현적 특성을 스스로가 세밀하게 찾아보자. 이 글은 글쓰기 학습 차원에서 5번 이상 읽을 가치가 있는 글이다. 뜻깊은 메시지와 함께 문장 하나하나를 꼼꼼히 곱씹으며, 이 글의 모든 표현적 특징을 찾아보면, 그 과정에서 많은 것을 배울 수 있을 것이다.

네 내면에 존재하는 가장 고귀한 진실의 살아 숨 쉬는 본보기가 되라.
자신에 대해 겸손하게 말하라. 남들이 당신의 가장 고귀한 진실을 허풍으로 잘못 받아들이지 않도록.
부드럽게 말하라. 남들이 당신이 단지 주의를 기울여주기만 요구한다고 생각하지 않도록.
온화하게 말하라. 모두가 사랑에 대해 알 수 있도록.
터놓고 말하라. 누구도 당신이 뭔가 감추고 있다고 생각하지 않도록.
솔직하게 말하라. 누구도 당신을 오해하지 않도록.
자주 말하라. 당신의 말이 참으로 실행될 수 있도록.
존중하면서 말하라. 누구도 굴욕감을 느끼지 않도록.
사랑으로 말하라. 모든 음절이 치유하는 힘을 갖도록.

―닐 도날드 월쉬, 조경숙 역, 『신과 나눈 이야기2』에서

이 글은 언어습관에 대한 더 없이 깊고 아름다운 메시지를 담고 있다. 이러한 메시지를 인상적으로 전달하기 위해, 이 글은 하나의 메시지를 한 단락으로 삼아 행줄 쓰기를 했으며, 각 메시지가 '권유와 그 이유'를 나타내는 문장으로 계속 반복되고 있다. 요컨대 이 글의 표현적 특성은 '열거법, 패턴 반복(주장 – 이유), 리듬감 있는 문장' 등으로 집약할 수 있

다. 같은 패턴이 계속 반복되었기에 주장하는 메시지가 선명하게 부각되었고, 문장에 리듬감 또한 크게 신장되었다.

언어습관에 대한 9가지 메시지는 열거법과 반복 패턴을 통해 점층적 효과를 낳는다. 마지막 문장 "사랑으로 말하라. 모든 음절이 치유하는 힘을 갖도록"이 전체 메시지의 최종점이 되는 이유이다. 이 글이 만약 이 같은 표현과 구성을 취하지 않았다면, 지금과 같은 느낌의 의미 전달은 이루어지지 않았을 것이다. '그 내용에 딱 그 표현'이라고 할 만큼 내용과 표현의 조화를 잘 살린 글이다.

　　하지만 사랑 대신에 섹스를 택하지 말고, 사랑에 대한 축하로 섹스를 선택하라. 다른 사람을 지배하는 권력을 택하지 말고, 다른 사람과 함께 하는 권력을 택하라. 그 자체가 목적인 명성을 택하지 말고, 더 큰 목적을 이룰 수단으로 명성을 택하라. 남들의 희생을 대가로 한 성공을 택하지 말고, 다른 사람들을 돕는 도구로 성공을 택하라. 그리고 온갖 희생을 다 치른 승리를 택하지 말고, 남들을 전혀 희생시키지 않는 승리, 나아가 그들에게도 이득이 되는 승리를 택하라.

　　나아가 더 나아지길 선택하라. 하지만 다른 모든 사람들보다 더 나아지지 말고, 이전의 자신보다 더 나아지도록 하라.

　　나아가 더 많이 갖길 선택하라. 하지만 오직 더 많이 주기 위해서만 그렇게 하라.

　　　　　　　　　　　　　　　－닐 도날드 월쉬, 조경숙 역, 『신과 나눈 이야기2』에서

이 글은 '진정한 성공을 위한 잠언'이라고 이름 붙이고 싶을 만큼, 참된 성공에 대한 심오한 통찰과 아름다운 메시지를 담고 있다. 이 예문도 앞서의 인용문과 같이 열거법과 반복된 패턴으로 문장의 리듬감과 의미 전달을 인상적으로 표출하고 있다. 이 글은 '~하지 말라'는 부정과 '~하

라'는 긍정의 뚜렷한 대조로써 하나의 메시지가 만들어졌다. 당부의 부정이 권유의 긍정으로 전환되면서 뒤쪽 내용에 자연스레 무게가 실린다. 또 7가지 메시지 중에서 끝에 두 가지는 '나아가 더'와 '하지만'을 새롭게 첨가하여 문장의 단조로움을 피하며, 강조와 변주의 묘를 잘 살리고 있다.

저자가 부정한 것은 '사회적 통념이나 관행'이고, 긍정한 것은 그것을 전환할 '진정한 가치나 이상'이다. 하나의 내용은 부정하고 하나의 내용은 적극 긍정하는 이런 억양법의 표현이 아니었더라면, 그 차이점도 선명하게 부각되지 않았을 것이요, 권유의 메시지도 인상적으로 전달되지 않았을 것이다. 또 패턴의 반복은 강조의 효과를 낳는 바, 부정과 긍정 사이를 오가면서 더 또렷해지는 메시지의 자장은 이런 표현이 아니었으면 결코 만들어지지 않았을 것이다.

나는 사랑이 충만한 마음으로 이 날을 맞이하리라.
그렇다면 나는 어떻게 사랑해야 하겠는가? 이제부터 모든 사물을 사랑으로 바라봄으로써 나는 다시 태어날 것이다.

나는 태양을 사랑하리라, 나의 몸을 따뜻하게 해주니까.
그러나 소낙비도 사랑하리라, 나의 영혼을 깨끗하게 해주니까.
나는 밝음을 사랑하리라, 나의 갈 길을 밝혀주니까.
그러나 어둠도 사랑하리라, 별을 볼 수 있게 해주니까.
나는 행복을 사랑하리라, 내 가슴을 가득 채워주니까.
그러나 슬픔도 사랑하리라, 나의 마음을 가다듬어주니까.
나는 당당히 보상을 받으리라, 내 노력의 대가니까.
그러나 난관들도 환영하리라, 나에게 도전이 되니까. (…)

새와 바람, 바다 그리고 모든 자연이 그의 창조주를 위해 기쁨의 노래를 부르지 않는가. 그러니 내가 창조주의 자녀들에게 같은 노래를 불러주지 말라는 법이 어디 있겠는가. 이제부터 나는 이 비밀을 기억하며 나의 삶을 바꾸어 가리라.

나는 사랑으로 충만한 마음으로 이 날을 맞이하리라.

그렇다면 나는 어떻게 행동해야 하겠는가? 나는 모든 부류의 사람을 사랑할 것이다. 비록 감춰져 있다 하더라도 누구나 존중받을 자질을 갖고 있다. 그들의 마음을 둘러싸고 있는 의혹과 미움의 벽을 나는 사랑으로 허물리라. 그리고 그 자리에 나의 사랑이 그들의 영혼에 다다를 수 있도록 다리를 놓으리라.

나는 야망을 가진 자를 사랑하리라, 그들은 나를 분발시켜 주니까.
그러나 실패한 자들도 사랑하리라, 그들은 나에게 교훈을 주니까.
나는 강건한 왕들을 사랑하리라, 그들도 결국 인간이니까.
그러나 온순한 자들도 사랑하리라, 그들은 믿음이 좋으니까.
나는 부유한 자들을 사랑하리라, 그들은 어쨌든 외로우니까.
그러나 가난한 자들도 사랑하리라, 그들은 주위에 많으니까.
나는 젊은이들을 사랑하리라, 그들은 신념을 품고 있으니까.
그러나 늙은이들도 사랑하리라, 그들은 지혜를 가졌으니까.
나는 예쁜 사람들을 사랑하리라, 그들의 눈은 슬픔을 담고 있으니까.
그러나 못난 사람들도 사랑하리라, 그들은 평온한 영혼을 지녔으니까. (…)

나는 사랑이 충만한 마음으로 이 날을 맞이하리라.

그렇다면 내가 만나는 사람들을 어떻게 대해야 하겠는가? 오직 한 가지 길이 있다. 조용히 마음속으로 그를 떠올려, 나는 당신을 사랑한다고 말하리라. 소리 내어 말하지 않는다 해도 그 말은 나의 눈을 통해 반짝이고, 이맛살을 펴게 하며, 내 입가에 미소를 머금게 할 것이다.

그러면 그의 마음도 활짝 열릴 것이다. 그의 마음이 나의 사랑을 느낄 때 어찌 내 상품을 마다하겠는가?

나는 사랑이 충만한 마음으로 이 날을 맞이하리라.

그리고 무엇보다 나 자신을 사랑하리라. 내가 나를 사랑하게 되면, 나는 내 몸과 마음, 영혼 그리고 가슴속으로 들어가는 모든 것을 열심히 점검하게 되리라. (…) 나의 가슴이 좁아지거나 인색해지지 않도록 할 것이며, 내 가슴속의 온정을 나누고 키워서 세상을 따뜻하게 만들 것이다. (…) 내게 다른 자격이 없을지라도 나는 사랑만 가지고도 성공할 수 있다. 반면 내게 사랑이 없으면, 이 세상의 모든 지식과 기술을 가졌다 해도 나는 실패할 것이다.

나는 사랑으로 충만한 마음으로 이 날을 맞이하리라. 그리고 나는 성공하리라.

—오그 만디노, 홍성태 역, 『위대한 상인의 비밀』에서

이런 글은 셰익스피어도 쓰지 못한 글이 아닌가 한다. 시적 운치를 지닌 깊고도 아름다운 글이다. 좋은 글은 읽는 순간 '느낌'을 자극시킨다. 그 느낌의 진원지를 찾아, 내용과 표현 양 측면에서 글을 분석적으로 읽고 음미해 보기 바란다.

좋은 글은 대부분 이성과 감성이 잘 조화되어 있다. 좋은 글은 전인적인 것을 태생적으로 지향하는 법이다. 때문에 읽는 이도 이성과 감성의 두 측면, 즉 머리와 가슴으로 함께 읽어야 한다. 함께 읽어야 내 안에서도 그런 조화가 일어날 것이니…….

좋은 음식이란 '영양과 맛'이 조화를 이루는 데서 탄생한다. '영양가는 있으나 맛이 없는 음식'이나 '맛은 있는데 영양가 없는 음식'은 둘 다 고품으로 사랑받기는 힘들다. 글도 이와 다를 바 없다. 글의 내용과 표현은

빛과 그림자처럼 언제나 함께 걸어간다. 어떤 글을 읽든 '내용과 표현의 맞물림과 조화'에 유의하면서 읽어라. 그리고 글을 쓸 때도 이 두 요소를 잘 버무려 내용은 표현의 멋을 낳고, 표현은 내용의 가치를 살리도록 만들어라. 그렇게만 할 수 있다면 뛰어난 글을 쓰는 데 점점 더 가까워질 터이니.

좋은 글을 쓰기 위한 기본 자세

이제 좋은 글을 쓰는 데 어떤 자세가 필요한지 살펴보자. 그러한 덕목이 무엇인지 알고 있으면 보다 쉽게 좋은 글을 쓰는 데 한 걸음 더 가까워질 것이다.

> 자기 분야의 전문지식을 갖추었다고 해서 그를 지식인이라고 부르지 않아요. 자신이 지닌 특권을 활용하여 세계 문제에 적극 관여하고 세계를 개선하고자 노력해야 비로소 그를 지식인이라고 부를 수 있습니다. ─노엄 촘스키

좋은 문제의식이 없이 좋은 글을 쓸 수는 없다. 좋은 문제의식이 없으면 좋은 시각이 깨어나지 않기 때문이다. 그런 점에서 글쓰기는 노엄 촘스키가 말한 '세계 문제에 적극 참여하는 열의와 세계를 개선하고자 하는 의지'에서 시작된다. 그의 말은 절벽처럼 높고 가파르고 웅장하다. 하지만 우리는 기꺼이 그 절벽 위에 서야 한다.

글쓰기는 무지의 영역이 아니라, 지성의 영역이다. 흐릿한 몽매(蒙昧)의 영역이 아니라 깨어있는 이성의 영역이다. 글쓰기는 자신의 영혼을 깨우는 작업이자, 타인과 세상의 정신을 깨우는 작업이다. 아름다운 이

상과 따뜻한 심장을 가지지 않은 이는 세상을 긍정적으로 변화시킬 힘이 없다. 글도 그와 마찬가지다. 좋은 글이란 언제나 한 개인의 치열한 정신세계에서 나오는 것이기에…….

　　이 세상은 긍정적으로 사는 사람의 몫이다.
　　긍정적으로 사는 사람은 자기 삶을 아름답게 가꾸려 하고 용서하고 더불어 살려 하고 착하게 살려고 한다. 착하게 살려 하는 데에는 용기가 필요하다.
　　좋은 작가는 좋은 눈(시각)이 만드는 것이다. 좋은 눈은 착한 생각과 좋은 책 읽기와 세상을 살아갈 만한 곳으로 바꾸려고 노력하는 의지를 가질 때 더 잘 만들어진다.
　　혁명이 세상을 바꾸는 것이 아니고 스스로가 꽃 한 송이 되어 세상에 장식되려 하는 노력이 세상을 바꾸는 것이다. 글쓰기도 그것과 크게 다르지 않다.

─한승원, 『한승원의 소설 쓰는 법』에서

좋은 눈은 좋은 마음에서 나온다. 그러니 좋은 글이란 좋은 마음이 만드는 것이다. 좋은 마음이 좋은 눈을 낳고, 좋은 눈은 세상에 있는 수없이 좋은 것들을 찬찬히 읽어낸다. 좋은 마음과 좋은 눈이 있어야 그것을 볼 수 있다. 어떻게 보느냐의 측면에서, 보는 것은 언제나 그 마음과 순환한다. 삶을 아름답게 가꾸어, 스스로가 세상에 빛나는 한 송이 꽃이 되고자 하는 이는, 글에도 그런 마음의 빛과 향기가 음영처럼 깃들게 될 것이다. 글이란 마음의 그림자와 같으므로.

이 세상이 긍정적으로 사는 사람의 몫인 이유는 무엇일까? 같은 곳에 있어도 누구는 하늘을 보고 누구는 땅을 본다. 같은 세상에 있어도 '무엇을 보느냐, 어떻게 보느냐'는 각자의 선택의 몫이다. 긍정적인 사람은 긍정과 부정 사이에서 긍정을 택한 사람인 반면, 부정적인 사람은 애초에 부정만 보고 그 속에 주저앉은 사람이다. 한쪽은 온전한 시각이 무너져 있다. 그러니 누가 삶을 제대로 껴안을 수 있으며, 누가 삶에서 누릴 수 있는 것을 제대로 누릴 수 있을 것인가.

글은 내가 본 세상에서 나온다. 글쓰기는 균형 잡힌 깨인 시각으로, 늘 긍정과 부정 사이에서 삶의 진실과 행복을 찾아가는 탐색의 과정이다. 좋은 글을 쓰는 것은 그런 눈과 자세를 갖춘 사람의 몫인 것이다.

스티븐 킹은 말하길 "결국 글 쓰는 일의 핵심은 당신의 글을 읽는 이들의 삶과 당신 자신의 삶을 풍성하게 만드는 것이다. 자극하고 발전시키고 극복하게 만드는 것, 행복해지는 것, 그것이 궁극적인 목적이다"라고 하였다. 글을 읽어 삶의 긍정적인 변화가 없다면 그런 글을 무엇하러 읽겠는가? 그런 힘을 가진 글을 쓰려면 우선 긍정의 정신을 가져야 하고, 그런 삶을 살아가는 이가 되어야 한다.

> 위대한 글—기발한 글도, 뛰어난 글도 아닌, 그리고 가장 오해의 소지가 많은 아름다운 글도 아닌, 위대한 글—은 세상에 도움이 되는 글이다. —로저 로젠블랫

글쓰기의 핵심을 잊어버리지 말자. 좋은 글은 세상에 도움을 주는 글이다. 그 뜻이 얼음처럼 맑고 간명하지 않은가. 좋은 글에는 반드시, 곱씹어볼 말이 들어있다. 그런 글엔 내게 좋은 자극을 주는 말, 도움을 주는 말이 들어 있기 때문이다. 좋은 글은 밑줄을 긋게 되는 글이고, 그런 밑줄이 많은 글이다. 그 밑줄은 종이보다 마음에 먼저 그어진다. 좋은 마음에서 나온 것이 다시 마음에 닿은 것이다.

페이지(page)라는 말의 어원인 라틴어 '파구스'(pagus)는 농부가 일구는 밭을 의미한다고 한다. 그러고 보니 쓰여진 글들이 경작된 밭고랑을 닮은 것도 같다. 좋은 농부의 덕목이 토양과 기후, 경작물에 대한 앎과 성실함, 그리고 뿌린 것 이상을 탐내지 않는 정직함이듯이, 좋은 글을 쓰려는 사람에게 요구되는 덕목은 세상에 대한 앎과 자신에 대한 정직함이다. 물론 이때의 '앎'이란 추상적이고 단편적인 지식이 아니라 삶 속에서 터득한 직관적이고 구체적인 지혜를 의미한다.

글을 이루는 것은 어떤 법칙이나 현란한 수사, 잡다한 지식이 아니라, 그 사람의 걸음걸이와 세상에 대한 시각, 그가 사랑하는 것과 미워하는 것 등이다. 그러니 자신이 궁금하거든 자신이 쓴 글을 보시라! 그리고 또 다른 글을 쓰면서 새롭게 자신을 구성하시라! 어떻게 밭을 갈고 무엇을 심을 것인지, 누구와 싸우고 누구에게 말 건넬 것인지, 이제 여러분 자신의 '붓'을 쥘 차례다!

— 윤세진, 『언어의 달인 호모 로퀜스』에서

우리는 농부가 아니어도 누구나 마음을 경작하고 살아간다. 우리는 마음을 경작하는 농부다. 글은 내 마음의 밭고랑을 문자를 통해 종이 위로 일부 옮겨놓은 것에 지나지 않는다. 그래서 글은 결코 자기 마음 밭고랑 이상은 쓸 수가 없다. 그 속엔 내가 무엇을 씨 뿌리고 어떻게 가꾸어 왔는지, 그것을 통해 어떤 세상을 만나면서 어떻게 살아왔는지가 숨김없이 담겨져 있다. 때문에 자기 글을 통해서 자기 안에 경작된 밭고랑을 확인할 수 있는 것이다.

내 맘에 들어있는 사랑과 미움의 비중은 어떠한가? 내 삶에 깃든 빛과 그림자의 총량은 얼마인가? 나는 세상을 어떻게 보고 있으며, 내가 본 세상은 내 안에 들어와 무엇으로 변해 있는가? 내가 아는 것은 무엇이고, 모르는 것은 무엇인가? 글쓰기 농부는 사시(四時)에 늘 세상과 나를 연결하는 마음밭에 무엇을 심고 어떻게 일구어갈지를 진지하고 정직하게 고심하는 자이다.

어떤 글이 좋은 글일까? 『뚜껑 대신 마음을 여는 공감 글쓰기』의 저자 이강룡은 "객관적 정황을 구체적으로 제시하고자 한 글, 자기 말에 책임지는 글, 고정관념을 뒤집어 더 나은 것을 제안하고자 하는 글, 독자의 눈높이에 맞추어 적절한 예와 비유를 드는 글이 좋은 글"이라고 했다. 좋은 글은 이뿐만이 아니다.

좋은 글은 마음을 위로해주거나 격양시켜주며, 스스로 생각하지 못했던 것을 생각하게 하고, 보지 못했던 것이나 보이지 않았던 것을 또렷이 보게 한다. 또 그 때문에 자신의 모습이나 삶을 되돌아보게 해주고 나아갈 길을 알려주며, 그 길로 갈 수 있도록 의지와 힘을 실어주기도 한다. 좋은 글은 마음에 빛을 얹어주는 글이며, 영혼을 깨워 사람을 사람답게 삶을 삶답게 만들어주는 글이다.

고전 수신서의 스테디셀러인 『명심보감(明心寶鑑)』이라는 책이 있다. '마음을 밝히는 보배로운 거울'이라는 말이니, 뜻깊은 좋은 글귀들이 마음의 거울이 된다는 뜻이다. 형상을 비추는 거울이 아니라 마음을 비추는 거울, 그것은 언어로 빚은 깨어지지 않는 내면의 거울일 것이다.

실은 『명심보감』만 그러한 것이 아니라, 세상의 모든 좋은 글 좋은 책 또한 마음을 비추는 거울이다. 그 거울을 통해 우리는 세상을 들여다보고 또 자신을 들여다보게 된다. 잔잔한 물결처럼 세상과 나를 투명하게 비추는 거울. 글에 어떤 내용을 담든, 무엇을 이야기하든 그것이 우리 내면을 밝히거나 비출 수 없다면 거울다운 거울, 서경(書鏡)이라는 거울이 되지는 못할 것이다.

세상에 거울이 될 수 있는 글, 자신을 비춰주면서 세상을 밝히는 글,

그러한 글을 써야 한다. 그러한 글이 현실에 빛을 더하며 '오래된 미래'를 약속하는 좋은 글이다. 그런 점에서 글을 쓴다는 것은, 세상으로 향하는 말의 거울 앞에서 자신의 본연과 정직하게 대면하는 일이자, 자신의 내면을 맑게 닦아내는 일일 것이다. 그 같은 자세가 있어야 천지를 비추는 깊은 물결 같은 글을 쓸 수 있을 것이다.

이끌리는 문장이란 매력적인 문장을 말한다. 매력은 현란한 어휘나 과장하는 표현을 남발한다고 생기지 않는다. 번뜩이는 주제의식, 진실을 향한 열정, 기존의 틀을 깬 독창적인 구성, 효과적인 도입, 맛깔스런 마무리, 구체적이고 흥미로운 글감이 매력적인 글을 만든다.

—이상임 외, 『상상과 창조의 글쓰기』에서

끝으로 좋은 글을 쓰는 데 참고가 되길 바라며, 『스누피의 글쓰기 완전정복』(몬티 슐츠, 바나비 콘라드)에 나오는 체리 카터 스코트의 「마음 다스리는 책을 쓰는 10가지 규칙」을 부기한다. 좋은 자세와 마음이 없으면 결코 좋은 글이 나올 수 없음을 잊지 말자.

1. 무엇을 쓸 것인지 분명히 해야 한다. 자기 마음을 잘 살펴 꼭 쓰고 싶은 것을 찾아내라. 누군가에게 도움을 주려고 책을 쓴다는 사실을 반드시 기억하라.
2. 해당 분야의 전문가가 되어야 한다. 열심히 공부하든지, 살면서 깨닫게 된 것이든지, 그것도 아니라면 해당 분야의 전문가를 인터뷰하든지, 어쨌든 자신이 쓰려는 주제에 대해 속속들이 알고 있어야 한다.
3. 권위를 갖추어라. 자기 글에 대한 믿음을 줄 수 있어야지, 단순히 글을 쓰고 싶다는 욕망만으로는 부족하다. 어떻게 하면 해당 분야에 대해 언급할 수 있는 '권위'를 지닐 수 있을지 생각해보라.

4. 자신만의 '목소리'를 찾아라. 우리 안에는 참으로 많은 목소리들이 있다. '올바른' 목소리만이 안정적이고 성실하게 독자들에게 가닿을 수 있다.

5. 개인적인 경험도 독자들에게는 도움이 될 것이다. 마음을 다스리는 책을 읽는 독자들은 저자의 개인사에 관심이 많다. 독자와 당신 사이에 다리를 놓으면 독자들에게 정말 큰 힘이 된다.

6. 취사선택을 잘하라. 뭘 넣고 뭘 빼느냐는 중요한 문제다. 자신이 말하고자 하는 바를 전달하기 위해 꼭 필요한 것이 무엇인지 스스로 결정해야 한다.

7. 요점을 잘 보여주기 위해 실제 사례를 곁들여라. 사람들은 실례를 통해 배운다. 설명하는 것보다는 그냥 보여줄 때, 독자들은 새로운 이해로 나아가는 문을 열 수 있게 된다.

8. 자신이 말한 바를 지키고 살 때 진실하다. 자신의 신념대로 살아갈 때 가장 설득력이 있다. 마음을 다스리는 책을 쓰는 사람에게는 이것이 가장 힘든 과제다. 자신의 주장이 거짓말이 아님을 직접 보여주어야 한다.

9. 입소문은 믿음을 준다. 사람들이 공공연하게 당신의 책을 칭찬하게 되면 그 책이 누구에게나 도움이 된다는 사실은 바로 증명된다. 유명인의 말도 도움이 된다.

10. 책의 내용이 20퍼센트라면 마케팅 과정이 80퍼센트다. 당신의 책을 사람들에게 알리기 위해서는 먼저 입을 열어야 한다. 사람들이 출판됐는지도 모른다면 아무리 좋은 책이라도 묻히게 된다. 다른 사람을 돕겠다면 먼저 자기 자신부터 도와야 한다.

5장

구체적으로 쓰는 것이
잘 쓰는 첫걸음이다

"모든 사물에는 저마다의 표현 방식이 있다."(플로티노스)
이 표현 방식을 찾아내는 것이 적절함이다. ─김성우

인생에서 가장 즐거운 순간은 문장을 쓰면서
붓이 복잡한 자기 생각을 산뜻하게 표현할 수 있을 때……,
나는 이 세상에는 이보다 큰 즐거움이 없다고 생각한다. ─소동파

잘 쓰기와 못 쓰기의 기준점

글은 구체적이고 개별적이어야 한다. "나는 그곳에 자주 간다"보다 "나는 한 달에 여섯 번씩 그곳에 간다"가 훨씬 설득력이 강하다. ―안정효

글을 잘 쓰는 이와 못 쓰는 이를 확연히 구분할 수 있는 기준이 한 가지 있다. 글을 잘 쓰는 이와 못 쓰는 이는 '구체적으로 쓰느냐, 그렇지 않느냐'로 나뉜다. 어느 쪽에 서고 싶은가? 글을 잘 쓰고자 하는 이는 무엇보다 어떤 글을 쓰든 '구체적으로 쓰는 습관'부터 들여야 한다. 글을 제대로 쓰기 위해선 '구체적인 느낌과 생각, 구체적인 체험과 심정, 구체적인 사실이나 정보'를 구체적인 문장으로 전달해야 한다.

같은 일기라도 어떤 목적을 가지고 쓰느냐에 따라 내용이 달라진다. 예컨대 오늘 친구에게 삼만 원을 빌려줬다고 하자. 일기장을 단순히 가계부 대용으로 쓰는 사람은 삼만 원이라는 숫자에 주목할 것이다. "친구에게 삼만 원을 빌려줬다. 열흘 후에 갚는다고 했다." 이렇게 쓰고 나면 더 쓸 게 없다. 그러나 '작가의 일기'라면 적히는 내용이 달라진다. '삼만 원'이라는 정확한 액수는 크게 중요치 않을 것이다. 친구는 왜 그 돈을 빌리려고 했고, 친구의 표정이나 태도는 어땠으며, 그런 대화를 나눴던 커피숍의 분위기는 어땠고, 나는 주머니에 얼마가 들어 있는지 확인하려고 탁자 밑에서 조심스레 지폐를 세었고, 돈을 빌려주면 나도 알거지가 되지만 차마 자존심 때문에 없다고는 말 못 하고 돈을 내놓았으며…….

―배상문, 『창작과 빈병』에서

친구에게 돈을 빌려줬다는 간단한 사실만 적어놓으면, 그때 상황이 어떠했는지, 돈을 빌려주는 내 심정은 어떠했는지 등의 다른 내용은 전

혀 알 길이 없다. '친구가 돈을 빌리려 했던 이유, 그때 친구의 표정과 태도, 대화를 나누던 장소의 분위기, 돈을 빌려주던 내 솔직한 심정'과 같은 개별 면면을 적어야, 그 사건의 실체와 그 일에 깃든 내 마음의 실상이 구체적으로 드러난다.

이 예문에서 보듯 구체적으로 쓰는 것은 그리 어려운 일이 아니다. 단지 있었던 일에 대해 보다 세부적인 측면에서 몇 마디 말만 더하더라도 그 전보다는 훨씬 구체적인 글이 된다. 양파껍질 벗기듯 내용의 겹을 하나씩 풀어 가면 그만인 것이다.

가령 '친구가 여자 친구와 데이트하기로 한 날인데 갑자기 지갑을 잃어버렸다며, 울 것 같은 표정으로 어찌나 통사정을 하던지, 차마 모른 척하기가 어려웠다'고 하면 돈을 빌려준 동기 측면에서 내용이 구체화되고, '집으로 돌아오면서 혹 돈을 못 받을까 걱정도 되었지만, 그보다 당장 내가 쓸 돈이 없어서 돈 빌려준 것이 못내 속상하고 후회되었다'라고 쓰면 심리적 측면에서 내용이 더 구체화된다. 단지 있었던 일 그대로 몇가지 정황 측면에서 조금 더 디테일하게 기술하면 되는 것이다.

"내 가슴속에 있는 이야기를 글로 다 쓰면 책이 몇 권은 될 겁니다."
"내 이야기를 글로 쓰면 차마 눈물 없이 읽지 못할 거야."

글쓰기 교실을 하며 이렇게 말하는 분들을 참으로 많이도 만났다. (…) 그런데 이러한 분들과 함께 수업을 진행하다 보면, 정작 이분들이 쓴 글은 이분들이 들려주시던 말과는 달리 밋밋하고 별 감흥을 주지 못하는 경우가 대부분이다. 글의 분량 역시 종이를 반절도 채 채우지 못하고 몇 줄 쓰다 마시는 분들이 부지기수, 어떤 분은 차일피일 기한을 미루며 수업의 거의 마지막 시간까지 아무런 글을 내시지 못하는 분들조차 있다.

"나는 가난한 집에서 태어났다. 전쟁을 겪었고, 배울 기회를 놓쳤고, 글을 읽지도 못한 채 살아오면서 설움도 많이 겪었고……."

(…) 이분의 글 속에서는 '어떤' 가난한 집, 전쟁에서 겪었던 '무슨 일', 배울 기회를 놓친 '이유', 설움을 일으킨 '사건'에 대한 이야기가 전혀 없다. 가난한 집에 대한 세부적 설명, 배울 기회를 왜 놓쳤는지에 대한 이유가 하나도 없는 것이다.

—이인환, 『기적의 글쓰기 교실』에서

몇 권의 책으로 쓸 인생 경험이 있어도 그것이 책이 되지 못하는 본질적 이유는 하나다. 구체적으로 쓰지 못하기 때문이다. 구체적으로 쓸 능력이 없으면 몇백 년의 역사도 단 몇 줄로 정리될 뿐이다. 아무리 남다른 인생을 살았더라도, 한 편의 장편소설이나 시나리오처럼 삶의 장면을 상세하게 또 풍부하게 쓸 수 있어야 글이 되고 책이 된다.

'가난한 집'은 세상에 천 가지 만 가지도 넘는다. '어떤' 가난한 집인지 상세히 적어야만 '어떻게' 가난한 집인지 그 개별성을 독자가 인지할 수 있다. '어떻게 서러운 일'인지 이해할 수 있을 만큼 조목조목 자세히 적어야 '왜, 어떻게' 서러웠는지 독자가 함께 공감할 수 있다. 구체적으로 쓰지 않으면 혼자만 알 뿐, 독자는 아무런 실상이나 정황을 알지 못하게 된다. 요컨대 글쓰기 실력이란, 내용을 구체적으로 쓸 수 있느냐 없느냐에 따라 제일 먼저 나뉜다.

슬픈 상황 앞에서 '슬프다'라고 말할 수 있는 사람은 많지만, 그것을 구체적인 상황 묘사로 전달할 수 있는 사람은 많지 않다. 작품을 접하는 사람들은 '슬프다'라는 추상적인 표현이 아니라, 슬픈 감정을 불러일으키는 '세부적인 묘사'에 슬퍼한다. 소설가 김연수는 이렇게 말했다.

"30초 안에 소설을 잘 쓰는 법을 가르쳐드리죠. '봄'에 대해 쓰고 싶다면 이번 봄에 무엇을 느꼈는지 말하지 말고 무슨 일을 했는지 말하세요. '사랑'에 대해 쓰지 말고 사랑할 때 연인과 함께 걸었던 길, 먹었던 음식, 봤던 영화에 대해 쓰세요. 감정은 절대로 직접 전달되지 않는다는 걸 기억하세요. 전달되는 건 오직 우리가 형식적이라고 부를 만한 것뿐이에요. 이러한 사실을 이해한다면 앞으로는 봄에 시간을 내 특정한 꽃을 보러 다니고 애인과 함께 어떤 음식을 먹었는지, 그 맛이 어땠는지, 그날의 날씨는 어땠는지를 기억하려 애쓰세요. 강의 끝."(김연수, 『우리가 보낸 순간』)

감동을 줄 만큼 섬세하게 표현하려면 내 삶과 주변에 깊은 관심을 기울이고 진지하게 관찰해야 한다. 다양한 사람들을 접하면서 그들에게 관심을 기울이다 보면 저절로 터득하게 되는 것이 있다. 그것은 상대방의 눈썹 움직임, 코를 만지는 손, 다리는 떠는 모습처럼 사소한 것에도 어떤 의미가 담겨 있다는 사실이다. 사람들의 '사소한' 움직임에 의미를 부여하고 그것이 이야기의 맥락 속에서 적절한 역할을 하도록 만든다면, 당신은 글을 통해 사람들에게 감동을 줄 수 있을 것이다.

—임승수, 『글쓰기 클리닉』에서

'슬프다', '기쁘다'나 '사랑했다'는 추상적이다. 고로 눈에 보이지도 않고 손에 잡히지도 않으며 느껴지지도 않는다. 사전적 의미만 있는 추상성은 다양한 개별성을 갖는 구체화의 최대 최고의 적이다.

예를 들어, 세상엔 천만 가지도 더 넘는 수많은 '슬픔'이 있다. 하지만 '슬프다'라는 단어 그 자체에는 사전적 개념만 있을 뿐, 어떻게 슬픈지 그야말로 아무런 개별 이미지가 없다. 그러나 '내가 떠나기 전 그녀의 손을 잡았을 때, 그녀는 눈썹의 깜빡임도 없이 눈물을 뚝뚝 흘렸다'라고 쓰면 두 사람 사이에 이별의 슬픔이 흐르고 있음을 알 수 있다. 여기엔 하나의 사건이 있고 구체적인 이미지가 있다. 손과 눈썹, 눈빛과 눈물은 추상이 아니라 감각되어지는 구체적 사물이요, 어떤 사건의 모습과 속성(정황)을 알려주는 매개의 역할을 하기 때문이다.

"그녀와 벚꽃 구경을 하고 나와서 차 안에서 첫 키스를 했다. 땅에 깔린 분홍빛 꽃잎처럼 시간이 숨을 죽이고, 그녀의 입술에선 꽃향기가 아른거리는 듯했다." 이렇게 같은 봄날이어도 애인과 함께 한 시간의 느낌은 다를 수밖에 없다. 단지 있었던 일을 조금만 더 구체적으로 적어도, 그렇지 못한 글보다는 훨씬 나아진다.

어떤 사건이나 행위는 언제나 개별적이다. 누가 언제 어디서 무엇을 어떻게 왜 했는가. 아주 작은 일조차 똑같은 것은 세상에 다시없다. 삶의 맥락 속에선 하나의 '순간'조차 우주에 유일무이한 것이다. 우리가 쓰는 모든 체험과 이야기는 그 유일무이한 개별성에 대한 것이어야 한다.

개별성 속으로 들어가 '무슨 일들이 있었는지'를 소상히 적으면 그 안에 감정과 메시지는 저절로 실린다. 대상을 섬세하게 보고 사소한 것의 의미까지 읽을 수 있으면, '사소한 것이 우리에게 이야기하는 바'까지 글에 담을 수 있다. 이것이 세부적인 묘사가 가지는 힘이자 가치이다. 요는 구체적으로 쓸 때만 사건이나 체험의 실상이 온전히 드러난다는 것이다. 구체적으로 쓰는 글은 '또렷한 형상'을 가지고, 독자의 가슴으로 건너간다.

시각에 호소하는 능력을 연마하라. 석양을 등지고 선 수사슴 뿔의 그림자처럼 날카롭고 뚜렷한 영상을 말로써 표현해 보라.

가령 '개'라고만 하면 그것이 애완용 개인지, 사냥개인지, 셰퍼드인지, 포메라니안인지 다소 불분명한 이미지를 떠올리게 된다. 그런데 '불독'이라는 단어는 '개'라는 단어와 비교한다면 훨씬 한정적인 것이다.

다시 그것을 '얼룩이 불독'이라고 하면 한층 더 선명하게 영상이 떠오르지 않겠는가? '한 마리의 말'이라고 하는 것보다 '검은 털의 셧트런드 원산의 조랑말'이라고 하는 것이 훨씬 선명하지 않을까? '다리 하나가 부러진 하얀 수탉'하는 것이 '닭'이라고 하는 것보다 훨씬 분명하고 생생한 그림을 떠오르게 하지 않느냐는 말이다.

윌리엄 스트링 주니어는 『문체의 요소』에서 이렇게 말했다.

"문장의 기교를 배운 사람들 사이에서 무엇인가 의견의 일치를 본 것이 있다면, 그것은 바로 다음과 같은 사항이다. 독자들의 주의력을 환기시켜 절대 놓치지 않기 위한 가장 확실한 방법은 상세하고 명확하고 구체적으로 쓰는 일이다. 호머, 단테, 셰익스피어와 같은 위대한 작가들은 미세한 점까지 속속들이 묘사하고 있기 때문에 설득력을 지니는 것이다. 그들의 글은 영상을 불러일으킨다.

—데일 카네기, 최염순 역, 『카네기 스피치 & 커뮤니케이션』에서

구체적으로 쓴다는 것은 범위를 좁혀서 쓴다는 뜻이다. 단지 범위를 좁혀서 쓰기만 하면 글이 훨씬 구체적으로 변한다. 예컨대 '개'라고 하면 범위가 너무 넓다. 세상엔 사전에 없는, 구체성을 가진 수없이 많은 개와 개가 있기 때문이다. 갓 태어난 강아지 한 마리도 어떤 맥락 속의 개별성이 없는 강아지는 없다. 어느 나라, 어느 때, 누구 집의 어떤 개의 몇 번째 새끼이며, 어떤 모습과 특징이 있는가? 그 강아지와 나는 어떤 관계이며, 또 어떤 감정을 가지고 있는가? 설령 '같은 강아지'라 할지라도, 사람의 마음속에선 저마다 다 다른 강아지다.

모든 사물과 사건은 세부 속성을 가지고 있다. 세부 속성이 더해져야 개별성이 뚜렷해진다. 즉 고유의 모습이 드러나는 것이다. 선명하지 않은 렌즈처럼 막연하게 쓰지 말라. 상세하고 선명하며 구체적인 글만이

영상을 만들어낸다. 글의 영상이란 마음에 그려지는 그림이요, 인상적인 슬라이드이다. 문필가의 묘사는 전부 독자의 마음에 구체적인 영상을 그리기 위해 쓰이는 것이다.

　　성경과 셰익스피어 작품에는 사과 주스 압착기 주위에 몰려든 벌떼처럼 시각적 표현이 넘쳐난다. 예를 들어, 보통의 작가는 불필요하게 어떤 일을 하려는 상황을 '이미 완벽한 것을 개선하려 한다'라고 표현할 것이다. 하지만 셰익스피어는 이와 같은 생각을 '정련된 금에 도금을 하며, 백합에 채색을 하고, 제비꽃에 향수를 뿌리는 격'이라는 불멸의 회화적 표현으로 전했다. 혹시 당신은 수세대를 거쳐 전해진 속담들은 전부 시각적이라는 사실을 아는가?

　'숲 속의 두 마리 새보다 손에 있는 한 마리 새가 낫다.'
　'비가 오면 억수로 퍼붓는다.'
　'말을 물가로 끌고 갈 수는 있지만, 억지로 물을 마시게 할 수는 없다.'

　　그리고 수백 년 동안 너무 많이 사용되어 상투적인 느낌을 주는 직유들도 회화적 요소를 가지고 있다. 예를 들어, '여우처럼 교활한', '문에 박힌 못처럼 꼼짝 못하는', '팬케이크처럼 납작한', '바위처럼 단단한' 등이 말이다.

　　　　　　　　　　　　　　—데일 카네기, 베스트르랜스 역, 『데일 카네기의 공대화론』에서

　　회화적 표현이란 글을 감각적 형상이 있도록 쓴다는 뜻이다. '내가 가지지 못한 두 가지보다, 가지고 있는 한 가지가 낫다'라는 문장보다 '숲 속의 두 마리 새보다 손에 있는 한 마리 새가 낫다'라는 문장이 훨씬 시각적이고 감각적임을 누구나 느낄 수 있을 것이다. 하나는 무미건조하

고, 하나는 생생한 느낌을 자아낸다. 회화적 표현은 이처럼 글에 감각적 이미지를 불어넣는 기술이다.

셰익스피어가 그러했듯 관념적인 내용도, 눈으로 보고 그림을 그리듯 쓰면 글이 구체적이고 생생한 이미지로 탈바꿈된다. 사랑의 감정을 흔히 꽃에 비유하듯, 보이지 않는 것은 보이는 것을 통해 이야기해야 한다. 백지에 물감으로 그림을 그리듯, '보이지 않는 것'을 '보이는 것'으로 전환하는 것이 글을 쓰는 사람의 임무다. 불멸의 작가들뿐 아니라, 글을 잘 쓰고자 하는 이들은 누구나 이런 기술을 익혀야 한다.

> 그해 5월
>
> 불볕이던 마지막 화요일 광주
>
> 「바위섬」 가수 김원중의 달거리 음악회 이야기 초대 손님으로 나갔다가 김원중이가 '생명력'이라는 게 무어냐고 물어서 '차의 배릿한 향이 곧 그것'이라고 말하려다가 그것이 사람들에게 너무 어려울 듯싶어 그 무렵 환장하게 예쁜 네 살 먹은 외손자 새벽이의 이야기를 했습니다.
>
> "제 어미가 새벽이를 놀이터에 데리고 갔는데 그 놈은 시소 타고 미끄럼 타고 그네 타고… 한도 끝도 없이 놀려 하는데, 지친 어미가 그놈을 억지로 이끌고 집으로 왔습니다. 그놈은 현관 바닥에 선 채로 다시 나가자고 떼쓰며 울었고, 어미는 그 울음 그치게 할 여력도 없어 응접실 소파에 주저앉아버렸는데, 한 이십 분쯤 울던 그놈 문득 어미를 향해 엄마 나 뭐 좀 마시고 싶어, 했으므로, 그놈의 어미, '아, 이제 그만 울려나 보다' 하고 우유를 주었더니 그것을 다 마시고 난 그놈 이번에야말로 더 큰 소리로 울기 시작했습니다."
>
> ─한승원, 「배릿한 차향─토굴 다담5」, 『달 긷는 집』

이 시는 그야말로 '구체성'이 무엇이고 또 그 가치가 어떠한지를 우리에게 생생하게 잘 보여준다. '생명력이 무엇인가?'라고 물었을 때, 우리의 답은 저마다 제각각일 수밖에 없다. 각자가 생각하는 생명력이 다 다르기도 하겠지만, 우선 '생명력'이라는 게 추상적인 관념어이기 때문이다. 이런 단어는 '사랑'이란 단어와 마찬가지로 개념은 있어도 대상으로서의 고정된 실체는 없다.

하지만 세상은 늘 생명력으로 가득하고, 생명력이 있는 것들로 수없이 넘쳐난다. 추상적이고 관념적인 '생명력'은 구체적 표현을 거쳐야만 생동감 있는 이미지의 옷을 입는다. 시에 묘사된 '엄마에게 나가 놀자고 떼쓰며 울고, 우유 먹고 또다시 우는 아이의 모습'은 아주 구체적인 삶의 양태로 개별적인 '생명력' 하나를 잘 담아내고 있다. 이 차이는 확연하다. 추상을 구체로 바꾸어 말하는 것, 생명의 빛깔이 없던 것을 생명력 있게 말하는 것은 모든 글쓰기의 ABC다.

　　물이 "퍽 맑다" 하는 것과 "어찌 맑은지 돌 틈에 엎딘 고기들의 숨 쉬는 것까지 보인다" 하는 것이 다르다.
　　같은 '물 맑은 것'을 보고 하는 말이로되 먼저 말보다 나중 말이 듣는 사람의 머릿속에 맑은 물의 느낌을 더 잘 일으켜 준다.
　　그러면 무슨 까닭에 한 사람은 그냥 "퍽 맑다" 하고 한 사람은 "어찌 맑은지 돌 틈에 엎딘 고기들의 숨 쉬는 것까지 보인다" 하였을까?
　　한 사람은 얼른 바쁘게 보았고 한 사람은 오래 고요하게 보았기 때문이라 할 수 있다.
　　같은 밥도 오래 씹으면 평소에 느끼지 못하던 맛이 있고 날마다 보던 집안 사람의 얼굴도 오래 들여다보면 새로 보이는 구석이 있다.
　　글을 쓰는데 남이 다 보고 남이 다 느끼는 것을 적어서는 신통할 것이 없다. 남이 겉만 보고 지나치는 것을 속속들이 살피어 끄집어내고 남이 미처 느끼지 못하는 점을 찾아내 놓는 것이 글의 자랑이다.

관찰에 있어서만 그렇지도 않다. 생각하는 것도 10분 동안 생각한 것과 한 시간 동안 생각한 것이 다르다. 사람마다 그 사람의 두뇌를 따라 다르겠지만 같은 사람이면 10분 동안 생각한 것은 20분 동안 생각한 것만 못할 것이다. (…) 글을 잘 쓰고 못 쓰는 것은 글을 잘 생각하고 못 생각하는 그것이다.

─이태준, 『문장특강』에서

맑은 물 흘러가는 계곡 속에 함께 있어도 '무엇을 보고 어떻게 느끼고 어떤 생각을 하는가'는 사람마다 다르다. 보고 느끼고 생각하는 데도 수준이라는 게 있다. 관찰력이 뛰어난 사람은 다른 이가 보지 못하는 것을 보고, 감수성이 뛰어난 사람은 다른 이가 느끼지 못하는 것을 느끼며, 사고력이 뛰어난 사람은 다른 이가 생각하지 못하는 것을 생각할 수 있다. 같은 영화를 봐도 관찰력과 감수성이 뛰어난 사람은 더 많은 것을 보고 느낀다. 그래서 더 많은 것을 생각할 수 있게 된다.

남이 보지 못하고 느끼지 못하고 생각지 못한 것을, 스스로 보고 느끼고 생각하는 사람은, 그 남들이 '보고 느끼고 생각지 못한 것'을 저 홀로 속속들이 찾아 쓸 수 있게 된다. 돌 틈에 엎딘 고기들의 숨 쉬는 것까지 보려면 섬세한 관찰력이 있어야 하고, 먼저 이렇게 섬세하게 관찰된 것이 있어야 가슴속에서 섬세하게 느낄 수 있으며, 마음에 닿은 인상적인 느낌과 체험이 있어야, 그에 대한 깊은 생각을 가질 수 있다.

이것은 순차적 연계성을 띤다. 잘 보아야만 잘 느낄 수 있고, 잘 보고 느껴야만 생각도 풍부하게 하게 되는 것이다. 물고기를 대충 본 사람은 본 것도 적고, 느낄 것도 생각할 것도 풍부하지 않을 수밖에 없다. 즉 구체적으로 말할 것이 없게 되는 것이다. 잘 보는 것은 이처럼 중요하다.

마음이 없으면 보아도 보이지 않고 들어도 들리지 않는다. 무엇을 잘 볼 수 있느냐 없느냐는 관심과 정성의 여부에 달렸다. 한 번 볼 때보다, 두 번 세 번 볼 때 더 많은 것을 보게 된다. 관찰력이란 마음의 훈련을 통해서 더 섬세하게 다듬어지는 것이다. 아울러 보는 것은 느끼는 것과 연결되어 있기에 관찰력이 좋아지면 감수성도 절로 따라 좋아진다. 잘 보고 느낀 사람은 내적 체험이 풍부하기에 생각의 자원도 자연히 더 많아진다. 이처럼 관찰력과 감수성과 사고력은 구체적으로 쓸 수 있는 핵심 역량이자 그 에너지의 발원지인 셈이다.

30년 전의 일을 쓰더라도 온전히 그때로 돌아가야 한다. 그것을 가능하게 하는 것이 세밀한 묘사다. '소녀는 예뻤다'라고 하지 마라. '그 소녀는 입술이 붉고 이가 하얗다. 콧잔등에 주근깨가 있고 눈은 라일락 같았다'라고 하라. 그러면 독자가 몇 걸음 물러나서 보고 그 소녀를 아름답다고 생각할 것이다. 작가는 눈, 입술, 턱을 세밀하게 묘사할 뿐 아무 판단을 내리지 않는다. (…)

지금 앉아 있는 자리에 그대로 앉아서 주위를 둘러보고 그것을 4분 동안 묘사해보라. "잘 만든 테이블 위에 사랑스러운 깔개가 놓여 있다"는 식으로 쓰지 마라. 굵은 글씨로 쓴 두 단어는 글쓴이의 의견일 뿐이다. 그저 온전하게 원래의 모습을 충실히 묘사하라. "포마이카 테이블 위에 흰색 깔개가 놓여 있다. 방금 무릎까지 올라오는 양말을 신은 여자가 지나갔다. 그녀는 윗입술 위에 검은 점이 있고 길게 땋은 머리는 가죽 허리띠를 스친다."

―나탈리 골드버그, 한진영 역, 『글쓰며 사는 삶』에서

구체적으로 쓸수록 그 대상의 고유한 생명력이 살아난다. 즉 개성이 생기는 것이다. '예쁜 소녀'가 아니라 '라일락 같은 눈빛을 가진 긴 머리

의 소녀'가 더 구체적이고, 구체적이기 때문에 '예쁜 소녀'보다 더 뚜렷한 변별적 이미지를 띤다. 더 구체적으로 쓸수록 글이 개성적으로 변화하는 것이다. 반면 막연한 문장은 개성도 없고, 뚜렷한 어떤 느낌을 자아내지 못하기에 미적지근한 글이 되고 만다.

글은 독자가 읽는, 독자를 위한 객관적인 것이다. 때문에 '좋다, 사랑스럽다'처럼 자신만 느끼는 관념적이고 추상적이 표현이 아니라, '어떻게 왜 좋고 사랑스러운지' 독자도 함께 느낄 수 있는 객관적 표현을 써야 한다. 이것이 글을 구체적으로 써야만 하는 본질적인 이유다.

"예를 들어 '인생은 고통이다' 같은 문장을 쓰려면 그 전에 설득력 있는 상황을 먼저 보여줘야 한다. '한 남자가 빈민가에 누워 있다. 그의 상처에 모기들이 들러붙어 있고, 오른쪽 신발은 밑창이 떨어져 너덜너덜하다. 주머니 안감은 뒤집어져 밖으로 나와 있다. 인사불성인 그의 눈은 감겨있고 피부는 창백하다' 같은 문장이 먼저 나와야 한다는 얘기다." 고통을 단지 '고통'이란 단어로 쓸 게 아니라, 독자의 눈에도 보이고 실감나게 느껴질 수 있는 것으로 전환해야 되는 것이다.

하나의 장면, 하나의 인물, 하나의 사건을 다룰 때, 우리는 최대한 정확하고 분명하게 표현되도록 노력해야 한다. 추상적 설명이 아니라 구체적인 장면으로, 인물 모습과 행동과 대사로서, 독자가 그려 볼 수 있도록, 만져질 수 있도록, 추체험을 통해 실감할 수 있도록 형상화해내야 한다. 논리적 문장 역시도 마찬가지다. 구체적인 의미와 명징한 감각을 통해 문장이 이어지지 않을 경우 문장의 공명은 일어나지 않는다. 문장을 따라 읽을 때 공명이 일어나는 바로 그만큼, 문장은 살아있는 것이다.

—이만교, 『개구리를 위한 글쓰기 공작소』에서

이 글은 우리가 왜 구체적으로 글을 써야만 하는지 그 이유를 소상히 잘 설명해주고 있다. 형상화(形象化)! 독자의 눈에도 보이고 독자의 마음에도 느껴지게 하는 것이 바로 구체적 글쓰기를 통한 형상화다. 그래야만 저자의 체험을 따라가 보는 공감의 추체험이 가능해진다. 형상화가 없거나 부족해서 추체험을 할 수 없는 글은 공명이 일어나지 않을 것이다. 공명을 불러일으키지 못하는 글은 시들부들하게 숨이 죽은 글이다. 읽는 이가 함께 보고 느낄 수 있도록 구체적으로 쓰는 그만큼, 문장은 살아 있는 것이다.

감각적 표현으로 쓰기

추상적인 단어나 표현이 감동이나 재미를 주기 힘들다. "사랑해"보다 "널 만나기 위해 달려왔어"가 연인의 마음을 움직이듯, 사람은 구체적인 단어나 표현에 더 민감하게 반응한다.

―김용길, 『편집의 힘』에서

구체적인 쓰기는 대부분 감각적 표현으로 이루어진다. 위에 예문에서도 '달려왔다'는 감각적 표현이 나온다. '달려오다'는 눈에 보이는 시각적 표현이다. 걸어오지 않고, 달려온 사랑은 열정과 적극성을 내포한다.

'당신은 꽃처럼 아름다워요'라는 밋밋한 말보다는 '당신은 프리지아처럼 향기가 참 좋네요'라는 말이 훨씬 입체적이고, 또 '당신은 한 송이 백합 같아요'라는 표현보다는 '당신은 한 송이 백합 같아요. 아름답기는 하지만 추위에 약하고 쉽게 토라져버리는 모습이 늘 나를 불안하게 해요'라는 말이 상대방의 마음을 확실하게 흔들 겁니다. '오늘 향수 냄새가 좋은데!' 대신에 '오늘 당신의 향수 냄새는 프라다가 만든 첫 번째 향수처럼 고전적이면서도 도발적인 느낌이에요'는 어떨까요.

　이 예문은 영화 「작업의 정석」에 나오는 '여자의 마음을 훔치는 작업법'에 대한 것이다. 여기 나오는 문장들은 감각적인 면에서 앞서보다 더 구체화되어 있다. '프리지아처럼 향기가 좋다'나 이탈리아 명품 향수인 '프라다의 첫 번째 향수처럼 고전적'인 것은 후각이다. '백합처럼 아름답기는 하지만 추위에 약하고 쉽게 토라져버리는 모습'이나 '프라다 향수처럼 고전적이면서도 도발적인 모습'에는 상대 여성이 어떤 매력을 지녔는지 감각(시각+촉각+후각)적 측면에서 보다 구체적으로 기술되어 있다. '당신은 이러이러하게 매력적인 사람이다'라고 감각적 인상이 생기도록 매력 포인트를 구체적으로 언급을 해주는 것이 여성의 마음을 자극시킬 수 있는 더 효과적인 방법이라는 얘기다.

　　문학적 심상은 독자에게 감각적 인상을 불러일으켜 추상적 관념을 구체적으로 형상화함으로써 정황이나 사물이나 사건을 보다 생생하게 느낄 수 있게 한다. 주제를 감각화 또는 육화(肉化)시키고, 정서를 환기시켜서 표현의 신선도를 높인다. 이것이 심상이 주는 효과이다.

　　　　　　　　　　　　　　　　　─손광성, 『손광성의 수필 쓰기』에서

'감각적으로 표현한다'는 말은 시각·청각·후각·촉각·미각 등의 인간이 가진 다섯 가지 감각 능력으로 인지할 수 있도록 표현한다는 뜻이다. 때문에 감각적 표현은 반드시 어떤 이미지를 동반한다. '그녀는 울창한 꽃나무 숲에 숨어 보이지 않았다'는 시각적 심상으로, '그때 그가 내뱉은 말은 얼음처럼 차가웠다'는 촉각적 심상으로, '아기의 보드라운 피부에선 향기로운 살 냄새가 났다'는 촉각과 후각적 심상으로 표현되

었다. 이처럼 감각적 표현을 쓰면 객관적인 이미지가 떠오르기에 누구
나 그 대상을 느낄 수 있고 연상할 수 있게 된다. 삶은 느낌 속에 존재한
다. 그 느낌을 전달하려면 오감이라는 감각판을 자극해야 한다.

　아울러 감각적 표현을 쓰면, 이미지가 생성되기에 문장이 절로 구체
화된다. 짧은 문장에 감각적 표현이 더해지면 내용이 어떻게 구체화되
는지를 살펴보자.

　　방이 더럽다.
　→ 어제 입은 옷가지들이 방 여기저기에 뱀이 허물을 벗듯이 어지럽게
　　널려 있었고, 먹다가 만 과자 부스러기들이 바닥 곳곳에 흩어져 있다.

'방이 더럽다'는 사실을 말한 문장이지만, 어떻게 더러운지 구체적인
모습이 떠오르지 않는다. 하지만 뒤쪽에 기술된 문장은 '방이 어떻게 더
러운지'가 구체적으로 잘 나타나 있다. 뱀 허물같이 벗어놓은 옷과 먹다
만 과자 부스러기들은 눈에 보이는 시각적 표현이다. 감각적 표현을 통
해 이미지를 그려내는 문장은 '사실을 말하는 문장'이 아니라 '사실을 보
여주는 문장'이 된다. 후자가 독자에게 더 또렷한 느낌(인상)을 주고 훨씬
더 공감을 불러일으킨다.

　다음 문장들을 통해 이러한 차이를 거듭 확인해 보자.

　　추운 겨울밤이다.
　→ 나는 너무나 쌀쌀해서 시트, 담요 두 장, 이불, 베개, 누나의 두툼한 인
　　형으로 둘러싸고 웅크리고 있었다.

　　폭풍우는 무섭다.
　→ 빗방울이 창문을 부술 듯이 두드리고, 창틀과 방문은 바람에 거세게

흔들리며, 고양이가 소리를 지르는 듯한 세찬 바람 소리에 나는 곰인형 없이 잠들 수 없다.

음식은 맛이 없다.
→ 입안에서 밥알과 김, 여러 채소들이 따로 놀고, 제대로 익히지 않았는지 딱딱하기만 한 떡볶이와 김밥을 먹으니, 돈을 주면서 시식을 권해도 먹지 않을 것 같다.

이것은 좋은 책이다.
→ 그 책은 한 문장 한 문장이 나의 과거를 되돌아보게 하고, 앞으로 내가 나아갈 길을 안내하는 나침반이었다.

학교 첫날은 분주하다.
→ 새 학기 첫날은 어떤 옷을 입어야 주목을 받을지, 화장은 어떻게 해야 어려 보일지, 가방은 무엇을 들어야 뒤처지지 않을지 고민하다 보면 항상 지각이다.

그의 운동화는 아주 낡았다.
→ 그가 가장 아낀다는 운동화는 흰색을 찾아볼 수 없을 만큼 꺼멓게 때가 탔고, 신발의 앞부분은 모두 헐거워져 늘어나 있었으며, 운동화 끈 또한 회색으로 때가 타 있었다.

오늘은 참 우울하다.
→ 꺼내보면 벌레 먹은 구멍이 나 있는 것은 아닐까 싶을 정도로 심장이 계속해서 콕콕 쑤셔왔고, 내 기분은 마치 비오는 날의 먼지처럼 고요하게 가라앉아 있었다.

— 배학수, 『누구나 쉽게 따라 하는 글쓰기 교실』에서

예문의 첫 번째 문장들은 단순 사실이나 개념만을 전달하고 있는 반면, 두 번째 문장들은 모두 다양한 이미지를 통해 구체적인 내용을 표현하고 있다. 단순 사실이나 개념 차원의 문장은 범위가 너무 넓을 뿐 아니라, 아무런 개별성을 지니지 못한 상태의 말이다. '정말 바쁘다'는 '어떻게 바쁜지' 알 수 없는 막연한 말이다. "저녁에 있을 강연 준비도 미처 다 못한 상태지만, 점심도 굶고서 오늘까지 보내야 할 원고 때문에 급하게 글을 쓰고 있는데, 그때 마침 아기가 정신없이 울기 시작했다"처럼 그 구체적인 모습이 드러나야 어떻게 바쁜지를 제대로 알 수 있다. '바쁘다'라는 추상적인 표현을 쓰지 말고, 어떠한 '바쁜 모습'을, '슬픔이나 행복'이라는 관념적 단어 대신 어떤 선명한 이미지를 통해 '슬픈 모습'이나 '행복한 모습'을 구체적으로 기술해야 한다.

잠이 온다.
→ 눈에 빌딩을 올려놓은 것처럼 아무리 힘을 주어봐도 얼굴을 꼬집어봐도 눈꺼풀이 자꾸 내려온다.
→ 달콤한 시간이라는 천사가 나의 눈꺼풀에 이사를 왔는지, 나는 내 눈꺼풀에 있는 그 천사를 도저히 날려보내지 못하겠다.

학생이 작성한 구체적인 두 문장에는 '잠이 온다'라는 말이 없이도 잠이 오는 정황을 감각적인 표현을 통해 잘 그려내고 있다. '잠이 온다'라는 문장에는 아무런 개성이 없지만, 감각이 느껴지는 구체적인 문장에는 개별적인 이미지가 새겨져 있다. 감각적이고 구체적인 표현은 이처럼 새로운 이미지와 개성을 낳는 핵심 요소이다.

이런 점에 유의해 우리도 '이미지가 있는 구체적인 문장 쓰기'를 해보자. 다음의 글들은 앞서의 예문들을 보고서 학생들이 수업시간에 작성한 문장들이다.

나는 필기를 잘한다.

→ 나는 가장 중요한 것은 형광펜으로, 주개념은 빨간색으로, 설명은 검
정색으로, 예는 파란색으로 표시하며, 선생님의 말씀 중 핵심 사항을
빼놓지 않고 적어놓기에, 나중에 공책을 다시 펼쳐볼 때 수업 내용이
머릿속에서 뛰어노는 것처럼 새록새록 기억이 난다.

산책을 갔다.

→ 집이 너무 갑갑해 공원으로 나온 난 나비가 날아다니는 꽃도 보고, 새
들이 지저귀는 나무도 보고, 유모차를 끌고 나온 아주머니도 보면서
하늘하늘 거닐었다.

그녀의 모습이 아름답다.

→ 큰 눈망울에 오똑한 코, 앵두 같은 입술에 보호본능을 자극하는 그녀
의 모습에 자꾸 눈이 간다.

어린 시절이 그립다.

→ 밉고, 싫고, 짜증난다는 것을 잘 모르던 시절로, 해가 뉘엿뉘엿 질 때
까지 운동장에서 고무줄을 폴짝 폴짝 뛰었던 시절로, 콧물 질질 흘리
며 놀던 친구들이 있었던 그때로 돌아가고 싶다.

나는 지쳤다.

→ 바로 눈앞까지 다가온 시험과 끊임없이 나오는 과제, 여러 가지 인간
관계를 신경 쓰다보면 내 정신은 자꾸만 몸에서 벗어나 날아갈 것만
같다.

정말 긴장된다.

→ 손 마디 마디 사이에 저려오는 전류가 흐르고, 아무 감각이 없어진 다리는 온몸의 신경세포가 죽었다 살아났다 하듯이 후들거린다.

그녀가 싫다.

→ 자신보다 아랫사람은 깔보며 말을 함부로 하는 그녀와 한 공간 안에 있는 30초는 30분보다 더 길게 느껴진다.

날씨가 좋다.

→ 창문 밖 하늘을 보니 흰 바탕의 도화지에 푸른 하늘과 새하얀 구름을 맑은 물감으로 그려놓은 것만 같았다.

배가 고프다.

→ 배꼽시계가 알람을 울리기 시작했고 배에서는 '꼬르륵꼬르륵'이 아니라 '우르르쾅쾅'거리는 천둥소리가 요란하다.

그 사람은 돈이 많다.

→ 그 사람은 지갑 속에 만 원짜리와 오만 원짜리 지폐들로만 꽉 차 있어서 어쩌다 지갑 속의 지폐 몇 장이 떨어져도 모를 지경이다.

엄마가 보고 싶다.

→ 엄마가 여행을 떠나셨다가 돌아오실 때가 되자, 나는 문에서 소리가 날 때마다 엄마가 오셨나 싶어 되돌아보았다.

상을 받아 기쁘다.

→ 태어나서 처음 받은 상장, 잘 보이도록 벽에 걸어두고 찰칵! 할아버지, 할머니, 엄마 아빠, 고모, 삼촌, 형……. 내 핸드폰에 저장되어 있는 모든 사람들에게 전송!

내 방을 꾸몄다.

→ 새로 이사 온 우리집. 벽에는 핑크색 벽지로, 화장대에는 향수와 화장
품들로, 앙증맞고 귀여운 인형들은 침대와 책상 위에 잔뜩!

마음이 아프다.

→ 아깐 분명 뚜렷이 보였던 불빛이 잔상처럼 흐릿하게 보이고, 작은 소
리 하나에도 몸이 움츠러든다.

그는 멋진 사람이다.

→ 그의 성품은 온화하고 자상하며, 행동엔 늘 당당한 기품이 흘러, 그와
함께 있으면 마치 은은한 묵향이 번지는 듯하다.

나는 설렌다.

→ 내 가슴의 콩닥콩닥하는 소리가 마치 공연장에서 스피커 바로 옆에서
듣는 것처럼 크게 울리는 듯했다.

친구가 늦었다.

→ 한참을 시계만 봐도, 계속 핸드폰만 만지작만지작거려도 오지 않던
친구가 미안한 표정을 지으며 내가 있는 쪽으로 헐레벌떡 달려왔다.

나는 지각했다.

→ 알람을 자장가마냥 포근하게 들어버린 대가로 난 지금 짝짝이 양말,
흐트러진 머리, 비뚤게 맨 넥타이 차림으로 발에 불이 나게 뛰고 있다.

각 예문의 둘째 문장들은 모두 '사실을 말하는 문장'이 아니라, '사실
을 보여주는 문장'들이다. 각 문장에 어떤 이미지들과 구체성이 있는지
를 살펴보라. 학생들도 배우자마자 이렇게 쓸 수 있을 만큼, '감각적 표

현을 통해 구체적으로 쓰기'는 그리 어려운 일이 아니다. 마음을 먹고 조금만 신경을 쓰면 누구나 쓸 수 있는 것이다. 우리는 이런 작업을 통해 '사실을 말하는 문장'보다 '사실을 보여주는 문장'이 훨씬 더 구체적이고 개성적임을 또렷이 자각해야 한다.

> 글쓰기에 관련된 오랜 속담이 하나 있다. '말하지 말고 보여주라'는 말이다. 무슨 뜻인가? 이것은 이를테면 분노라는 단어를 사용하지 않고서, 무엇이 당신을 분노하게 만드는지 보여 주라는 뜻이다. 당신 글을 읽은 사람이 분노를 느끼게 하는 글을 쓰라는 뜻이다. 다시 말해 독자들에게 당신의 감정을 강요하지 말고, 상황 속에서 생생하게 살아 있는 감정의 모습을 그냥 보여주라는 말이다.
>
> ―나탈리 골드버그, 권진욱 역, 『뼛속까지 내려가서 써라』에서

독자의 감성 센서를 자극하는 글을 쓰려면, '분노'라는 막연하고 실체 없는 단어 대신, 구체적인 상황 속에서 생생하게 살아 있는 어떤 '모습'을 통해 분노의 감정을 표현해야 한다. 추상을 감각으로 바꾸고, 멀리 있는 것을 클로즈업해서 가까이로 당겨라. 그림을 그리고 그 속에 소리와 움직임을 불어넣듯, 눈앞에서 미세한 느낌이 감지되도록 구체적으로 써야 한다.

> 구체적으로 쓸수록 보편성은 높아집니다. 세상을 움직이려 하지 말고 한 사람의 마음을 움직이세요. 그러면 세상이 움직입니다. ―이강룡

한 사람의 마음을 움직이는 글만이, 세상을 움직이는 글이 될 수 있다. 한 사람의 마음에 감각의 음영을 새겨라. 한 사람의 마음을 움직이는 글은 감각이 살아 있는 구체적인 문장, 사건을 생생히 보여주는 문장에서

기원한다. 소리 없이 떨어져 고요한 못에 연쇄적인 파문을 만드는 빗방울 하나하나처럼!

 실습 과제

1. 예문에서 본 바와 같이, '말하는 문장과 보여주는 문장'의 짝을 10개 이상 써보자.
2. 말하는 문장이 아니라, 보여주는 문장으로 내가 체험한 '변화와 성장'에 대해서 써보자.

감성 지수를 높여라

최영철 시인이 우리에게 들려주는 '감수성 연마하는 비법'을 들어보자.

시를 쓰기 위한 첫 단계는 우선 이런 느낌들을 그냥 흘려버리지 말고 마음속으로 되새겨 보라는 것입니다. 바람이 시원하다는 느낌이 들면 속으로 '바람이 시원하다'고 한번 중얼거려 보십시오. 그러면 짧은 느낌으로 그냥 흘려버렸을 때보다 바람의 시원함을 몇 곱절 더 강하게 받아들일 수 있을 것입니다.

그 다음 단계는, '바람이 시원하다'는 느낌은 누구나 갖는 것이니까 어떻게 시원한지를 느껴 보기 바랍니다. '막혔던 가슴속 응어리를 뚫어 주듯이 시원하다' '바람에 실려 그리운 사람의 향기가 전해져 오는 것 같다'……. 이와 같은 방식으로 순간 순간의 느낌을 반추하는 습관을 가진다면 여러분은 다른 사람보다 몇 곱절 더 풍부한 인생을 사는 것이 됩니다.

이렇게 계속하다 보면 느낌의 양이나 질이 점차 향상되는 것을 실감할 수 있을 것입니다. 이제 눈앞에 보이는 모든 사물과 현상들 모두에게 어떤 느낌을 가지려고 노력해 보십시오. 대문 앞의 쓰레기통을 보며 '너는 매일 그렇게 음식을 먹어도 살이 찌지 않는구나'라든지, 이리저리 뒹구는 휴지 조각을 보며 '너는 아직도 이렇게 배회하고 있구나'

하는 느낌을 부여해 보는 것입니다. 이런 과정에서 여러분은 저도 모르게, 우주 삼라만상과 대화하고 그것들에게 새로운 가치와 생명을 부여하는 시인이 되어 있을 것입니다.

—최영철, 「시를 찾아가는 아홉 갈래 길」, 『시 창작 강의 노트』에서

여기엔 우리가 기억해야 할 아주 중요한 말이 나온다. '느낌을 반추하는 습관!' 자신의 느낌을 반추하게 되면 자신의 '느낌'에 대해서 좀 더 구체적으로 인식하게 된다. 또 그 때문에 절로 느낌의 속성(내용)이 보다 섬세해지고 개별화된다.

> 바람이 시원하다.
> → 바람이 막혔던 가슴속 응어리를 뚫어 주듯이 시원하다.
> → 바람에 실려 그리운 사람의 향기가 전해져오는 것 같다.

'바람이 시원하다'라는 일반적 표현이, 어떻게 시원했는지에 대한 느낌의 반추를 통해 구체적이고 개별적인 표현으로 변하였다. 느낌을 반추하는 습관을 들이면 우리의 '감성의 센서'는 아주 예민해지고 섬세해진다. 우리의 고성능 센서를 무디고 덤덤한 고물로 만들지 말아야 한다. 쓰레기통을 보고서도 다양한 느낌을 가질 수 있고, 휴지 조각을 보고서도 깊은 생각이 촉발될 수 있다. 감성 센서가 살아 있을 때 우리는 풍성한 느낌의 세계에서 살아갈 수 있게 된다. 곧 제대로 살아 있는 사람이 되는 것이다.

> 날씨는 사람의 감정과 기분, 분위기와 활동 여건의 잠재력, 아드레날린의 분비 상태까지도 영향을 준다. 불쾌지수가 높은 장마철 여름날 철공장에서 일을 해야 하는 노동자와 쾌청한 가을날 늦은 오후에

연인과 숲을 산책하는 젊은이를 비교해보라. 따라서 날씨를 적어 넣는 빈칸에는 무작정 "맑음"이나 "흐림"이라고만 적지 말고, "참으로 상쾌한 아침"이라거나 "질퍽한 오후" 그리고 "부슬비가 내리는 슬픈 저녁"이나 "밤에는 우울하게 주룩주룩 유리창에 흐르는 빗물"이라는 식으로 그날의 느낌을 적어 넣는 버릇을 들인다면, 거기에서부터 체험을 수필체로 표현하여 조금씩 현실을 작품으로 만드는 훈련이 시작된다.

—안정효, 『안정효의 글쓰기 만보』에서

날씨에 대한 간단한 기록 하나도 그 속에 감정(느낌)을 담으면 이미지를 띤 구체적인 표현으로 전환된다. 글쓰기는 느낌 하나, 생각 하나에 대한 정성어린 채집과 같다. 맑으면 어떻게 맑은지, 흐리면 어떻게 흐린지 또 그 속에 든 내 감정은 어떠한지에 대한 개별 표현이 있어야 한다. 삶 속에 똑같은 순간이란 없으며, 세상의 모든 것은 저마다 개별적이기 때문이다. 시각과 감성이 무디면 보고 느끼는 바가 빈약해서, 일반적이고 막연한 글밖에 쓰지 못한다. 시각과 감성이 살아 있어야 사소한 것에서도 무수한 차이를 볼 수 있고 또 느낄 수 있다.

분필도 하얀색이고 새똥도 하얀색이지만 두 색의 느낌은 같지 않다. 마찬가지로 흰머리의 흰색과 눈사람의 흰색과 백합의 흰색도 다 제각각 다른 느낌을 준다. 이처럼 하나의 '하얀색'도 느낌이나 이미지 차원에서 매우 다양한 차이를 가지고 있다. 세상은 언제나 끝도 한도 없는 미세한 차이들로 가득하다. 세상에 같은 것은 단 한 가지도 없다.

글이란 그 섬세한 차이와 느낌을 표현할 수 있어야 한다. 최소한 그런 의도만이라도 늘 가지고 있어야 한다. 요컨대 그 차이 속에서 발생하는 다양한 느낌과 이미지들을 잘 살려내는 사람이 바로 글을 잘 쓰는 사람일 터이므로. 늘 자신의 느낌을 반추하고, 감성이 살아 있는 삶을 살아

라. 그러면 내면이 풍성해질 것이요, 글 또한 자연히 그 뒤를 따라갈 것이다.

구체적으로 쓰기 기초 훈련

구체적으로 쓰기를 쉽게 할 수 있는 몇 가지 요령을 배워보자. 우선 쓰고자 하는 글의 핵심 내용을 적고, 그 세부 사항을 연상해서 중심되는 문장을 적으면 글의 기본적인 밑그림이 그려진다. 일종에 가지 뻗기 전법이다.

- 우선 내 장점을 다섯 가지 문장으로 쓴다.
- 다음에는 장점 다섯 가지를 각각 다섯 문장으로 설명한다.
- 다음 단계로 각 장점 하나에 구체적인 실례를 첨가한다.
- 지금 가장 하고 싶은 일 다섯 가지를 써 본다.
- 각각을 다섯 문장으로 서술해 본다.
- 실제로 그 일을 한다고 생각하고 상황을 이야기하듯 써 본다.

—최복현, 『닥치고 써라』에서

이렇게 어떤 주제를 정하고, 그 주제를 설명할 수 있는 핵심 내용을 다섯 가지 정도 적고, 다시 그에 대한 세부 설명을 하면서 구체적인 실례나 상황을 기술하면 글의 내용이 쉽게 구체적이고 풍부하게 변한다. 나무의 가지 뻗기와 글쓰기의 문장 뻗기는 동일한 속성을 지닌다. 글이란 본디 주제를 나타내는 '중심 문장'과 그 중심 문장을 설명하는 '뒷받침 문장'으로 구성되기 때문이다.

인용문의 예를 든다면, 나의 장점 다섯 가지는 중심 문장이고, 다시 각각 다섯 문장으로 설명하는 것은 뒷받침 문장이다. 큰 가지에서 잔가지가 '가지 뻗기'를 해야 줄기와 잎이 무성해지듯 그러한 뒷받침 문장이 있어야 내용을 상세하게 설명할 수 있게 된다. 주제를 정했는데도 글쓰기가 막연할 때는 위의 인용문에서 조언하는 것처럼, 문장의 가지 뻗기를 해보라. 그러면 마인드맵처럼 내용의 실체가 구체적으로 그려질 것이다.

소개하고 싶은 구체적 글쓰기의 또 한 가지 방법은 세부 목록을 작성하거나 염두에 두고서 쓰는 것이다.

> 저는 후기 쓰기가 글쓰기 훈련에 아주 좋다고 봅니다. 신문 기자들이 쓰는 '현장 스케치'와 비슷한 형식의 후기를 꾸준히 쓰다 보면 객관적 · 주관적 글쓰기 실력이 쑥쑥 늘기 때문이죠. 후기를 살리는 요소로는 다음과 같은 것이 있습니다.
>
> '인물 스케치 / 먹을거리 소개 / 장소 소개 / 에피소드 / 명대사 / 주요 안건 / 다음 모임 소개'
>
> 이런 요소를 김치 담듯 잘 버무리면 재미있는 후기가 됩니다.
>
> —김민영, 「어른을 부끄럽게 하는 책 『정세청세』」에서

인용문엔 후기를 쓰는 데 들어갈 '8가지의 조항'이 소개되어 있다. 구체적인 구도나 밑그림이 없는 상태에서 그냥 막연하게 후기를 쓰려고 하면 다소 암담할 수 있지만, 이렇게 쓸 내용을 세분화해서 써야 할 '핵심 사항'을 작성해 두고 보면, 무엇을 써야하는지가 또렷이 확인된다. 그러면 그 하나의 조항에 해당되는 내용을 하나씩 쓰면 그만인 것이다. 이렇게 써야할 세부 사항을 미리 간단히 정해놓고 가면, 내용상 빠뜨리는 것 없이 구체적으로 글을 쓸 수 있게 된다. 아주 간단한 단어 몇 개만 메모하고서 그것을 지도마냥 기준 삼아 쓰면 되니 얼마나 쓰기가 쉬워지

겠는가.

- 나의 오늘을 있게 한 그날 그 아침
- 내 인생을 위협했던 절대절명의 순간들
- 평생 나를 따라다닌 단어 두 가지, 그리고 그 사연
- 나의 사랑하는 이것
- 내가 보장하는 행복의 법칙
- 나의 인생 7계명
- 위안이 필요할 때, 나는 이렇게 했다.
- 잊지 못할 영화 세 편과 그 이유
- 내게는 평생 손에서 놓지 않는 이 책이 있다.
- 내 인생을 이끌어준 북극성
- 나를 오늘에 이르게 한 결정적 습관 2가지
- 죽어도 잊을 수 없는 만남
- 나를 상징하는 에피소드들
- 내가 부모님께 배운 것들

이 목록은 손숙희의 『모닝페이지로 자서전 쓰기』에서 소개된 「이 세상에서 가장 위대한 당신의 이야기를 표현하는 101가지 topic ways」의 일부이다. 자서전은 분량이 많기 때문에 쓰기의 범위가 매우 넓다. 하지만 이렇게 세부 목록을 작성해서 한 편씩 글을 쓰게 되면, 글을 쓰기도 쉬워지고 개성 있는 자서전이나 에세이집을 쓸 수 있게 된다. 세부 항목이 글쓰기의 지도 역할을 톡톡히 해주는 셈이다.

이와 유사한 방법으로 '단어 연상법'이라는 게 있다. (브레인스토밍도 이와 유사하다.) 주제와 관련된 핵심 단어 하나를 먼저 쓰고서, 그 단어를 보면서 자유롭게 연상되는 단어를 이어서 적는 것이다. 예를 들어 '행복'이라는 주제로 글을 쓴다면, '행복'이라는 단어를 쓰고서 연상되는 단어를

5~10개 정도 쓰면 된다. 그러면 행복에 대해 쓸 세부 사항을 쉽게 찾을 수 있다. 또 '첫사랑'을 주제로 글을 쓴다면, '첫사랑'이란 키워드를 쓴 후 연상되는 단어 열 개 정도만 쓰면 내가 쓸 첫사랑 이야기의 핵심 요소들이 자연스런 구상 속에서 쉽게 찾아진다. 나머지는 그 세부목(細部目)에 따라 내용을 하나씩 채워 넣으면 그만이다.

넓은 것은 좁혀야 하고, 막연한 것은 세분화시켜야 하며, 복잡한 것은 분류해서 단순화해야 한다. 그래야 쓰기가 쉬워진다. 핵심어나 써야할 세부 사항은 마치 글쓰기의 시냇가에 놓여 있는 징검다리와도 같다. 부디 물에 빠져 허우적거리지 말고, 자유로운 연상으로 만든 자신의 단어 징검돌을 밟고서 글쓰기의 냇가를 잘 건너가기를!

구체성은 모든 글의 미덕이다

구체적으로 쓰기는 시에서부터 논문에 이르기까지 모든 장르의 글에 고루 쓰이는 중요한 특성이다. 먼저 설명문에 쓰인 구체적인 표현을 보자.

'ㄴ'소리는 가볍고 따뜻하고 부드럽다. 눈, 누나, 누님, 누리, 느리다, 느슨하다, 는개, 나무, 나눔, 사뿐사뿐, 덧문, 무논, 버선, 젖니, 언니, 무늬, 보늬, 하늬, 여느, 오누이, 비누, 비녀, 고누, 저냐, 시내, 아내, 하나 같은 말에서 그 가벼움, 따뜻함, 부드러움이 느껴진다. '니나노'나 '논다니'는 그 'ㄴ'의 가벼움을 극도로 과격하게 실현하고 있다. 'ㄴ'소리의 가볍고 따뜻하고 부드러움은 도란도란, 새근새근, 푹신푹신, 늘씬늘씬, 물씬물씬, 아른아른, 사뿐사뿐, 소곤소곤, 나근나근, 미끈미끈처럼 'ㄴ'받침을 지닌 첩어들에서 잘 나타난다.

—고종석, 『언문세설』에서

'ㄹ'은 흐른다. 술이 철철 흐르고 물이 졸졸 흐르듯. 스르르, 사르르, 까르르, 조르르, 함치르르, 찌르르, 번지르르, 반드르르, 야드르르, 보그르르, 가르르르, 와르르, 후루루 같은 의성어 의태어에서 'ㄹ'은 미끄러지며 흐른다. 물처럼, 술처럼 흐른다. 그것은 더러 데굴데굴, 데구루루 구르기도 한다. 그렇게, 'ㄹ'은 흐르면서 미끄러지고, 미끄러지면서 구른다. 말하자면 'ㄹ'은 움직인다. 나풀나풀, 한들한들 움직인다. 'ㄹ'은 꿈틀거리고 까불거리며 넘실거리고 재잘거린다. 그것은 날거나 놀거나 거닐거나 부풀어오른다.

고려속요 「청산별곡」은 'ㄹ'을 타고 흐른다. 첫 두 연에서 이미 이 노래는 'ㄹ'의 향연이다. 「청산별곡」은 흐르고 구르고 미끄러진다. 그 가멸진 'ㄹ' 소리의 생기발랄에 정신을 팔다 보면 이 노래의 심란한 정조(情調)마저 잊기 십상이다.

—고종석, 『말들의 풍경』에서

우리말 고유어의 언어적 매력을 이렇듯 구체적으로 기술한 글도 보기 드물 것이다. 우리말의 어감과 운율적 특성을 소상히 설명하고 있는 이 글은 '다양하고 적실한 단어 예시'와 그 특징을 정확히 읽어내는 통찰을 통해서 효과적이고 구체적인 의미 전달을 이루었다. 만약 이 글에 그러한 예시가 없거나 혹은 적었다면, 지금과 같은 인상적이고 구체적인 설명은 결코 할 수 없었을 것이다. 예시를 이처럼 구체적으로 할 수 있었던 것은 저자가 지닌 지식과 통찰의 힘 때문이다. 이는 우리에게 구체적인 앎(지식)과 인식이 있어야 구체적으로 쓸 수 있음을 시사한다.

'이해하다'라는 뜻의 영어 단어 understand는 풀어 보면 '아래에 서다'라는 뜻이다. 사람을 이해하려면 '아래에 서는' 단계가 반드시 필요하다. 먼저 인사를 건네거나 이름을 불러주는 것, 이야기를 잘 들어 주

고, 맞장구를 잘 치는 것이 이에 해당한다. 특히 대화를 나눌 때 '경청'
하는 것은 아래에 서기 위한 대표적인 소통의 자세이다.

　다른 사람의 말을 잘 듣는다는 것은 상대의 이야기에 깊은 관심이
있으며 거기서 정보를 얻겠다는 뜻이다. 또한 나를 낮추고 상대를 존
중하며 계속해서 좋은 관계를 유지하자는 뜻이다.

　　　　　　　　　　　　　　　　　　　—최정화, 『14살, 그때 꿈이 나를 움직였다』에서

　어떤 개념을 설명하는 경우도 막연한 것보다는 구체적인 것이 훨씬
낫다. 인용문에선 '이해하다'라는 의미를 영어 어원에서부터 풀어가며
구체적으로 이야기했다. 사람을 이해하려면 '아래에 서는' 단계가 반드
시 동반되어야 한다고 했는데, 그것의 구체적인 모습으로 '먼저 인사하
기, 이름 불러주기, 이야기 잘 들어주기, 맞장구 잘 쳐주기' 등을 제시한
다. 또 경청의 가치도 '깊은 관심'과 '존중과 유대'에 있음을 보다 상세하
게 이야기했다. 그냥 '아래에 서라'고만 했으면 어떤 게 아래에 서는 행
동인지, 그 가치가 무엇인지 알기 어려웠을 것이다. 세부적인 설명이 있
었기에 저자가 말하고자 하는 '아래에 서기'가 무엇인지 독자들은 쉽게
알 수 있게 되었다.

　나는 삶에서 많은 고비를 경험하고 눈물 나는 일들을 맞닥뜨렸다.
지나고 보니 그것들 모두가 나를 깨달음으로 이끌어 준 소중한 도구였
다. 인생은 아름답고 역동적인 스토리를 가진 하나의 멋진 작품이다.
인생의 모든 과정이 금은보화로 치장된 것은 아닐지라도 지금껏 걸어
온 길을 돌아보면 그것은 순간순간 의미를 지니지 않는 때가 없었다.

　신은 때때로 내게 고독을 선물하여 많은 생각과 상념들에서 보다 가
치 있는 것을 길어 내도록 했다. 녹록치 않은 생활 형편을 주어 그것을
극복하려는 노력을 통해 무엇이 꼭 필요한 것인지에 대해 의문을 갖

게 했고, 결국 내면의 것에서 힌트를 발견하는 법을 깨닫게 했다. 자살을 생각할 정도의 내적 방황은 가치관에 진지함을 부여했고, 배고픔에 잠 못 드는 밤은 이른 새벽 별들과 대화하게 했다. 지나고 보니 이 모든 것은 지금의 나를 위한 선물이었다.

—한아타, 『마음의 힘 사용설명서』에서

이 글은 삶의 고통과 시련에 대한 새로운 시각을 갖게 하는 의미심장한 내용을 담고 있다. 저자는 고통에 대한 의미 전복을 자신의 절절한 삶의 체험을 통해 이야기한다.

첫 단락에서 '고통은 나를 깨달음으로 이끌어 준 소중한 도구이고, 삶은 역동적인 스토리를 가진 멋진 작품'이라고 하였다. 그리고 그 이유가 둘째 단락에 상세히 기술되어 있다. 왜 많은 고비와 눈물 나는 고통이 삶의 선물인지, 삶이 어찌해서 역동적인 작품인지에 대해 그 이유가 4가지 세부 측면에서 상세히 서술되고 있다. 이 내용들은 '어떠했기에 때문에, 무엇 할 수 있었다'는 식의 '원인 - 결과'의 구조를 띤다.

① 고독 → 많은 생각과 상념 → 가치 있는 것들 발견
② 넉넉지 않은 형편 → 노력 → 꼭 필요한 것에 대한 의문 → 내면의 답
③ 방황 → 가치관에 대한 진지함
④ 배고픔 → 새벽 별들과 대화

이와 같은 순차적이고 구체적인 설명이 있었기에, 저자가 왜 삶의 고통을 선물이라고 하는지에 대해 독자가 이해할 수 있게 된다. 이해가 선행되어야 공감을 자아낸다. 만약 고통의 긍정적 가치에 대한 새로운 시각과 함께 그 이유가 충분히 설명되지 않았더라면, 이 글은 독자의 공감을 얻어내는 글이 되지 못했을 것이다. 통념을 깨는 '의미의 전복'이 일

어날 수 있을 만큼 진솔하고 구체적인 서술이 뒷받침되었기에 이 글은 '뜻깊은 글'이 되었다.

무릇 그물코가 너무 성긴 그물로는 물고기를 잡을 수 없다. 물고기를 많이 잡고자 한다면 우선 그물코를 촘촘하게 만들어야 한다. 성긴 글로 무엇을 낚을 것인가? 글도 그물과 같다. 구체적이지 않은 글은 살이 헐렁해서 아무 힘이 없다. 어떤 글을 쓰든 독자의 마음을 낚을 심사가 조금이라도 있다면, 어떻게든 구체적으로 글의 그물코를 꼼꼼히 손질해야 한다.

끝으로 한 가지 더. 장르가 있는 글뿐 아니라 '서술형 시험문제'의 경우도 답을 구체적으로 써야 한다. 구체적으로 써야 온전한 답이 되며, 출제자 입장에선 글쓴이가 답을 제대로 알고 있는지 아닌지를 정확히 판단할 수 있다. 예컨대 시험문제가 '풍유법이 무엇인지 예를 들어 설명하시오'라면 풍유법에 대한 예도 들고, 그에 대한 설명도 해야 한다.

"뱁새가 봉황의 마음을 어찌 알리요. 모기를 잡기 위해 장검을 뽑으랴. 사공이 너무 많으면 배가 산으로 간다. 쇠꼬리보다는 닭대가리가 낫다. 원숭이도 나무에서 떨어질 때가 있다. 빈 수레가 더 요란하다. 하룻강아지 범 무서운 줄 모른다. 남의 잔치에 배 놓아라 감 놓아라 한다. 숭어가 뛰니까 망둥이도 뛴다. 뱁새가 황새 쫓아가다 가랑이가 찢어진다. 개구리가 올챙이 적 생각 못한다. 똥 묻은 개가 겨 묻은 개를 나무란다. 집 잃고 외양간 고친다. 때리는 시어머니보다 말리는 시누이가 더 밉다. 낙숫물이 바위를 뚫는다. 뱀의 껍질이 호화로울수록, 버섯의 색깔이 화사할수록 그 독은 치명적이다."

이런 문장에서 보이듯 풍유법은 '무엇을 무엇에 비유한다는 것을 드러내지 않고, 비유하는 말만을 들어 그 뜻을 알게 하는 방법'이다. 어떤 개념이나 사실을 직접 표현하지 않고 다른 대상에 빗대어 풍자적,

암시적으로 표현하는 특징이 있다. 우언, 우화법, 알레고리라고도 일컫는 이 수사법은 도덕적 교훈을 전달하거나 잘못된 것을 풍자하는 데 주로 쓰인다. 상징의 경우는 비유적 함의가 다양하지만, 풍유법은 표현과 비유적 의미가 1대 1의 상응을 이룬다. 전달하고자 하는 메시지가 그만큼 명확하다.

 실제 시험이라면 이렇게 예를 많이 들 필요는 없겠지만, 문제가 요구한 기본 사항을 다 충족시켜서 가능한 구체적으로 적어야 좋은 점수를 받을 확률이 높아진다. 구체적으로 알아야만 구체적으로 쓸 수 있다. 즉 구체적으로 쓰지 못한다는 것은 제대로 알지 못한다는 뜻이다. 시험을 쳐보면 문제의 요구에 맞게 답을 구체적으로 명확하게 쓰는 경우는 대개 50명 중에 서너 명 정도일 뿐이다. 그만큼 '아는 것'을 구체적으로 쓸 수 있는 훈련이 안 되어 있는 것이다. 구체적으로 쓸 수 있어야만 '제대로 아는 것'이다. 즉 지식의 구체성은 그 실력의 깊이와 폭을 담보한다.

6장

글감을 찾는 법

'삶의 모든 순간이 글쓰기 재료다.'
좋은 글은 좋은 글감에서 시작된다. —장하늘

모든 자료를 정성껏 간직하는 일은
글쓰기의 가운데 하나이다. —안정효

글감의 중요성

내가 읽은 글 중에서 글감의 중요성을 가장 잘 시사하는 글은 세계적인 무용가 트와일라 타프가 쓴 다음의 멋진 글이다.

> 나는 마치 재단사가 된 기분으로 최상의 장소에서 긁어모을 거리를 찾는다. 내게는 옷감 한 필과 기름종이로 된 옷본, 그 본을 천 위에 고정시킬 수 있는 핀, 천을 자를 수 있는 가위, 그리고 그 천 모두를 함께 박음질할 수 있는 실이 있다.
>
> 그러나 가장 중요한 것은 옷감이다. 옷감이 좋을수록 내 작품은 훌륭해질 확률이 높다. 그러기에 나에게는 최상의 음악을 찾는 것이 최고의 춤을 만드는 데 가장 중요한 열쇠가 된다. 음악이 좋을수록 춤도 좋아진다. 내 목표는 내 작품을 망치지 않는 것이다.
>
> 조각가들은 재료로 쓸 최상의 돌을 찾아내는 것이 작품의 절반을 좌우한다는 사실을 알고 있다. 모든 것은 재료에 달려 있다. 최고의 재료를 찾아낸다면 일단 고비는 넘긴 셈이다. 영화감독들에게는 캐스팅이 그러하다. 최고의 배우를 캐스팅했는데 영화가 잘 못되는 경우는 드물다. 그것이 바로 내가 대가들 속에서 긁어모으기를 하면서 느낀 점이다. 이로써 나의 목표에 도달하는 것이 훨씬 쉬워진다.
>
> 여러분도 그렇게 해야 한다. 영감을 얻기 위해 책을 읽는다면 가장 뛰어난 작가의 작품을, 그 가운데서도 그들의 걸작을 먼저 읽어라. 그림에서 영감을 찾고 있다면 대가들의 작품을 보아라. 영화에서 찾고 있다면 거장 대열에 낀 감독들에게 초점을 맞춰라. 가장 뛰어난 것들 속에서 긁어모으다 보면 당신이 생각해내는 아이디어는 자동으로 질이 높아질 것이다.
>
> ─트와일라 타프, 노진선 역, 『천재들의 창조적 습관』에서

아무리 뛰어난 요리사도 재료가 없으면 요리를 할 수 없다. 뛰어난 요

리사는 재료 중에서도 가장 좋은 재료를 선택한다. 요리사만 그러한 것이 아니라 모든 분야의 고수들이 다 마찬가지다. 심지어 평범한 농부도 씨를 뿌릴 때 아무것이나 뿌리지 않는다. 씨앗 중에서 가장 좋을 것을 골라서 씨를 뿌린다. 그것이 농사의 성패를 좌우하는 첫 번째 일이기 때문이다.

글감은 글쓰기의 득실 상하를 좌우하는 중요한 기본 재료이다. 마음먹고 간 백화점에서 새 옷을 고르듯, 이왕이면 고르고 골라서 가장 좋은 것을 골라야 한다. 나에게 가장 적당한 것이자 내가 찾을 수 있는 최상의 것을 골라야 한다. 그것은 전투에서 고지를 선점하는 것과도 같다. 고지를 선점하면 싸우기가 훨씬 쉽고 유리해진다.

좋은 글감을 얻기 위해서는 우선 많은 글감을 모으고 검토하는 것이 좋다. 다량의 모래에서 소량의 금을 채취하듯, 한 줌의 재료보다는 한 트럭의 재료에서 금싸라기 같은 글감이 나올 확률이 더 높은 건 당연한 이치다.

> 글을 쓰고 싶다면, 전문적으로 글을 쓰는 작가가 되고 싶다면, 기교도 중요하지만 얼마나 쓸거리를 생산하느냐가 중요하다. 아무리 글을 쓰는 기교를 알고 있고, 우리말을 능숙하게 다룰 줄 안다 해도, 만일 내면에서 나올 내용이 없다면 글을 쓸 수 없다. 글을 쓰려면 얼마나 많은 정보를 어떻게 내 안에 입력하고, 그 정보를 얼마나 잘 소화하고, 그 정보를 얼마나 더 생산적으로 늘려서 출력할 것인지를 고민해야 한다. 그래서 쉼 없이 글이 나올 수 있도록 해야 한다.
>
> ─최복현, 『닥치고 써라』에서

글감은 내가 실제로 체험한 '직접 경험'과 타인을 통해 보고 듣고 읽은

'간접 경험'에서 나온다. 넉넉한 글감을 얻기 위해선 다양한 경험을 쌓고, 풍부하게 견문을 축적해가야 한다. 그 길에 가장 효과적인 것은 독서이다. 직접 경험은 많은 한계가 있지만, 독서는 노력여하에 따라 거의 제한이 없으며, 독서만큼 짧은 시간에 고급 수준의 정보를 많이 습득할 수 있는 방법은 없다. 게다가 세상천지의 가장 뛰어난 대가들과 거장들의 가르침을 손쉽게 만날 수 있는 가장 빠른 길이 책에 있다.

먹은 게 있어야 배설할 게 있는 것처럼, 우리 내면도 입력한 내용이 있어야 출력할 내용이 생긴다. 입력한 내용이 많아야 그 속에서 숙성될 것도 많아진다. 글감에도 양질전환의 법칙이 이루어지는 것이다. 많은 모래를 일궈야 좋은 금을 찾을 수 있다.

> 내용을 정확하고 효과적으로 전달하기 위해서는 풍부하고 다양한 자료가 필요하다. 자료가 풍부하고 다양해지면 그만큼 문장이 다채로워지고 내용이 구체화되어 좋은 글을 쓰는 데 도움이 된다. 자료는 일상생활에서 얻을 수 있는 경우가 많으므로 그때그때 메모를 해두는 것도 좋은 방법이다. 무엇보다 관련 자료에 대한 조사를 통해 글감을 넉넉하게 장만하는 것이 중요하다.
>
> ―이상임 외, 『상상과 창조의 글쓰기』에서

두 가지 재료로 요리를 하는 것과 열두 가지 재료로 요리를 하는 것은 천지 차이다. 한두 가지 재료로는, 좋은 솜씨로도 실력 발휘를 하기가 어렵다. 이처럼 글감이 부족하면 글이 곧잘 궁색해지기 쉽다. 가난한 집엔 먹을 게 없듯이 글감이 부족한 글은 읽어서 얻을 게 별로 없게 된다.

반면 자료가 다양하고 풍부하면 글의 내용도 자연히 그것을 따라갈 것이요, 내용을 기술하는 문장도 다채로워질 가능성이 더 높다. 흔히 하는 말로, 비빌 언덕이 넉넉하기 때문이다. 곡간에서 인심난다는 말이 있다. 풍부한 재료를 모았을 때, 글을 쓰는 마음도 편안하고 넉넉해진다. 예컨대 논문을 쓰는 사람은 관련 자료부터 최대한 끌어모은다. 그것은 연구의 폭과 깊이를 만드는 시작점이요, 일종의 안전망이다.

짐 해리슨은, 우리 작가들은 세상을 만들 5만 평의 땅을 가진 작은 신이라고 말한다. 우리는 그 땅을 마음대로 경작할 수 있다. 그러나 우리의 손이 닿지 않는 더 커다란 세상이 늘 존재할 것이다.

앤 라모트는 우리 이야기 속의 인물을 포함해 모든 사람이 저마다 자신만의 감정적 땅을 갖고 있다고 썼다. 사람들은 제각기 특정한 방식으로 자신의 땅을 돌보거나 돌보지 않는다. 당신의 작품 속 인물의 땅은 어떤 모습인가? 그 사람은 무엇을 키우고 있는가? 그것이 당신의 글에서 드러날 수도 있고 그렇지 않을 수도 있지만, 어쨌든 그것은 그 사람의 내적 삶에 대해 좀 더 알아낼 수 있는 수단이 된다고 그녀는 말한다.

당신의 땅에 대해 생각해보아라. 1천 평이든 5만 평이든 그것으로 당신의 유토피아를 만들어보아라. 그것을 글로 써봐도 좋겠다.

—바바라 애버크롬비, 박아람 역, 『인생을 글로 치유하는 법』에서

누구나 내면에 자신의 내적 영토를 가지고 있다. 글을 쓰고자 하는 사람은 그 내적 영토가 넓고 풍성해야 한다. 나의 정신세계와 지적 영토는 글로 쓸 수 있는 '나만의 유토피아'이다. 내 안에 만들어진 지적 유토피아의 영토는 얼마 정도 되는가?

나는 「첫걸음을 위한 글쓰기 강의록」에서 이런 글을 쓴 적이 있다. "자신이 잘 알지 못하는 것은 타인에게 온전히 가르쳐 줄 수 없다. 마찬가지로 자신이 잘 알지 못하는 것은 글로 온전히 써낼 수가 없다. 내가

명확하게 아는 것, 그것이 내가 글로 쓸 수 있는 기본적인 범위가 된다. 이처럼 지식의 토양이 부족하면 큰 나무나 울창한 숲은 자라나지 못한다. 그래서 평소에 꾸준히 지식을 쌓아가는 것은 글의 토양을 배양하는 좋은 일이 된다. 걸어도 걸어도 끝이 닿지 않을 지적 영토가 내게 있다면, 글로 써서 사람들을 초대할 수 있는 나만의 세계 또한 더 많아질 것이다."

내면의 지적 영토란 나의 정신적 자산이다. 글이란 독자들을 나의 세계로 초대하는 것이다. 넓고 광활한 신천지를 열려면, 다양하고 오랜 발걸음을 통해 많은 것을 배우고 익히고 숙성시켜야 한다. 나의 지적 영토는 세상에 새로운 세계를 만들어내는 시발점이다.

> 모든 글쓰기는 흥미로운 주제 선정과 번뜩이는 문제의식, 그리고 그것을 풀어나가는 힘이 필요하다. 다른 무수한 가능성을 버리고 어떤 논리를, 어떤 흐름을, 어떤 글감을, 어떤 단어를 선택하는 것이다. 그것은 가능성의 숲에서 딱 한 송이의 꽃을 따는 행위이며 그 행위 자체로 자기의 고유한 우주 하나를 만드는 일이다. 그것은 일기와 같은 매우 사적인 글에서 학술 논문이라는 공적인 글에 이르기까지 모든 글쓰기를 관통하는 글쓰기의 본질이다.
>
> ─이상임 외, 『상상과 창조의 글쓰기』에서

주제를 선정하고서 글감을 택하는 경우도 있지만, 글감에서 영감이 촉발해 주제를 정하기도 한다. 아울러 한 편의 글엔 중심 소재가 있고, 그것을 보조하는 소재가 있다. 어느 쪽이든 '글감의 선택'에는 우선순위의 법칙이 작용한다. 무수한 선택지나 가능성 속에서 자신이 말하고자 하는 것에 가장 적합한 글감을 선택해야 한다.

밀가루로 만든 면과 메밀로 만든 면은 결코 같을 수가 없다. 재료에 따라 음식의 맛과 특징이 달라지는 것은 당연한 이치다. 이처럼 같은 솜씨라도 글감에 따라, 글의 속성은 달라지게 된다. 단지 어떤 글감을 사용했느냐에 따라 글의 '수준과 특성'이 상당 부분 정해진다는 뜻이다.

글쓰기는 주제 선정에서부터 퇴고, 탈고에 이르기까지 선택의 연속이다. 좋은 글감을 찾는 것은 그 선택 중에서도 초기의 선택지다. 조각가가 조각 전에 맨 먼저 좋은 돌을 찾아서 동분서주하듯이, 글로 자기의 고유한 우주 하나를 빚는 일은 정녕 좋은 글감을 찾는 데서부터 시작된다.

좋은 글감의 기본 요소

글감은 기본적으로 자신이 잘 아는 것, 자신이 능숙하게 다룰 수 있는 것을 택하는 것이 좋다. 글쓰기에서도 과욕은 금물이다.

> 모든 것이 다 힘의 제한이 있다. 개미에게는 개미 이상의 힘이 없고 기차에겐 기차 이상의 속력이 없다. 사람도 그렇다. 그런 중에도 사람 따라 또 다르다. 김 서방은 김 서방 이상의 힘이 없고 이 서방은 이 서방 이상의 힘이 없다. 제 힘을 초월하지 못한다. 제 힘에 지나치는 바위를 들려다가는 실패한다.
>
> 글도 그렇다. 자기 힘에 부치는 것을 쓰려는 것은 힘에 겨운 바위를 들려는 것과 같은 무리다.
>
> —이태준, 『문장특강』에서

이태준의 비유는 매우 적실하다. 글이란 기본적으로 자신에게 애매한 것을 쓰는 게 아니라, 자신이 명확히 잘 아는 것을 쓰는 것이다. 잘 아는 것이란 체험이든 지식이든 자신이 능히 소화하고 이해해서 '어떤 의미'로서 명료하게 써낼 수 있는 것을 말한다. 쓰는 이의 마음이 저울이라면, 가능한 한 쓰기 전에 글감의 질량과 무게를 정확히 달고서 글을 써야 한다.

시간이 흐르고 '기자 밥'을 더 먹고 난 후에야 나는 어려운 기사를 쉽게 쓰는 방법을 터득했다. 우선 그 내용을 100% 숙지하고 있어야 한다. 쓰는 기자가 이해하지 못하면 결코 쉬운 글은 나오지 않는다. 그리고 그중에서 가장 핵심이 되는 이야기, 독자가 관심을 둘 만한 이야기를 끄집어내야 한다. 그런 다음 이를 쉬운 언어를 골라 단순하게 풀어 써야 한다.

—김지영, 『글 쓸 줄 아는 사람이 되라』에서

흔히 글은 정직하게 써야 한다고 하는데, 기실 글이란 아는 만큼 정직하게 쓸 수밖에 없다. 속이려야 속일 수가 없기 때문이다. 기사뿐 아니라 모든 글이 다 마찬가지다. 쓰고자 하는 내용을 온전히 이해하고 숙지한 상태가 아니면 결코 쉽고 명확한 글이 나오지 않는다. 글은 말로 그려낸 생각의 지도와 같다. 그 '말'의 상태나 수준은 곧 사고의 상태나 수준을 고스란히 반영한다.

데릭 젠슨은 글을 쓰다가 막혀도, 아니 단 한 줄의 글조차 써지지 않아도 좌절하지 않는다. 그는 그런 현상은 나의 머리가 나에게 알려주는 신호와도 같다고 한다. 나에게 글재주가 없음을 알려주는 신호가 아니라, 아직 내가 쓰려는 글감에 대해 충분히 생각하지 못했을 뿐이라고 알려주는 신호 말이다.

—데릭 젠슨, 김정훈 역, 『네 멋대로 써라』에서

우리는 내면이 보내주는 신호를 믿어야 한다. 그것은 더없이 정직한 것이기 때문이다. 글쓰기는 겉과 속이 투명한 정면 승부다. 내가 소화하지 못한 것을 뱉어내면 독자는 더더욱 그것을 이해하기 어렵게 된다. 내가 온전히 이해하지 못한 것을 독자들에게 이해하라고 하는 것은 억지요 기만이다. 내가 충분히 끌어안을 수 있는 것을 쓰거나, 충분히 끌어안은 후에 쓰는 것이 좋다.

> 글감은 근거가 확실하고, 다양하고 풍부하며, 주제를 뒷받침하고, 작자 및 독자의 관심거리여야 한다. 이를 위해서는 기회가 있을 때마다 꾸준히 글감들을 모으는 자세와 깊이 있고 폭넓은 독서가 필요하다.
>
> —최숙인, 『대학생을 위한 실용글쓰기와 예절』에서

예컨대 좋은 식재료는 원산지의 근거가 확실하고, 다양하고 풍부하며, 만들고자 하는 요리를 잘 뒷받침하며, 먹는 이가 좋아할 만한 것이어야 한다. 좋은 글감의 속성도 이와 다르지 않다. 근거가 확실할수록 독자에게 신뢰감을 줄 것이며, 다양하고 풍부할수록 글의 의미가 풍성해질 것이며, 주제에 잘 부합되어야 '주제와 글감'이 함께 빛날 것이며, 독자가 좋아할 만한 것이어야 흥미를 줄 수 있을 것이기 때문이다.

좋은 글감을 찾기 위해선 많이 돌아다녀야 한다. 특히 책은 세상의 다양한 글감이 가득 모여 있는 글의 상자요 시장이다. 시장에서 식재료를 고르듯 폭넓은 독서는 좋은 글감을 얻는 효과적인 한 방법이 될 것이다.

내가 "글쓰기!"라고 말하는 것처럼 자신 있게 말할 수 있는 당신의 키워드는 무엇인가. 아직 없다면 지금부터라도 만들어야 한다. 자신이 어떤 것에 관심이 있는지 생각해 보라. 그저 막연히 "작가가 되고

LQ 글쓰기 스터디 1

싶다!"라고 해선 글솜씨를 아무리 갈고 닦아도 작가가 되기 힘들다. 필력이 아무리 뛰어나도 하나의 키워드를 확실히 쥐고 있지 않은 사람은 작가가 되기 어렵다. 반면에 필력이 좀 떨어져도 키워드를 갖고 꾸준히 공부한다면 작가가 되는 길이 더 앞당겨진다. 당신 주위에 책을 출간한 블로거들을 둘러보라. 그들은 대단한 필력의 소유자라서 책을 낸 게 아니다. 무명의 작가 지망생은 출판사 관계자들에게 어필할 수 있는 강력한 키워드 하나를 갖고 있는 게 좋다.

관심 있는 주제라면 키워드는 무엇을 정해도 좋다. 다만 너무 식상해서도 안 되고 너무 특이해서도 안 된다. 범위가 너무 넓어서도 안 되고 너무 좁아서도 안 된다. 책 한 권으로 엮을 수 있는 키워드를 정해서 삼 년 정도 공부해라. 키워드를 갖고 삼 년을 보내는 것과 막연하게 삼 년을 보내는 것은 엄청난 차이다. 키워드를 머릿속에 항상 새기고 있어야 신선한 자료들이 보인다. 맨눈으로 보면 백사장에 모래밖에 없지만 그 위에 자석을 대고 쓱쓱 훑으면 쇳가루가 묻어 나온다. 자석을 갖고 있는 사람은 애써 쇳가루를 찾으려고 할 필요가 없다. 그냥 자석만 들고 이리저리 돌아다니면 쇳가루가 알아서 모인다. 키워드를 품고 있으면 "자료를 수집하는 것이 아무런 문제가 되지 않는다." 자료들이 제 발로 당신을 찾아온다.

─배상문, 『창작과 빈병』에서

나의 키워드는 내 글쓰기의 그물이요, 내가 글로써 실현할 수 있는 내 세계의 골자이다. 그것은 내 컨셉을 만들고, 가야할 정확한 방향성을 제시한다. 전복 요리와 전복이라는 재료가 분리되지 않는 것처럼, '나의 키워드'는 주제와 글감을 함께 포착한다.

"글은 바다에서 고기를 잡는 것이 아니라 가두리 양식장에서 그 안에 있는 고기만 잡는 것과 같다."(최복현) 내가 잡을 물고기는 무엇이며, 나의 가두리 양식장은 어떤 것인가?

나의 키워드는 나의 중심 관심사이자, 내가 하고 싶은 말의 소용돌이이다. 내 가슴에 맴도는 것, 깊이 새겨져 또렷한 것, 내 안에서 넘쳐 밖으로 흐르는 것이 키워드다. 글이란 자신이 쓰고 싶은 바를 쓰는 것이다. 자기가 좋아하고 흥미를 느끼는 것, 친밀해서 잘 아는 것, 더 탐색해보고 싶은 것, 내가 찾은 '남과 나누고 싶은 어떤 것들' 사이에 좋은 글감이 놓여있다. 그래서 좋은 글감은 사람마다 다 다르며, 다를 수밖에 없다.

글감은 글의 주제와 밀착되기 이전에, 내 마음에 밀착되는 것이어야 한다. 내 마음에 착 달라붙는 것이자, 내가 꼭 표현하고 싶은 것이 좋은 글감의 첫 번째 조건이다. 글감은 글을 구성하는 살이다. 그 살은 내 심장의 뜨거운 피가 흐르는 것이라야 한다.

"어쨌든 우리가 평소 느끼는 그 자체가 곧 자기 글쓰기의 씨앗인 것이다. 평소 느낌, 일상 화두, 자기 고민이 곧 자신의 글감인 것이다. 그런데 그것을 그대로 소모해 버리거나, 평소 자신이 느끼는 것에 귀를 기울이지 않거나, 혹은 평소 자신이 느끼는 것과 동떨어진 다른 것을 찾으려고 과욕을 부리면, 글감은 자연히 말라붙고 상상력은 샘솟지 않는다."
(이만교)

내 느낌을 자극하고 내 마음속에 깊이 들어와 깃든 것들이 언제나 좋은 글감의 진원지이자, 내가 써야 할 것들의 최초 원산지이다.

글감 찾는 법

좋은 글감을 찾는 최선의 방법은 무엇일까? "자신의 평소 감정, 지금·여기에서의 느낌에 몰두해야 한다. 모든 기미와 징후들이 이미 그 속에 모두 들어 있다"고 주장하는 다음의 이 글에서 그러한 답을 찾을 수 있지 않을까 한다.

그러나 반대로 뚱뚱하고 못생긴 여성이 뚱뚱하고 못생긴 여성으로서 갖게 되는 특유의 경험과 갈등을 묘파하면 그것이 에세이든 리포트든 단편소설이든 충분한 반향을 불러일으킬 수 있다. 또 백수 무명작가가 무명작가의 생활을 담담하게 서술하면, 이것으로 계약직 노동자 문제 이상의 반향을 불러일으킬 수 있다. 바람직한 모든 사회적 이슈나 인문학 담론들은 그 자체로 바람직한 것이 아니라, 우리 개개인이 일상에서 느끼는 내용과 맞물려 있어서 바람직한 것이다.

어떤 문제에 대해 글을 쓰려면 그 문제에 대해 깊은 감수성과 고민 능력이 있어야 한다. 달리 말하면, 그 문제에 대한 깊은 감수성과 고민이 많은 사람이 그 문제에 대해 글을 가장 잘 쓸 수가 있는 것이다. 키 때문에 고민하는 사람은 키에 대해서, 게으름으로 일관해 온 사람은 게으름에 관해서, 학벌이 높지 않은 사람은 학벌 문제와 콤플렉스에 관해서, 몸이 아픈 사람은 몸이 아픈 사람의 감성에 대해서 가장 잘 이야기할 수 있다. 아이스크림을 좋아하는 사람은 아이스크림에 대해서, 사람 만나기를 좋아하는 사람은 사람 만나는 재미에 대해서 제일 잘 이야기할 수 있다. 그리하여 심지어 "나는 이러이러한 이유로 글을 잘 못 쓴다"고 한다면 바로 그 이러이러한 이유에 대해서, 그 사람은 매우 잘 쓸 수가 있는 것이다. "나는 이러이러한 이유로 시간을 뺏겨서 글을 못 쓴다"고 한다면 이러이러한 그 이유에 대해 나는 매우 잘 쓸 수 있는 것이다.

―이만교, 『나를 바꾸는 글쓰기 공작소』에서

등잔 밑이 어둡다고 했듯 글감도 발밑이 어두울 때가 많다. 이미 내 가장 가까운 곳에 좋은 소재가 널려 있는데, 그것을 간과하고 먼 곳에서만 찾고 있는지도 모른다. 먼 곳은 지금 내가 있는 곳이 아니다. 가까운 데서 답을 찾고 먼 데로 나아가야 한다.

나는 학생들의 과제를 채점하다가 전혀 예상치 않게 눈물을 흘린 적이 있다. 그 학생이 쓴 3편의 글을 소개한다. (과제로 제출한 15편의 사색록 중에 3편이다.)

1. 미(美)의 기준

"돼지야!" 이 소리에 움찔거리며 낯선 곳에 일부러 떨어뜨려 놓아진 '길을 잃고 울먹이는 어린 아이'처럼 세상을 향해, 사람들을 향해 발을 내딛는 것이 두려웠던 지난날이 있었다.

날씬한 여자들이 '더' 날씬해지기 위해 하는 다이어트가, 내겐 잃어가고 있는 날 위해, '날 살리기 위해' 꼭 필요한, 필사적인 것이었다. 숨바꼭질이 끝난 후에도 나타나지 않고 술래를 기다리는 아이처럼, 강한 자신감을 가진 진짜 나란 아이는 그렇게 오래도록 어딘가에 꽁꽁 숨어 있었다.

몸무게를 쌀 한 가마니에 비유하거나 고기 무게 달듯 한 근 두 근 하는 사람들. 특히 100킬로그램을 굳이 0.1톤이라고 운운하는 사람들. 이런 사람들은 뚱뚱한 사람들에 대한 편견을 버리지 못한다. 아니, 버리려 노력도 하지 않는다. 도대체 뭘 먹고 저렇게 쪘나, 왜 안 빼나, 자기 관리를 저렇게 안 하나…….

나는 뚱뚱한 사람들이 받는 무차별적인 인신공격을 받고 자랐다. 헬스장에서 두 시간 사이클을 타고 밥 한 숟가락을 먹고 러닝머신 한 시간 뛰고 과일 한두 조각을 먹는 식으로 살아왔다. 움직이지 않으면 음식의 대가를 바래선 안 됐다. 그것이 온전한 세상의 이치다.

칼로리로 압축된 세계는 굶어죽는 아이들이 가득한 소말리아의 어느 참혹한 마을 같았다. 지금도 먹고 마실 것이 없어 안타깝게 죽어가는 사람들, 그런 사람들을 위해 봉사하는 사람들까지. 그러나 다른 한편에선 뚱뚱하다는 죄로 일부러 먹지 않고 고통스러워하는 나 같은 사람도 있다. 아이러니하다.

'내면'의 아름다움을 강조하고 모두들 알고는 있지만, 결국 사회가 바라보고 중요시하는 건 '외면'의 아름다움이다. 스키니진 사이즈는 얼마인지, 치마 입었을 때 최소한 욕먹지 않을 다리인지, 옷 가게에서 무시 못할 몸매를 갖추고 있는지가 중요하다. 그리고 그들이 맞춰놓은 미의 기준에 부합하지 못하면 가차 없이 비난한다. 과연 미의 기준은 무엇일까. 미의 기준을 바꿀 자신과 미의 기준에 역행할 수 있는 배짱이 없다면 세상이 맞춰놓은 미의 기준을 따라야 하는 걸까.

결국 나 자신조차도 지금까지 날 위해서가 아니라, 사회의 시선에 날 맞추기 위해 끝이 보이지 않는 다이어트를 계속 하고 있다. 사회가 바라는 미의 기준에 아직도 모자라다면, 앞으로 어떻게 해야 하는 걸까. 그리고 그 대가로 얻는 건 과연 무엇일까. 풀리지 않는, 아니 영원히 풀 수 없을지도 모르는 이 문제가 나를 답답하게 만든다.

2. 콤플렉스(Complex)

문득 내 인생이 삼류 소설 속 오타처럼 느껴질 때. 하루 종일 천장만 올려다보며 바보, 병신, 멍청이를 되뇌이는 밤. 나는 벽장 속 어딘가에 묵혀둔 앨범을 들추듯 과거를 꺼낸다. 한 장을 넘기면 울고 있는 내가 보이고, 두 장을 넘겨도 울고 있는 내가 보였다.

모든 사람에겐 콤플렉스가 있다. 하지만 난 내 자신 자체가 '콤플렉스덩어리'였다. 나를 사랑하지 못한다는 것. 그것은 무엇보다 고통스럽고 견뎌내기 힘든 사실이었다. 나를 사랑하지 못하는데, 다른 사람들에게 인정받길 원하는 건 내 이기적인 욕심이라는 것을 얼마 안가 깨닫게 되었다. 하루에 한 번 정면으로 거울 응시하기, 자기 전 내 용기를 북돋는 한두 마디 정도 해보기 등. 막막하지만 해볼 만한 것이었다.

그것들 말고는 내가 할 수 있는 방법이 없었다. 지금도 당당히 날 사랑한다고 말할 수 없는 내가 한심하고 미워지려 하지만 이런 모습조차 훗날 당당한 나를 위한 아슬아슬한 절벽타기라고 생각하며 날 다독인다.

절벽을 타기 위해선 밧줄이 필요하듯이 난 그 밧줄을 잡고 천천히, 아주 간신히, 더디게 아슬아슬한 절벽타기를 하고 있지만 곧 정상에 올라가 당당히 날 향해 '사랑해!'라고 외칠 수 있기를. 또 그 외침이 메아리로 퍼져 세상에 알려질 그 날이 오기를.

3. 내 편

얼마 전, 자기비하와 열등감에 사로잡혀 대인공포증을 겪다가 결국 우울증에까지 걸린 적이 있었다. 서면 길거리를 혼자서 활보하며 걷는 게 내 꿈이었을 만큼, '혼자서' 사람 많은 거리를 걸어간다는 것은 그 당시 나로서는 상상조차 못할 일이었다. 외출하는 일은, 해서는 안 될 크나큰 일을 저지르고 엄마에게 혼나기 직전의 긴장과 흡사했다. 내 긴장과 두려움을 나타내는 일은 주위사람들에게는 적잖이 스트레스였을 것이다.

주위사람들에게는 '별것 아닌' 것으로 우울해 있는 나를 달래는 일도 지치는 일이었을 것이다. 그런 사람들의 태도가 나에겐 큰 상처로 다가왔다. 가족마저 날 대하는 걸 힘들어 한다는 느낌을 받았을 때는 더 이상 이 세상에 남아 있고 싶은 미련마저 사라졌다.

도저히 내 의지만으로는 힘들겠다고 생각하여 찾은 병원에서도 온몸에 '긴장'이란 벽을 쌓고 떨리는 마음으로 의사선생님과 대면했다. 그리고 오랜만에, 정말 오랜만에 내 속에 있는 이야기를 찬찬히 해나갔다. '네가 왜 힘들어하는지 이해해' 하는 듯한 의사선생님의 따뜻한 눈빛에 죽어가던 내 영혼이 살아나는 듯한 느낌을 받았다.

결국 나는 언제나 내 곁에서 날 믿어주고 이해하는 내 손을 잡고 함께 걸어주는 '내 편'이 필요했던 건지도 모른다. '사람은 원래 외롭다'는 말이 나오는 이유도 사람은 '내 편'에 목말라 있기 때문이 아닐까. 모진 비바람에도 흔들리지 않는 뿌리 깊은 나무처럼 나에게 내린 뿌리로 날 지켜주기를, 언제나 내 곁에 있어주기를 바라기 때문인 것 같다. 내가 사랑하는 가족, 친구 그 누군가가 감당하지 못할 괴로움에 사로잡혀 극심한 외로움에 시달릴 때, "난 네 편이야" 하며 위로하고 싶다.

이런 경험과 상처가 없는 이가 어떻게 이토록 속내 절절한 글을 쓸 수 있으랴. 글을 읽으며 나도 모르게 마음이 먹먹해져서 눈물이 났다. 우리의 사회적 혹은 개인적 편견이 비만을 가진 여학생에게 그토록 큰 상처를 주는 줄은 미처 몰랐다. 미모지상주의 세상에서 죄 없이 상처받은 여학생을 보면서 나는 왠지 자꾸 부끄럽고 미안했다. (글의 수준이나 완성도를 떠나) 이 글은 그 여학생이 밝힐 수 있는 가장 소중한 진실을 잘 전해주고 있는 듯하다.

나는 이 학생의 글을 통해 '지극히 나다운 것과 개인적인 모습, 사소한 고민들이 더없이 좋은 글감'이 될 수 있음을 절감했다. 그것은 오직 나만이 할 수 있는 이야기이기 때문이다. 우리는 자존감을 가지고, 내 삶과 나 자신을 더욱 깊게 들여다보아야 할 것이다. 내 삶의 모든 그늘 속에, 나의 모든 고민과 느낌 속에 진정으로 내가 이야기해야 할 것들이 어떤 특별함을 간직한 채 그득 들어 있을 것이므로.

'깊은 감수성'과 '고민능력'은 언제나 자기 마음에서 가장 가깝고, 자기 삶의 테두리에 가장 친밀한 것에서 배태된다. 사람은 자기가 관심 없는 것을 깊이 고민하거나 잘 살피는 법이 없다. 우리가 할 이야기는 '내가 좋아하고 싫어하는 것, 내게 가장 심각하고 절실한 것, 내 마음을 가장 많이 건드리는 것들 사이에 있는 것이다. 지극히 개인적인 것은 지극히 고유하고 개별적인 것이기도 하다. 세상에 하나밖에 없는 글감, 나만이 쓸 수 있는 글감은 지극히 가깝고 지극히 사소하며 아주 친밀한 데 있다.

내 감정을 자극하고 두드리며 내 마음속에 가장 깊이 혹은 많이 들어와 있는 것, 내가 가장 진지하게 탐구하고 고민하는 것들은 내게 '생생한 느낌'으로 살아 있는 삶의 횟감과도 같다. 그것의 본질은 내 삶과 영혼이 녹아들어 있다는 점이다. 내 삶과 영혼이 제대로 들어 있지 않은 글은 가짜이거나 쭉정일 뿐이다. 자신의 평소 느낌과 관심을 존중하는 태도가 중요한 이유는 이 때문이다.

글감은 지금 여기의 내 삶에 기초해야 하고, 자신의 평소 느낌과 관심사에서 촉발되어야 한다. 우리는 세상에 너무 기죽어 있다. 하지만 자기 삶에 대한 자긍 없이는, 자신의 삶과 영혼이 살아 있는 글을 쓸 수 없다. "자상한 부모가 아이를 보살피듯 평소 자신이 느끼는 느낌 하나하나에 세밀하고 민감하게 반응하여, 그 속의 바람직하고 긍정적인 잠재성들을 찾아내야 한다." 내 삶의 느낌과 고민 속에 숨어 있는 '긍정적인 잠재성'들을 찾아내서, 그것에 어떤 의미와 가치를 부여해내는 것이 글쓰기의 본질이다.

"체험이 그럭저럭이면 글도 그럭저럭이다. 사는 게 그럭저럭이면 글도 그럭저럭이다. 화끈하게 부딪쳐봐야 우여곡절이 있는 스토리와 드라마를 생산한다."(고경태) 자신의 느낌이 그럭저럭이거나 고민이 그럭저럭이면 글도 그럭저럭일 수밖에 없다. 글쓰기는 하나의 체험을, 하나의 느낌과 고민을 진지하고 섬세하며 깊이 있게 들여다보는 작업이다.

비록 체험이 풍부하더라도 그 속에 있는 본질을 간파할 만큼 깊이 파고드는 자세가 없으면 새로운 의미와 가치는 찾아지지 않는다. 글의 개성이나 생명력은 '자기 자신의 실질적 느낌과 고민들 사이에 있는 진실'을 파악할 수 있을 때 얻어진다.

> 무엇을 쓸지를 생각할 때 뭔가 대단한 것, 거창한 것, 특별한 것을 써야겠다는 생각이 드는 순간 쓸거리들이 사라진다. ―최복현

> 작가로서 나는 책을 쓸 소재를 갖고 있지 않다. 내가 가진 것은 삶의 잡동사니와 파편들, 언어로 각인된 누군가의 소소한 대사와 소소한 몸짓과 배경뿐이다. 나는 그것들을 조리 있게 열거하여 하나의 논리로 만든다. ―리처드 포드

"진리는 언제나 손 안에서 발견된다"는 몽테뉴의 말을 가슴에 새겨두자. '손 안에서 발견되는' 순간이란 다음과 같은 경우를 말한다.

'주의를 끌었던 관찰에서, 문득 떠올랐던 아이디어에서, 남에게 받은 질문에서, 의문·불만·희망 따위에서, 기억 속에 맴도는 경험에서' 이들에서 나온 내용들을 작은 노트나 카드에 기록해 두고 생각의 씨로 삼는다. —장하늘

위의 세 사람의 말은 동일한 방향을 가리키고 있는 듯하다. 작고 가까운 것에 답이 있다. 일찍이 시인 윌리엄 브레이크는 "한 알의 모래 속에서 우주를 보며, 한 송이 들꽃 속에서 천국을 본다. 그대 손바닥 위에 무한을 쥐고 한 순간 속에 영원을 보라"고 하였다. 작은 일상에 숨겨져 있는 거대한 진실을 보고, 소소한 파편들 사이에 깃들어 있는 숱한 진리를 볼 수는 없을까? 그런 일은 예지의 시인에게만 가능한 것일까?

소소한 것 속에 깃들어 있는 커다란 것, 거대한 것 속에 있는 작은 것, 끊임없이 변하는 것과 늘 변하지 않는 것, 그 모든 것의 얽힘 사이를 보는 직관의 눈. 네 속에 있는 나와, 내 속에 있는 세상을 감지하는 예리한 촉수. 우리가 제대로 키워내지 못했을 뿐, 우리 안에는 누구나 그러한 눈과 촉수가 있다. 네 삶 속에 내 삶의 모습이 있고, 내 욕망 속에 네 욕망도 그림자처럼 포개져 있다. 내가 숨 쉬는 공기가 곧 네 속으로 들어가는 공기이듯, 모든 것은 언제나 끝없이 잇닿아 있다. 우리가 보고 느끼고 생각하는 것은 지극히 제한적이지만, 그것은 우주법계라는 거대한 맥락 속에서 반드시 연결되어 있는 법이다.

그렇다면 세상 속의 '나라는 작은 삶'에서 우리가 볼 수 있고 느낄 수 있는 폭과 깊이는 얼마나 되는가? 어떻게 해야 그것을 더 확장시킬 수 있는가? 어떻게 해야 나의 의미를 조금이라도 더 찾을 수 있을 것인가!

감수성과 관찰력은 관심(關心)에서 나온다. 관심이란 말 자체가 '마음과 연계되었음'을 뜻하니, 관심이 없으면 보아도 보이지 않고, 닿아도 느껴지지 않는다. 관심이란 곧 깨어 있는 주의력이다. 관심의 눈과 촉수가 살아 있어야 잘 보고 잘 느낄 수 있다. 자신의 눈과 감성이 살아 있어야, 무엇을 보고 무엇을 체험하든 풍부하고 실질적인 '개인의 느낌'을 얻게 된다. 모든 글감은 그 느낌에서, 그 느낌의 양과 질에서 쓸거리를 얻게 되는 것이다.

친구랑 같이 밥을 먹거나, 길거리에서 지나는 사람들이나 간판을 보는 일에서도, TV의 드라마 내용이나 광고에서도 진지한 문제의식만 있다면 관성에 젖어 있는 통념들을 깨고 많은 것을 발견할 수 있다. 소소하고 평범한 일 하나에도 많은 것을 떠올리고, 느끼고 생각하고, 성찰할 수 있는 것은 모두 그런 감성과 관찰력에서부터 시작된다. 단언컨대 감각과 생각을 깨우는 '유심히!'가 이 모든 것을 낳는다. '유심히'는 글쓰기의 심장에 닿는 직행노선이다.

이런 점에서 글쓰기는 원천적으로, 그럭저럭 사는 삶의 자세를 거부하는 데서부터 나온다. 어디에서 어떻게 뒹굴고 뛰든, 대충 보고 대충 느끼고 대충 생각하는 이는 '대충 보고 느끼고 생각한 것' 말고는 쓸 게 없다. 글을 잘 쓸 수 있는 사람은 눈과 가슴과 생각이 제대로 살아 있는 사람이다.

비슷비슷한 하루를 보내도 경험을 체감하는 정도는 사람마다 천차만별이다. 하루를 쓸 자리에 1년이나 10년을 넣어도 마찬가지다. 누가 봐도 파란만장한 인생을 산 것 같은 사람도 막상 자서전 한 권을 써보라고 하면 버거워 할 수 있다. 반면에 평생을 시계추처럼 집과 직장만 단조롭게 왕복한 사람도 얼마든지 통찰력 가득한 에세이집을 써낼 수 있다. 이것은 경험의 양이 반드시 지혜의 양으로 전환되지는 않음을 의미한다. '무슨 경험을 했느냐'가 중요한 게 아니라, '그 경험이 어떤 의미가 있느냐'를 따져 보는 능력이 훨씬 더 중요하다.

—배상문, 『아이디어 에러디어』에서

똑같은 체험을 하고서도, 잘 보고 잘 느끼고 잘 생각하는 사람은 더 많이 보고 더 많이 느끼고 더 많이 생각하게 된다. 이런 선순환은 고스란히 더 풍성한 체험의 양과 질로 이어진다는 얘기이며, 더 깊고 높은 세계 인식과 풍요로운 내면으로 전환됨을 의미한다. 진실로, 보고 느끼고 생각하는 힘이 글쓰기를 촉발시키는 핵심 동력이다. 글쓰기는 관찰력, 감수성, 사고력이라는 세 다리로 서는 솥과 같다. 어느 한쪽 다리도 부실해서는 제대로 설 수 없다.

> 요컨대 실제로 겪은 일이 거의 비슷할 때조차도 그것을 그저 '무심히' 흘려 넘기는 사람보다 자신이 보고 듣고 겪는 일 하나하나에 크고 작은 '의미'를 부여하는 데 익숙한 사람이 더 풍부한 경험을 지니게 된다. (…)
> 따지고 보면 세상에 말 그대로의 의미에서 '무의미'한 일이란 하나도 없다. 단지 내가 의미를 발견하는 일과 그렇지 못한 일이 있을 따름이고, 사소한 일에서도 매우 큰 의미를 발견하거나 매우 중대한 일에서도 별다른 의미를 찾지 못하고 무심히 놓쳐버리는 것은 거의 마음먹기에 달려 있다. 좀 더 냉소적으로 말한다면, 사람이란 어차피 자기가 보고 싶은 것만 보고 듣고 싶은 것만 듣도록 프로그램된 존재이다. 그래서 파란만장한 우여곡절이 많은 사람이 비교적 평탄하고 무난하게 산 사람보다 더 풍부한 경험을 가질 가능성이 높은 것은 여전히 사실이지만, 그것이 결정적 관건은 아니다. 오히려 그보다는 다른 사람이라면 그저 무심히 스쳐지날 수도 있는 사소하고 자질구레한 순간까지

도 놓치지 않고 자신의 의미망 안으로 포착해내는 힘이 풍부한 경험을 쌓는 데 훨씬 더 중요한 기반이다.

　　　　　　　　　　　　　　　　　－변정수, 『편집에 정답은 없다』에서

'무심히'는 렌즈 없는 망원경과 같아서 모든 것을 다 흘려보낼 뿐 무엇을 봐도 별다른 의미를 찾지 못한다. '무심히'는 자기 안에 있는 감성 센서와 사고력 터빈을 오프 상태로 만들어 놓는다. 무의미는 바로 '무심히'에서 나오는 것이다.

반면 '유심히'는 렌즈가 장착된 현미경과 같아서 온갖 삶의 양태와 변화 속에서 끊임없이 보고 느끼고 생각하는 힘을 지닌다. 내가 보고 느끼고 경험한 세계는 그냥 흘러가 버리는 것이 아니라, 나의 의미망 안으로 들어와 새로운 의미들로 재정립된다. 의미는 바로 '유심히'에서 나오는 것이다.

"새로운 소재는 모든 사람의 눈에 보이는 것이 아니고, 새롭게 세상을 보려는 눈을 가진 사람에게만 보인다."(한승원) 관심의 눈, 마음의 눈을 떠서 보이는 것과 보이는 것 너머를 함께 볼 수 있기를. 그리하여 우리가 놓치고 지나온 무수히 많은 의미들을 찾아낼 수 있기를. 그래서 우리도 이런 말을 할 수 있게 되기를. "우리가 삶에서 사소한 대상들에 관심을 기울이고, 그것의 진가를 알아본다면 가치 있는 삶을 창조할 수 있다." (로스바트)

글 쓰는 내용은 글 쓰는 사람이 느끼기에 달렸다. 아무리 희한한 재료라도 평범하게밖에 느끼지 못했으면 그 글은 심심할 것이요 아무리 평범한 재료라도 묘하게 느끼기만 했으면 그 글은 재미있을 것이다.
처음에는 흔히 재미있는 굉장한 재료만을 취급하려 든다. 그래야만 글이 재미있고 굉장해질 줄 안다. 그것은 당치않은 욕심이다. 처음에는 느끼는 공부가 필요하다. 느끼는 공부는 아무것도 없는 듯한 평범한 데서 해야 된다. 평범하여 아무도 눈을 던지거나 귀를 기울이지 않는 데다 눈을 크게 뜨고 귀를 밝혀야 한다.

평범한 속에서도 아름다움이나 재미있음은 얼마든지 있다.

—이태준, 『문장특강』에서

'새로운 것을 보는 것'보다 더 중요한 일은 '새롭게 보는 것'이다. 언제나 대상보다 더 중요한 것은 세상을 보는 '나의 눈'이다. 새롭게 보는 눈이 없으면 무엇을 봐도 새로움과 그 속에 깃든 깊은 의미를 발견하지 못할 테니까! 천진한 아이의 눈 속에서 세상은 늘 새롭고 신기한 것들로 가득 차 있다. 관심과 호기심의 눈을 가지고 새롭게 보려는 눈만이 새로운 것을 발견하고 느낄 수 있다.

'감동(感動)'이란 느껴서 마음이 움직인다는 뜻이다. 글은 내 마음을 움직인 것에 대해, 그것이 지닌 의미에 대해 쓰는 것이다. 삶은 마음의 움직임을 따라 흐른다. 내 마음을 움직인 것이라야 독자의 마음도 움직일 수 있다. 그러므로 내가 느낀 것 중에서 가장 인상적이고, 가장 깊이 많이 느낀 것들이 쓰기의 첫 질료가 된다. 그것은 진실한 것이기에 대개 평범과 가식의 껍질을 벗는다.

무엇이 나를 남다르게 하는가? 남이 보지 못하고 남이 느끼지 못한 것을, 내가 보고 느낄 때는 언제나 내 시각과 감성과 의식이 남보다 더 깨어 있거나 남다르게 열려 있을 때이다. 감각 기관이라는 내 생의 촉수가 내 영혼과 함께 생생하게 깨어 있을 때, 보슬비가 못에 떨어지듯 다양한 감정이 촉발하고 풍부한 상상력이 깃들게 된다.

작가란 다른 사람이 삶에서 놓치는 것들—못 보거나, 안 보거나, 지나치거나, 간과한— 중에서 삶의 비밀이나 비의(悲意), 인생의 촉수(觸手)를 포착해 올리는 사람일 것이다. 누구나 다 알고 있는 산의 웅장함이나 난의 향을 매끈한 문장으로 풀어간다 해도 그것은 문장력의 과시일 뿐 문학의 아름다운 힘으로 독자의 가슴에 파고들기는 어렵다.

—박미경, 「사람 · 순간 · 열정」에서

작가는 다른 사람들이 관심을 기울이지 않는 것을 쓰는 사람이다. 예를 들어, 우리의 혀, 팔꿈치, 수도꼭지에서 흘러나오는 물, 뉴욕시의 수많은 쓰레기 트럭들의 종류, 시골마을 낡은 자주빛 전광판…. 작가의 임무는 평범한 사람들을 살아 있게 만들고, 우리가 단순한 존재이지만 특별하다는 사실을 일깨워 주는 것이다.

평범한 것에 대해 글을 쓰는 것을 배우라. 오래된 커피잔, 참새, 도시버스, 얇은 햄 샌드위치에도 존경을 표하라. 평범한 존재를 특별한 존재로 만들어 주는 것, 이것이 바로 예술의 위대한 힘이다. 우리는 우리가 살고 있는 인생이 무엇인지 깨닫게 된다.

—나탈리 골드버그, 권진욱 역, 『뼛속까지 내려가서 써라』에서

꼭 작가에게만 이런 성향이 필요한 건 아니다. 우리는 누구나 자신의 삶을 잘 바라볼 권리가 있다. 삶의 존재적 비밀이나 비의, 인생이 전해주는 다양한 느낌들은 누구나 누려야 하는 삶의 가치이자 재산이다. 허나 시각이 무딘 사람이나 감성이 메마른 사람은 삶이 우리에게 전해주는 것을 제대로 향유할 수 없다.

우리가 '삶에서 놓치고 있는 것들'은 무엇인가? 이런 질문은 우리 스스로 자기 자신에게 던져야 한다. 그래야 삶의 유속 속에서 우리가 놓치는 것들을 발견할 수 있는 눈과 촉수를 찾게 된다. 그런 눈과 촉수를 가

져야 무딘 시각이 보지 못하는 것을 보게 되고, 메마른 감성이 느끼지 못하는 것을 느낄 수 있게 된다. 글이란 오직 내가 보고 느끼고 생각한 것 안에서만 쓸 수 있을 뿐이다.

> 글을 쓰려면 무엇을 보든 세상과 삶을 연결시킬 줄 알아야 한다. 사물이 사물 그대로 있으면 그것은 글감이 안 된다. 인간의 삶 속으로 뚫고 들어와서 가슴을 움직여야 그 사물이 글이 된다. 그 다음엔 그것이 나의 삶으로, 나의 인생으로, 나 자신으로 또는 다른 사람으로 느껴져야 한다. 그렇게 감정 이입이 될 때 그것이 비로소 글감이 되는 것이다. 이렇게 세상을 관찰하는 정신이 바로 소재에서 제재를 찾아낼 줄 아는 시각이며, 심리적 속성을 발견하는 지름길이며, 주제를 만들어낼 수 있는 자기 철학이다.
>
> —최복현, 『닥치고 써라』에서

글감으로서 소재는 반드시 개인의 '해석'이 가미된 것이다. 이 해석이란 글쓴이의 '감정 이입'과 '의미 부여'가 함께 들어갔음을 말한다. 예컨대 연인에게 꽃을 선물할 때, 그것엔 나의 감정 이입과 의미 부여가 함께 담겨 있다. 마찬가지로 글감으로서의 '꽃'에도 필연적으로 글쓴이가 부여한 특정한 '감정과 의미'가 담겨진다. 이때의 꽃은 객관적 의미의 꽃이 아니라, 나의 마음과 의도에 새롭게 연결된 꽃이다.

밤하늘의 별을 보면, 별빛을 보는 내 눈과 마음이 수만 광년 떨어져 있는 별과 연결되고, 그 연결엔 '어떠한 느낌'이 발생하게 된다. 그 느낌이 인상적일 때, 윤동주의 시 「서시」나 「별 헤는 밤」처럼 그것으로 어떤 개인적 의미가 부여된 글을 쓸 수 있게 된다.

예컨대 집에서 키우는 강아지를 본다고 하자. 그 속엔 강아지를 키워오는 동안 생긴 자기 개인적 감정이 깃들어 있다. 강아지와 내가 심적 차원에서 '어떠한 느낌과 관계'로 연결되어 있는 것이다. 글이란 이와 같이 모두, 필연적으로 내 마음에 연결되어 있는 것을 쓰게 된다. 정치·사회 문제를 다루는 글을 쓸 때도 그 속에 투영되어 있는 내 마음과, 나의 견해가 연결되어 있는 측면에서만 쓸 수 있을 뿐이다.

이처럼 글감의 해석에는 반드시 자신의 마음과 철학이 전제된다. 그것과 대상이 어떠하게 연결되느냐에 따라 스펙트럼처럼 다양한 글감이 형성되는 것이다.

"이 대상 속에서 자기만의 시각으로 자기만의 해답을 찾는 것이다. 다른 사람이 발견 못한, 다른 사람이 생각 못한 것을 발견하는 것이다. 그것은 대상 속에서 인간 삶의 모습이나 이치를 찾아내는 것, 생각해내는 것이다. 위에서 나열한 소재라는 대상, 그 모든 것 속에는 잘 들여다보면 그 하나하나는 모두 우리 삶과 연결되어 있고, 우리 삶의 이치를 감추고 있다. 그것을 찾아내는 것이 제재의 발견이며, 주제로 발전하는 과정이다."(최복현)

나의 마음과 철학으로 대상을 새롭게 바라볼 수 있으면 어떤 것이든 글감이 된다. 곧 글감의 부재는 마음과 철학의 부재에 기인할 뿐이란 얘기다. '무엇을 보느냐'도 중요하지만 '어떻게 보느냐'는 더 중요하다. 소재가 많은 데도 막상 글을 쓸 수 없는 것은 단지 소재가 아직 나와 제대로 연결되지 못했기 때문이다. 정녕 나와 '연결'되었다면, 그 속엔 내 감정과 의미가 부여되었을 것이기에 반드시 할 이야기가 존재할 것이다.

이를테면 '나'라는 존재를 '내가 맺고 있는 눈에 보이지 않는 관계들의 총체'라고 본다면, 내가 추상해내고자 하는 대상이란 이미 '나의 일부'인 것이다.

따라서 어떤 대상에서든 그 대상을 둘러싼 관계를 파악해내는 추상

능력이 뛰어난 사람이란, 어떤 대상이건 필요하다면 언제든 그것을 기꺼이 자신의 일부로서 받아들이는 데 익숙한 사람이다. 나무를 보고 숲을 보지 못한다는 것은 대상을 자신과 무관한 대상으로서만 본다는 것이고, 숲을 본다는 것은 그 관계의 그물에 자기 자신을 개입시켰다는 뜻이다. '의미sense'란 바로 그렇게 '나'를 대상에 개입시키는 과정을 통해 생겨나는 것이고, 그래서 그것을 가능하게 하는 능력을 흔히 '감수성sensibility'이라고 통칭한다.

(…) 언뜻 무의미하게 여길 수도 있는 것들에서 의미를 발견해내는 능력, 달리 말하면 자신과 무관하다고 여겨도 그만인 것들에서도 분명한 관계를 인식해내는 능력이란, 세상만사의 크고 작은 관계들이 얽히고설킨 그물에 스스로를 던져놓을 수 있는 용기의 다른 이름일 뿐이다.

―변정수, 『편집에 정답은 없다』에서

삶이란 '내가 맺고 있는 눈에 보이지 않는 관계들의 총체'이다. 그런 의미에서 그것은 나의 일부이다. ('내가 보는 세상'과 '네가 보는 세상'은 다르다. 우리는 저마다 다르게 관계 맺기를 하고 있다. 때문에 우리는 다른 세상에 살고 있다.)

나를 둘러싸고 있는 대상들은 결코 나와 무관하지 않다. '나'와 '나 아닌 것들'의 관계성 속에서만 내가 존재하기 때문이다. '숲을 본다'는 것은 그런 관계성의 맥락을 본다는 말이다. 그런 관계의 그물 속에서 나와 대상은 어떻게 연결되어 있는가? 나는 어떤 마음으로 그것과 연결되어 있는가? 언제나, 어떻게 연결되어 있느냐가 곧 내가 지닌 혹은 내가 전할 '의미'를 결정한다.

'그림'을 예로 들어 보자. 일생을 그림 속에 파묻혀 살아가는 화가와 그림에 별 관심이 없는 일반인은 '그림'과 전혀 다르게 연결되어 있다. 다르게 연결되어 있다는 것은 '그림'에 대한 각자의 체험은 물론이요 그 의미와 감정이 사뭇 다르다는 뜻이다. 음식을 예로 들자면, '김치'에 대해 한국인과 미국인은 서로 다르게 연결되어 있다. 체험과 감정이 다르기 때문이거니와, 같은 한국인이라도 김치를 좋아하는 이와 싫어하는 이는 김치가 자신에게 의미하는 바는 다르다.

짝사랑하는 이에게 가진 내 심정과 그녀를 싫어하는 이의 심정은 판이하게 다르다. 같은 사람이지만 각자 사뭇 다르게 연결되어 있어서이다. 모르는 사람이 죽었을 때 우리는 슬퍼하지 않는다. 하지만 그 사람의 가족들은 크게 슬퍼할 것이다. '그 사람'과 우리는 전혀 다르게 연결되어 있기 때문이다.

삶이란 이처럼 수많은 연결(관계 맺기)로 이루어져 있다. 언제나 나와 세계가 어떻게 연결되어 있느냐에 따라 내 '의미'가 결정된다. 모든 연결은 마음에서 비롯된다는 점에서, 대상과의 접촉을 가능케 하는 감수성은 의미 맺기를 도와주는 끈과 같다. 그 끈이 짧거나 적으면 풍부한 의미 맺기를 할 수 없다는 얘기다.

개미가 보는 세상과 사람이 보는 세상은 결코 같지 않을 것이다. 어떤 마음이나 관점으로 대상을 본다는 것 자체가 관계 맺기의 시작이며, 그것은 내 세계의 일부이기에 곧 나의 일부다. 내가 '어떤 세상에 살고 있느냐'와 '어떤 삶을 살고 있느냐'는, 내가 '세상을 어떻게 보는지'와 '세상과 어떻게 연결되어 있는지'와 동일한 것이다.

우리 삶의 의미는 언제나 나와 세계의 관계성 속에만 존재한다. 글쓰기란 이처럼 내가 맺고 있는 눈에 보이지 않는 그 개인적 의미들을 섬세하게 찾아내어 온전히 드러내는 작업과 다름없다.

- 자기가 정말, 진짜로 좋아하는 글감을 택하라.
- 멋지다는 생각이 들 때까지 글감을 발전시켜라.
- 모든 단어들이 빛을 발할 때까지 1년이고 2년이고 다시 써라.

소설가 시드니 셸던이 전하는 베스트셀러 쓰는 공식이다. 아주 간결하게 글 잘 쓰는 비결을 잘 집약해 놓은 듯하다. (모든 이들이 새겨들어야 할 아주 멋진 조언이 아닐까 한다.)

이 글에도 글감의 중요성 잘 나타나 있다. 자기가 정말 좋아하는 글감이란, 나와의 연결성이 강하고 그 때문에 발산할 의미도 풍부한 것이다. 이 말은 그것이 내가 가장 잘 쓸 수 있는 글감이기도 하다는 뜻이다.

이왕이면 자신이 좋아하고 흥미를 느끼는 것, 자신이 가장 쓰고 싶은 것에 대해 써라. 자기가 흥미를 느끼지 않는 것에 대해 쓰면, 글을 잘 쓰기가 어려울 뿐 아니라 그런 글로 독자에게 흥미를 느끼게 하기는 더더욱 어렵다. 내가 흥미를 느끼지 못한다는 것은 나와의 연결성이 약하는 뜻이다. 그 안에는 내가 보여줄 '나의 세계'가 없거나 적다.

> 한밤중 가장 고요한 시간에, 네 자신에게 물어보라. "나는 쓰지 않고는 못 배길, 정녕 못 배길 내 내심의 요구가 있느냐?"고.
>
> ―라이너 마리아 릴케

쓰지 않고는 못 배길 내 내심의 요구는 내 안에 쌓여서 밖으로 넘쳐 나오는 것이다. 이는 내가 무엇과 가장 긴밀하고 진하게 연결되어 있는 지를 보여주는 것이기도 하다. 내 내면은 무엇에 연결되어 있는가? 무엇과 어떻게 연결될 때 가장 가슴이 뛰는가? 상상력을 발휘해 내 마음이 닿고 싶은 것은 무엇이든 실핏줄처럼 섬세하고 따뜻하게 연결하라. 내가 세상과의 관계 속에서 찾은 '의미'를 가장 잘 보여줄 고갱이는 언제나 그곳에 있을 터이므로.

한편 글감과의 연결성은 내 가슴의 힘뿐 아니라, 사전 준비에서도 큰 힘을 받는다. 학습을 통한 준비는 '연결성의 감각'을 넓혀주고 강화시키는 최선의 작업 중 하나이다.

　소 뒷걸음질하다 쥐 잡는 격으로 얻어걸린 아이디어도 생판 공짜로 얻어지는 것은 아니다. 해당 분야에 관심을 갖고 오랫동안 공부해야 아이디어를 알아보는 안목도 생기는 법이니까. 사과나무에서 사과가 떨어지는 걸 아무리 보고 있어도 수학이나 물리학 지식이 없으면 '만유인력'에 관한 힌트는 결코 떠오르지 않는다. 마찬가지로 먼저 시인이 되지 않으면 골목길에서 '연탄재'를 봐도 시의 소재로 보이지 않는다. 따라서 겉보기엔 공짜로 얻은 것 같은 작품들도 실은 그 밑바닥에 오랜 노력과 투자가 깔려 있는 것이다. 요컨대 당신도 뮤즈가 공짜로 배달해 주는 '로또' 같은 작품을 많이 갖고 싶으면 사전에 많은 독서와 습작을 해 두어야 한다는 것이다.

　관련 지식을 머릿속에 꽉 채우고 있을 때 "킬러 본능"은 더욱 활발하게 작동한다. 그물코가 작고 촘촘해야 미꾸라지도 잡을 수 있다. 그물코가 성기거나 그물이 찢어져 있으면 빤히 눈앞에서 물고기가 헤엄치고 있어도 잡지를 못한다. 아무나 "한밤중에 갑자기 아이디어가 떠올라 잠옷 바람으로 마루에 나와 부르르 떨며 연필을" 쥐는 맛을 볼 수는 없다. 내 생각엔 예술가 지망생이라면 모두 저마다 "킬러 본능"을 갖고 있다. 다만 누가 그 본능을 더 자주 발휘할 것인지는 본인의 평소 노력에 달려 있다. 평소에 그물 손질을 완벽하게 해 놓고, 먹잇감이 자주 출몰하는 지역을 수시로 찾고, 남들보다 오랫동안 그 자리를 지키고 앉아 있어야, '본능'을 발휘할 기회가 한 번이라도 더 오지 않겠느냐 말이다.

—배상문, 『창작과 빈병』에서

　개 눈에는 뭐만 보인다는 말이 있다. 어디를 가든 자신이 관심이 있는 것은 유독 눈에 더 잘 띈다. 관심과 안목은 글감을 찾는 레이더망과 같다. 다만 안목은 하루아침에 길러지지 않는다. 안목은 관련 분야에 대한 폭넓은 배경지식과 오랜 경험 속에 연마되어 나오는 것이다. 즉 글감을 찾는 선별의 레이더망이 잘 갖춰져야만 좋은 글감을 쉽게 찾을 수 있다는 뜻이다.

시합을 준비하는 운동선수처럼 글을 잘 쓰고자 하는 이는 실전에 들어가기 전에 '글감 레이더망'부터 단련해야 한다. 물고기가 잘 다니는 곳에 통발을 놓아두듯, 마음을 눅이며 관련 분야에 대한 폭넓은 공부와 탐색을 지속할 줄 알아야 한다. 다양한 것을 접해봐야 무엇이 나의 의도에 가장 잘 맞는지를 알게 된다. 분명 이러한 준비와 내공이 쌓일 때 먹잇감을 찾는 감각 또한 점점 더 예리해질 것이다.

> 인생에 대해 무엇인가 배울 수 있었던 값진 경험을 과거 속에서 찾아내어 그런 경험에서 솟아난 당신의 사상, 당신의 아이디어, 당신의 신념을 정리하라. 참된 준비란 당신이 말하려고 생각하고 있는 주제에 대해서 냉철하게 생각을 가다듬는 것을 뜻한다. ―데일 카네기

메모는 글감의 텃밭

글감을 찾는 실질적인 방법으로 메모만큼 유용한 것도 없다. 메모는 글감의 텃밭이어서, 좋은 글감은 대부분 메모에서 나온다고 해도 과언이 아닐 정도다.

> 어떤 것이든 모두 글의 재료가 된다. 글을 쓰고 싶은 주제가 떠오르면 그것이 한 단어이든 문장이든 이러한 목록들을 언제라도 노트에 적어 두라. 당신이 다음에 글을 쓰고자 할 때 요긴하게 끄집어내어 사용할 수 있는 주제가 될 것이다. 이러한 습관을 들이는 것은 글쓰기 훈련

에 있어 더없이 좋은 방법이다. 이 방법은 일상 속에 숨어 있는 글쓰기의 재료들을 찾아내는 훈련이 될 뿐 아니라, 글쓰기가 바로 당신의 인생과 그 인생의 재료들과의 관계에서 탄생되는 산물임을 깨닫게 한다.

이런 식으로 삶의 재료를 삭혀서 퇴비로 만드는 것이 바로 글쓰기의 시작이다. 이렇게 목록을 수집하는 과정에서 이제 당신의 육체는 자연스럽게 글쓰기 작업을 소화시키고, 재료를 뒤집어 보기 시작한다. 당신이 글을 쓰기 위해 책상 앞에 앉지 않을 때조차 글쓰기는 끊임없이 당신을 일구어 내는 한 부분이 된다. 당신 삶의 모든 순간순간을 통해 비료를 먹고, 태양열을 빨아들여 점점 무성하고 진한 초록잎을 지닌 식물로 자랄 준비를 하고 있는 것이다.

—나탈리 골드버그, 『뼛속까지 내려가서 써라』에서

메모도 하나의 글쓰기다. 아니 그냥 글쓰기가 아니라, 가장 기본이 되는 아주 중요한 글쓰기다. 메모를 잘하는 사람은 글을 잘 쓸 가능성이 매우 높다. 메모를 잘하는 사람들이 대부분 글을 잘 쓰는 사람이기 때문이다. 메모는 글쓰기의 초입이며, 글쓰기 훈련의 시초이다. 메모를 잘해야 글쓰기 기초가 마스터되는 것이다. 어느 분야든 기초가 탄탄한 사람이 더 나아가 뛰어난 실력을 갖춘다.

메모 자체가 글을 쓰는 좋은 훈련이 되지만, 풍부한 글감을 얻는 데도 거의 절대적으로 도움이 된다. 내가 메모한 것에는 내 마음이 묻어 있고 내 체험의 골자와 삶의 음영이 배어 있다. 그것은 내 삶의 관계성과 화두(문제의식)를 집약해 놓은 단어밭이다. 메모된 단어 하나하나는 다 글감과 영감을 촉발시키는 좋은 씨앗이다.

앞서 '단어 연상법'에서도 약간 이야기했지만, 메모는 자유로운 연상을 가능케 하는 돛과 같다. 메모된 단어는 잃어버릴 수 있는 기억을 확고히 고정시켜주고, 글감과 주제에 대한 집중력을 높여주며, 생각을 폭넓게 증폭시킨다.

메모라는 씨앗에 관심이라는 물을 지속적으로 주면 그것의 잎과 줄기는 계속해서 자라난다. 메모가 숙성되면 글감뿐 아니라 사유와 통찰까지 무르익는다. 그야말로 글감의 텃밭이 생명의 빛으로 풍성해지는 것이다.

> 작가는 많은 점에서 보통 사람들과 다르다. 때로 작가는 마음을 뒤흔드는, 삶에 관한 생각과 통찰을 지니고 있다. 작가와 보통 사람이 각각 길거리에서 빨간 셔츠와 초록 바지를 입은 남자를 보았고, 신문기사에 나타난 정보를 보고 비웃었다고 하자. 이때 노련한 작가와 보통 사람의 차이는 작가들은 이런 것을 기록함으로써 재료를 모은다는 점이다.
>
> 내가 이 점을 강조하는 이유는 작가지망생 중에서도 자료를 모으는 것이 실제 글을 쓰는 데 꼭 필요한 것은 아니라고 생각하는 사람이 있기 때문이다. 자신의 관심을 끄는 것이 있을 때 "아, 나도 생각나"라고 그것에 관해 말하는 것은 쉽다. 하지만 정말로 기억하는가? 더욱 중요한 것은 잠재적인 재료들을—생각이나 말, 꽃 이름, 우연히 들은 대화 등— 기록하는 일에 힘을 기울이면 내용에 관한 생각을 단련하는 데 도움이 된다는 점이다.
>
> ─바버라 베이그, 박병화 역, 『하버드 글쓰기 강의』에서

메모는 자료 수집의 주머니다. 글을 잘 쓰고자 하는 이는 이런 문낭(文囊)을 하나씩 차고 있어야 한다. 기억의 힘은 기록의 힘에 100분 1도 채 못 미칠 때가 많다. 필자도 좋은 아이디어나 마음에 드는 구절이 떠올랐는데, 기억만 믿고 메모해 두지 않았다가 그것을 잃어버린 적이 여러 번이나 있다. 메모하지 않은 것은 대부분 망각의 물결 속으로 사라질 가능

성이 많다.

　　숙련된 의사가 되고 나서 바라보는 의사들은, 아직 미완의 이방인으로서 목격하는 의사들과 다를 것 같았다. (…) 그래서 나는 자신이 기성 의사가 되기 전에 기록을 남겨놓고 싶었다. 또 기록하는 방식에 있어서도 사실성을 향상시키기 위한 고육지책을 내었다. 글감을 포착하는 순간에 바로바로 글을 쓰면 현실을 가공할 틈이 줄 것 같았다. 때문에 인턴 수련을 받는 1년 내내 작은 수첩을 항시 몸에 지니고 다녔다. 그러다가 인상 깊은 사건이나 상념을 맞닥뜨리면 단 몇 초의 여유라도 생길 때마다 짬짬이 메모를 휘갈겼다. 그렇게 해서 여러 권의 수첩 속에 이 책의 초고가 차곡차곡 쌓였다.
　　얼마의 시간이 지나 다시 수첩 속을 들여다보았다. 그런 식으로 기록을 남겨놓길 잘했다는 생각이 들었다. 기억이라는 아이가 얼마나 편식이 심한지도 확인했다. 그만큼 수첩에 적힌 내용은 내가 기억하는 내용과 달랐다.

—홍순범, 『인턴일기』에서

　　홍순범은 인턴 때 기록한 수첩을 바탕으로, 인턴이 끝난 몇 년 후 글을 다듬어 『인턴일기』라는 책을 썼다. 아마도, 흐릿한 기억 너머의 소상한 사실들을 지켜준 그 수첩이 없었더라면 그는 그와 같은 책을 쓸 수 없었을 것이다.
　　"번득이는 생각은 찰나다. 말은 귀에 살짝 다가오고는 이내 사라진다. 기억은 자꾸 깎여 언젠가 형체도 없이 스러진다. 관찰은 주변 사물을 살피는 최고의 방법이지만 메모와 기록으로 남기지 않는다면 무의미하다. 말, 생각, 직관, 기억, 관찰을 기록하는 것이 업적을 쌓는 첫 단추가 될 수 있다. 메모야말로 인생을 사랑하고 정리하는 구체적인 실천

법이다."(김용길)

김용길은 메모의 3가지 효용을 이렇게 집약한다. 첫째, 머릿속이 잘 정리된 서랍처럼 명쾌해진다. 둘째, 미래의 비전으로 연결된다. 셋째, 계획 설계에 도움이 된다. 요컨대 메모는 나와 관계 맺었던 과거의 유산을 깔끔하게 정리해서, 비전을 위한 나의 미래로 연결해주는 디딤돌이다.

> 살아 움직이는 동안 떠오르는 중요한 생각들은 그 즉시 포착해야 한다. 메모가 중요하다는 말이다. 작가생활을 하는 내내 나는 메모하는 습관을 유지했고 그 습관을 통해 창작에 필요한 많은 도움을 얻었다. 길을 걷다가, 버스를 타고 어디로 가다가, 잠자리에 누워 있다가, 밥을 먹다가, 새벽에 운동을 하다가 갑자기 메모할 게 떠오르면 그 즉시 동작을 멈춘다. (…) 자신이 관심을 가진 분야에 대해 항상 관찰하고 생각하고 메모할 필요가 있다. 그것이 나중에 소설의 세포가 되고 줄기가 되고 흐름이 된다.
>
> ─박상우, 『작가』에서

메모는 작가 정신의 기본 포지션이다. 그 포지션을 잘 지키지 못하는 이는 쉴 새 없이 지나가는 상념 속에서 중요한 것들을 놓치게 된다. 받아야 할 공을 하나라도 놓치면 실책이 되는 일루수나 이루수처럼, 글감 하나라도 놓치지 않는 습관은 좋은 글을 쓰기 위한 기본 미덕이 된다.

> 적자생존에는 두 가지 의미가 있다. 하나는 모두가 알다시피 환경에 적응해야 살아남는다는 뜻이다. 또 다른 뜻으로는 우스갯소리로 '적는 자(記者)가 살아남는다'가 있다. 유머이지만 여기에는 의미심장한 뜻이 담겨져 있다. 세상에는 두 부류의 사람이 있다. 바로 적는 사람과 적지 않는 사람이다. 성공한 사람들 대부분이 메모광인 것을 보아도

적는 일은 험난한 환경을 극복하고 살아남는 가장 좋은 방법이다. 사실 메모는 글쓰기 훈련으로 매우 좋은 방법이다. 글쓰기의 원재료가 되기 때문이다. 좋은 글은 좋은 자료에서 나온다. 메모한 원재료를 잘 연결하면 좋은 글이 된다.

—양병무, 『일생에 한 권 책을 써라』에서

　좋은 글은 좋은 재료에서 나오고, 좋은 재료는 좋은 메모에서 시작된다! 작은 메모에서 좋은 글이 시작되는 것이다. 메모한 원재료의 양과 질이 풍성하다면, 그것을 연결해서 쓸 글의 양과 질도 우수할 가능성이 높아진다.

　메모광들은 대부분 아이디어맨이자 정보 관리의 수장들이다. 메모는 생각과 정보의 편린이므로 많이 모여 숙성되면 누룩의 거품처럼 영감을 우글거리게 한다. 그들은 좋은 아이디어가 생각나면, 즉시 메모를 해둔다. 그들의 창의력은 그런 순발력과 준비성에서 나온다. 그 때문에 앞서 가는 것이요, 적자의 창의적 생존을 가능케 하는 것이다.

　　아이디어를 살리는 가장 좋은 글쓰기는 메모다. 메모는 성공하는 사람들의 대표적인 습관으로 꼽힐 만큼 그 효과가 널리 알려졌다. (…) 메모의 장점은 짧고 간편하며 정해진 형식이 없다는 것이다. 낙서처럼 휘갈기기만 해도 되고 생각나는 단어 하나만 적어둘 수도 있고 제대로 된 문장으로 풀어쓸 수도 있다. 한마디로 무한 변신이 가능하다. 더구나 요즘은 휴대전화, 아이패드, 노트북 등 메모하고 저장할 수 있는 도구들이 지천이다. 무엇을 이용하든 자신의 아이디어를 메모해두기만 하면 일단 성공이다.

　그러므로 아이디어를 기르려면 언제 어디서든 메모를 할 수 있도록 준비를 해두고 아이디어가 떠오를 때마다 메모하는 습관을 들이는 것이 중요하다. 메모가 있어야 아이디어를 온전한 내 것으로 만들 수 있다. 들은 것은 잊어버리고, 본 것은 기억하고, 직접 해본 것은 이해한다는 옛말 그대로다. 메모에서부터 아이디어를 발전시켜 가면 되는 것이다. 메모하느냐 하지 않느냐는 생각보다 엄청난 차이를 만들어낸다.

—김지영, 『글 쓸 줄 아는 사람이 되라』에서

글을 잘 쓰고자 하는 이나 창의력을 높이고 싶은 이는 글감 수첩이나 아이디어 노트를 하나 가지고 다니는 게 좋다. 항상 가지고 다니면서 언제든 '떠오르는 영감이나 그 편린들'을 즉각 메모해 두어야 한다. 그리고 틈날 때마다 그것을 들춰 보며 생각을 숙성시켜야 한다. 그것은 머리를 '아이디어 모드'로 만드는 지름길이다. 그러면 그럴수록 생각의 줄기가 자랄 것이요, 그 줄기에 영감의 열매가 더 많이 영글 것이기 때문이다.

"르네상스 시대의 천재 레오나르도 다빈치는 30년 동안 수천 장의 메모를 남겼다. 인체, 미술, 문학, 과학의 원리 등을 꼼꼼히 정리한 메모를 편집하여 묶은 모음집이 '코덱스 아틀란티쿠스(Codex Atlanticus)'다. 비행기, 전차, 자동차에서 잠수함에 이르기까지 없는 게 없을 정도로 천재적인 아이디어가 빼곡히 기록돼 있다."(김용길) 이것이 인류 역사상 전방위 천재 1위로 꼽히는 다빈치의 비결이다. 말 잘하기로 유명한 링컨도 메모광이었으며, 발명왕 에디슨 또한 메모 노트가 무려 3,400권가량 되었다고 한다. 우리나라 역대 최대 저술량을 자랑하는 정약용 또한 엄청난 메모광이었다. 그들의 우수한 역량이 어디에서 기인했는지를 짐작해보는 것은 그리 어려운 일이 아니다.

단적으로 말해서 메모(그리고 노트정리)를 하지 않는 자는 아이디어맨으로서 실격이다. 아이디어맨들은 모두 메모하기의 고수들이다. 그들은 각자 자기만의 메모론(論)을 갖고 있을 정도로 메모에 능하다. 어쩌면 이들이 아이디어맨이 될 수 있었던 것도 그들의 지능이 아니라 메모하는 방법론 덕분일지도 모른다. 프로와 아마추어의 차이는 일정한 시스템을 갖추고 일을 하느냐 아니냐 하는 점에서 갈린다. 아마추어는 한두 번은 프로를 뛰어넘는 기발함을 발휘할 수 있다. 그러나 아이디어를 만들어내는 일정한 방법론을 갖고 있지 못하므로 장기전으로 갈수록 밑천의 고갈로 헐떡이게 된다.

—배상문, 『아이디어 에러디어』에서

밑천이 있어야 장사를 할 수 있듯, 글을 쓰는 일도 밑천이 풍부할수록 유리하다. 글쓰기는 한편 한편이 창조의 영역이므로 풍부한 아이디어는 많을수록 좋으며, 그것은 다양한 발원지를 둔 글쓰기의 젖줄과 같다. 그런 글쓰기의 젖줄을 스스로 만드는 것이 바로 시스템 수준의 메모다.

좋은 글쓰기 습관을 지닌 사람은 음악을 듣거나 영화를 보거나 책을 읽거나, 또는 전시회에 다녀왔을 때 그냥 지나치지 않고 늘 메모를 해둡니다. 어떤 음악을 들었다, 어떤 영화를 봤다, 어떤 그림을 봤다, 이렇게 메모를 하는 게 아니라 영화가 어떠했고 그림은 어떠했는지 상태를 적어둡니다. 그러면 글쓰기의 다음 단계로 자연스럽게 진입합니다. 예를 들어 '서울시립미술관에서 열린 르누아르전에 다녀왔다'고 메모하지 말고 그 상태를 적으라는 겁니다.

"르누아르 그림은 50센티미터 거리에서 보면 거칠고 자유분방하지만, 1미터 거리에서 보면 섬세하고 부드럽다."

영화나 공연을 보고 나서 메모하려고 하지 말고, 메모하기 위해 책을 읽고, 메모하려고 전시회에 가세요. 그러면 집중력이 훨씬 높아져요.

—이강룡, 『뚜껑 대신 마음을 여는 공감 글쓰기』에서

핵심적이고 구체적인 인상을 간략하게 기록하는 것이 메모 기술의 기본이다. 기억은 체험한 일의 소소한 느낌까지 다 기억하지 못한다. 구체적인 느낌이나 인상은 즉각 글로 기록해두는 것이 좋다. 인용에서처럼 자신의 소감이나 인상을 구체적으로 적어두면 좋은 글쓰기 연습이 될 뿐 아니라, 쓰고자 하는 글로 연결하는 데 훨씬 편리하고 유용하다.

> 당신이 이야기하고 싶은 화제에 관해서 그것이 충분히 영글고 넓고 깊은 뜻을 지닐 때까지 차분히 생각을 가다듬으시오. 그리고 그 생각들을 모두 적어 놓도록 하시오. 생각을 정착시키는 것이 목적이므로 그냥 간단히 몇 마디만으로도 족합니다. ─찰스 레이놀드

『소설쓰기의 모든 것』의 저자들 중 한 사람인 론 로젤도 이렇게 말한다. "메모의 기술─불순물을 걸러내고 가장 중요한 요소에 중점을 두는 것─은 너무나 많은 고등학생들이 모른 채 대학으로 진학하는 소중한 기술이다. 신입생들의 첫 학기 성적은 바로 이러한 현상을 증명한다." 실제로 수업 시간에 메모를 잘하는 학생들이 대부분 성적이 좋다. 메모를 잘한다는 것 자체가 수업에 집중하고 있다는 뜻이며, 강의 내용을 잘 이해하고 편집했음을 의미한다.

나는 학생들에게 늘 '필기 잘하는 사람이 곧 공부 잘하는 사람'임을 강조한다. 하여 수업 내용의 핵심 사항을 잘 필기하라고 누누이 강조하며, '요약의 기술'을 말해준다. 그 조항은 단지 두 가지뿐이다.

① 전체 내용에서 '핵심어(혹은 핵심 구절)'를 추출하여 적는다.
② 그 단어들을 상위개념과 하위개념으로 나누어 적는다.

이렇게 하면 마인드맵처럼, 체계적이고 압축적인 요약이 가능하다.

단지 이 두 가지 조항만 잘 지켜서 메모를 하면, 몇 시간짜리 강의도 일목요연하게 짧은 분량으로 압축할 수 있고, 책 한 권도 종이 한두 장에 깔끔하게 정리할 수 있다. 이 요약의 기술은 특히 지식이나 정보를 메모할 때 아주 유용할 것이다.

메모의 기술은 목적과 개인의 성향에 따라 다양하다. 하지만 '핵심'을 간략하게 기술한다는 점은 대동소이할 것이다. 아주 간략히 요지만 기록하거나, 단지 단어 한두 개를 연이어 적어두는 것도 좋은 메모일 수 있다. 직접 다양한 체험을 통해서 그 가치와 자신만의 노하우를 터득하기 바란다.

메모는 기억을 저장하고 재료를 모으는 데 그 근본 목적이 있다. 하지만 그것은 메모의 1차 목표일 뿐, 2차 목표는 메모한 내용을 통해 나의 생각을 숙성 · 발효시키는 데 있다. 메모는 생각의 지도를 그리는 초안이며, 나의 수많은 아이디어가 발아되는 생각의 요새다. 좋은 지도와 좋은 요새를 얻고자 한다면, 메모하는 데 시간을 아끼지 말아야 한다.

추수가 끝난 밭고랑에 서서 차분한 눈길로 주위를 돌아보면 떨어진 이삭들이 많이 눈에 띈다. 남들은 그냥 지나쳐버린 이삭들이 그것은 찾고자 하는 사람의 눈에는 새로운 기쁨으로 발견되는 것이다. 글을 쓰는 일도 이와 마찬가지다. 글감을 찾고자 하는 마음의 눈만 가진다면 글쓰기 소재는 어렵지 않게 발견할 수 있다. ─양병무

손으로, 꾸준히 글감이라는 이삭을 줍는 일은 우리의 안목과 감각 그리고 사고를 점점 더 발전시켜 줄 것이다. 그것은 정신의 양식을 줍는 일이므로!

7장

어휘력이 문장력의 관건이다

문장가가 되려면 편언척구(片言隻句)도 소홀히 하지 않는
애어가가 되어야 한다. —김성우

훌륭한 작가의 가장 필수적인 재능은
무의미한 단어를 알아낼 수 있는 탐지 재능을 타고나는 것이다.
이것은 작가의 레이더이며 모든 위대한 작가는 그것을 갖고 있었
던 것이다. —헤밍웨이

장르를 불문하고 모든 글은 '문장'에 의해 쓰인다. 글은 문장이 흘러가는 강물이요, 문장으로 쌓인 말의 건축물이다. 문장력이란 곧 글쓰기의 시작과 끝이다. 문장가, 문필가라는 말은 '문장력'이 있는 사람을 일컫는 데 지나지 않는다. 문장력이 글쓰기의 관건임을 다음의 글에서도 잘 보여준다.

요즘 입시의 관건인 논술의 비법도 첫째는 문장에 있습니다. 얼마 전 저는 제가 있는 대학의 논술 채점에 참여했는데요, 80퍼센트가량의 글이 내용이 같거나 비슷합니다. 단답형이 아닌 1,000자 분량의 글이 그렇게 비슷할 수 있다니 놀라운 일입니다. 무엇보다 문장이 비슷합니다. 그 문장들은 모두 논술 교재나 학원 강의자료에서 갖고 온 것이겠지요. 하지만 비슷한 문장과 주장으로 이루어진 천편일률적인 논술 가운데서도 빛나는 몇 편의 글이 있습니다. 그 글들은 문장부터가 다릅니다. 한마디로, 글 쓴 사람 자신의 문장인 거지요. 독특하고 신선하고 깔끔하게 잘 쓴 그 문장들은 내용 역시 탁월합니다. 비슷한 주장을 한 글이라 해도 그것을 서술하는 문장과 표현이 다릅니다. 독창적인 문장을 쓴다는 것은 자기만의 생각과 관점이 있다는 뜻이고, 한 편의 글을 독특한 논리로 이끌어갈 힘이 있다는 뜻입니다. 논술과 같은 목적 지향의 글쓰기도 문학적 글쓰기 능력이 바탕이 되어야 하는 것은 의심의 여지가 없습니다. 문학적 글쓰기를 통해 자기만의 표현과 문장을 가진 학생들은 자연히 논술도 잘 쓸 수밖에 없을 테니까요.

―김수이 외, 『글쓰기 최소원칙』에서

'글을 잘 쓴다'와 '문장력이 뛰어나다'는 거의 같은 말이다. 글을 잘 쓸 수 있는 힘이 곧 문장력이기 때문이다. 실제 글쓰기의 크고 작은 모든 것은 문장력이 결정한다. 초고의 첫 구절을 쓰는 것에서 퇴고의 마지막 토씨 하나를 고치는 것에까지 이 모든 것이 문장력의 수준에서 결정된다.

수로를 따라 물이 흐르는 것처럼 한 개인의 글은, 오직 그 사람의 문장력을 따라서만 흐르고 표출된다. 글쓰기의 모든 것이 문장력으로 귀결된다는 점에서, 문장력을 기르는 것은 글을 잘 쓰기 위한 첫 관문이자 유일한 길이며 최선의 방책이다. 글을 잘 쓰기 위해선, 첫째도 문장력이요 둘째도 문장력이니, 무엇보다 문장력을 어떻게 기를지를 깊이 고심하고 또 널리 배워가야 한다.

문장이란 단어의 결합이다

> 낱말의 선택은 좋은 문장의 제일보요, 여기에 문장의 생명이 있다. 낱말의 선택 하나에도 작가의 생명이 담긴다. 거꾸로 말하면, 그 작가의 개성은 낱말 하나로도 규명이 된다. ―가와바타 야스나리

문장력을 무엇이라고 생각하는가? 세상의 모든 글이나 책은 단 하나의 예외도 없이 '하나의 문장'으로부터 시작되고 또 끝이 난다. 그런 측면에서 문장력이란 '하나의 온전한 문장'을 짓는 능력에 지나지 않는다. 그 온전한 문장 하나, 하나가 모이고 모여 글이 되고, 책이 된다.

그렇다면 하나의 문장을 만드는 능력은 무엇에 기초하고 있는 것일까? 어떤 문장이든 '문장'이란 단어들이 결합된 것에 지나지 않는다. 하여, 문장력이란 단지 적절한 단어를 선택해서 최상의 조합이나 순서로 배열하는 것일 뿐이다. 요컨대 문장력은 간단히 '어휘 조합 능력'이라고 정의할 수 있다.

그래서 문장력을 기르기 위해선, '하나의 문장'을 이런 관점에서 읽어

야 한다. 어떤 어휘를 선택했는지, 그것을 어디에 어떻게 결합시켰는지를 잘 보아야 한다. 그것이 문장의 본질이요, 그 어떤 문장도 이러한 속성에서 벗어나지 않기 때문이다. 뛰어난 문장일수록 그러한 선택과 결합 방식에 개성적인 면을 많이 가지고 있다. 그런 것을 일러 '문체'라고 하는 것이다.

흔히 '어휘력'이라고 하면 단어를 많이 아는 것 정도로 생각하지만, 어휘력이란 단지 그 어휘의 사전적 뜻을 아는 데 그치는 것이 아니다. 글의 문맥 속에서 하나의 단어는 사전적 의미 이상을 띨 때가 무수히 많다. 어휘력이란 어휘의 기본 뜻을 아는 것은 물론이요, 그 어휘의 다양한 쓰임을 알고 활용할 수 있는 능력까지를 의미한다. 어휘를 적재적소에 자유자재로 '운용할 수 있는 능력'이 어휘력인 것이다.

한국 사람이라면 누구나 아는 황순원의 단편소설 「소나기」의 끝부분을 살펴보자.

> 그날 밤, 소년은 자리에 누워서도 같은 생각뿐이었다. 내일 소녀네가 이사하는 걸 가보나 어쩌나. 가면 소녀를 보게 될까 어떨까.
>
> 그러다가 까무룩 잠이 들었는가 하는데,
>
> "허, 참 세상일도……."
>
> 마을 갔던 아버지가 언제 돌아왔는지,
>
> "윤 초시 댁도 말이 아니야, 그 많던 전답을 다 팔아 버리고, 대대로 살아오던 집마저 남의 손에 넘기더니, 또 악상까지 당하는 걸 보면……."
>
> 남폿불 밑에서 바느질감을 안고 있던 어머니가,
>
> "증손(曾孫)이라곤 계집애 그 애 하나뿐이었지요?"
>
> "그렇지, 사내 애 둘 있던 건 어려서 잃어버리고……."
>
> "어쩌면 그렇게 자식복이 없을까."

"글쎄 말이지. 이번 앤 꽤 여러 날 앓는 걸 약도 변변히 못써 봤다더군. 지금 같아서 윤 초시네도 대가 끊긴 셈이지. …… 그런데 참, 이번 계집앤 어린 것이 여간 잔망스럽지가 않아. 글쎄, 죽기 전에 이런 말을 했다지 않아? 자기가 죽거든 자기 입던 옷을 꼭 그대로 입혀서 묻어 달라고……."

작품의 말미에 등장하는 소녀의 '옷'은 보통명사로서의 일반적인 옷의 의미가 아니다. 작품의 문맥 속에서 어떤 의미가 새롭게 부여된 개별적이고 특수한 '옷'이다. 이런 경우는 대개 비유적 의미를 띠게 된다. 이 작품에 나오는 '소녀의 옷'은 소나기를 맞았을 때 생긴 꽃물 얼룩이 있는 옷이자, 소년과의 추억이 서려 있는 옷이며, 소녀의 애틋한 마음이 담겨져 있는 옷이고, 소년의 가슴을 저리게 하는 옷이다. 요는 이때의 '자기 입던 옷'은 사전적 의미가 아니라, 문맥적 의미가 훨씬 더 두드러지는 단어라는 점이다.

이처럼 글에서 '어휘의 쓰임'은 크게 사전적 의미와 문맥적 의미 이 두 가지로 사용된다. 통일성을 지향하는 사전적 의미가 구심력에 가깝다면, 확장을 지향하는 문맥적 의미는 원심력에 가깝다. 정확한 사전적 의미를 기본으로 풍부한 문맥적 의미를 최대한 활용할 수 있을 때 개성 있는 문체와 뛰어난 문장력이 갖추어진다. 단어의 풍부한 의미 생성은 국어사전이 하는 것이 아니라, 수많은 개별 작품에 쓰인 각별하고 세심한 문장들이 하는 것이다. 단어에 풍성한 의미를 더해주는 것은 좋은 문장의 빼놓을 수 없는 미덕이다.

김수영은 「비」에서 이렇게 읊었다. "비가 오고 있다/여보/움직이는 비애를 알고 있느냐" 이 구절은 우리나라 시인들이 가장 좋아한다는 시구이다. 사전에서는 결코 비를 '움직이는 비애'라고 정의하지 않는다. 사전에선 단지 "대기 중의 수증기가 찬 공기를 만나 식어서 생기는 물방울이 땅 위로 떨어지는 것"이라고 정의할 뿐이다. 하지만 시인의 감성 덕에, 시적 문맥 속에서 비는 '움직이는 비애'라는 새로운 의미를 가지게 되었다.

김춘수는 「꽃」에서 "내가 그의 이름을 불러주었을 때/그는 나에게로 와서 꽃이 되었다"라고 읊었다. 이때의 '꽃'도 식물을 뜻하는 사전적 의미이기보다는, 시구에 나오는 "너는 나에게 나는 너에게 잊혀지지 않는 하나의 의미가 되고 싶다"의 '의미'에 더 가깝다. 시인의 시적 인식 속에서 새로운 의미의 꽃이 하나 탄생한 것이다.

사전에 나오는 단어의 의미는 간략하고 획일적이지만, 문맥이 만들어내는 단어의 의미는 다채로울 뿐 아니라 그 사용 맥락이 무궁무진하다. 통념에 젖어 있는 세간의 단어를 얼마나 새로운 의미로 탈바꿈시킬 수 있는가? 문장이나 문체의 개성과 아름다움은 어휘력이 가진 이런 '의미의 프리즘'을 통해서 생성되고 발산된다. 예컨대 톨스토이의 소설 「바보 이반」은 '바보'라는 단어에 성자적 이미지를 부여했으며, 피천득의 수필 「인연」은 '인연'이라는 단어를 못 이룬 첫사랑의 그리움과 아픔으로 인식하게 만들었다. 특히 글을 업으로 삼는 작가들에겐 이와 같은 언어적 역량은 반드시 갖추어야 할 중차대한 능력일 것이다.

> "국물이 시원하다", "숙제를 다 하고 나니까 속이 시원하다", "뜨거운 목욕물에 몸을 담그니 시원하다", "선풍기 바람이 시원하다", "박하사탕을 먹으니 입 안이 시원하다" ……. 그만! 언어게임의 수만큼이나 '시원하다'의 의미는 다양하다. 말의 의미는 구체적인 언어게임 속에서 그것이 갖는 용법이다. (…)
>
> 머릿속에 '별'을 떠올려보자. 아주 많은 사람들이 '밤하늘을 수놓은

총총한 별들'을 떠올릴 것이다. 그러나 이런 걸 떠올리는 사람은 없을까? "쟤네 아빠가 별이 두 개래"라고 할 때의 '별'과 "넌 내 마음속의 별이야!"라고 했을 때의 '별', 그리고 라면땅 과자 속의 '별' 등등, 부르는 이름은 같지만 모두 다른 '별들'. '별'이라는 단어의 '사전적 의미'는 '태양, 지구, 달을 제외한 천체'지만, 그건 '별'이 갖는 그 수많은 의미 중의 하나일 뿐이지 모든 것에 우선하는 '지배적 의미'는 아니다. 즉 '별'이라는 단어의 의미는 '☆'이라는 사물과 일대일대응을 이루지 않는다. 단어의 의미는 사전 안에 구겨 넣어질 수 없는, 그것의 용법들에 의해 결정된다.

—윤세진, 『언어의 달인 호모 로퀜스』에서

　나는 별 중에서 이런 별을 갖고 싶다. 네 눈빛에서 촉촉하게 빛나며 술렁이는 별, 바래지지 않는 꿈과 이상이라는 별, 글에 빛과 윤기를 더해주는 비유라는 별, 역사를 바꾸고 선도하는 천재와 영웅이라는 별, 세상에 지혜와 사랑을 전해주는 지성과 성자라는 별. 사랑의 장막 속에서 길이 빛날 너와 나라는 별!

　당신은 어떤 별을 가졌는가? 윤동주의 별과 알퐁스 도데의 별이 다르고, 부자의 별과 구도자의 별과 천문학자의 별이 다 다르듯이, 언어의 우주 속에선 너와 나의 별도 늘 다를 수밖에 없다.

　사과를 먹다, 욕을 먹다, 마음을 먹다, 겁을 먹다, 1등을 먹다, 한 골을 먹다, 나이를 먹다, 더위를 먹다, 녹을 먹다, 나라를 먹다, 화장이 잘 먹다, 연장이 잘 먹다……. '먹다'라는 타동사 하나의 사전의 의미만 해도 10가지가 넘는다. 이러한 다양한 표현도 실은 '음식을 먹다'와 같은 기본적 쓰임을 바탕으로 '먹다'의 의미 용례가 다양하게 확장되어 나온 것이다. 이것은 역사와 사회적 관습에서 나온 우리말의 특징이다.

　이러한 모국어의 다양한 쓰임을 잘 아는 것은 어휘력의 기본기이다.

이 같은 기본 용례를 잘 알고 있어야 '슬픔을 베어먹고 있는 오후'나 '꿈과 사랑을 나눠먹고 사는 삶은 늙지 않는다'와 같은 응용된 문장을 쓸 수 있게 된다.

> 단어의 중요성을 강조하기 위해 이렇게 직설로 말할 수도 있습니다.
> '좋은 글을 쓰고, 못 쓰고는 단어를 얼마나 많이 아느냐의 여부로 결정된다.'
> '좋은 소설을 쓴 작가는 그만큼 많은 단어를 안다는 증거다.'
> '단어를 많이 알지 못하고 글을 쓰려는 것은 불구의 손으로 마술사가 되기를 꿈꾸는 것과 같다.'
> 이 정도면 단어의 중요성이 이해되었습니까? 한마디로 말하면, 단어는 문학의 밥입니다.
>
> ―조정래, 『황홀한 글감옥』에서

시원섭섭하거나 시원치 않은 문장 대신, 문세가 깔끔하고 시원한 문장을 쓰려면 우선 단어를 많이 알고 있어야 하고, 그 다양한 쓰임 또한 정확히 알아야 한다. 그래야 필요한 곳에 잘 골라 쓸 수 있기 때문이다. 요컨대 글쓰기 차원에선, 문맥에 따라 '단어'를 자유자재로 사용할 수 있을 때 그 단어를 제대로 안다고 말할 수 있다. 그러려면 단어 쓰임에 따라 달라지는 의미와 어감의 미세한 차이를 잘 보고 느껴야 한다.

> 최고의 작자들은 많이 읽는 사람들이다. 그들은 단어에 대한 뛰어난 식별력과 광대한 어휘력, 언어에 대한 예리한 귀를 가지고 있다. 또한 문법에도 통달했다. 단어와 언어는 그들의 도구이며, 그들은 그 도구를 사용하는 법을 배웠다. (조셉 엡스타인은 모르는 단어를 발견할 때마다 분노와 당혹스러움으로 얼굴이 하얗게 질린다고 한다. 그에게 단어를 모른다는 것은

의사가 중요한 신경 조직의 이름을 모르거나, 목수가 못 종류의 이름을 잊어버린 것과 같은 일이다. 백만 개도 넘는 영어 단어를 모두 알기란 불가능하지만, 최소한 그것을 모두 알고자 했던 그의 욕구만은 존경하지 않을 수 없다.)

—트와일라 타프, 노진선 역, 『천재들의 창조적 습관』에서

작가와 일반인의 기준과 목표는 다르겠지만, 단어에 대한 뛰어난 식별력과 광대한 어휘력은 글 쓰는 이 누구에게나 있으면 있을수록 더 좋은 것이다. 어휘력을 높일 수 있는 최선의 방법은 많이 읽는 것이고, 잘 읽는 것이다. 많이 읽어야 다양한 단어와, 그 단어의 다양한 쓰임을 볼 수 있을 것이기 때문이다. 모르는 단어는 찾아서 뜻을 확인하고 메모해 두는 것이 좋다. 아울러 어떤 단어가 어느 자리에서 어떻게 결합되고 어떤 효과를 발휘하는지를 기민하게 살피고 잘 느껴야 한다. 그런 어휘 감각을 기르는 가장 좋은 방법은 독서할 때마다, 그러한 특성을 꼼꼼히 눈여겨보며 자신의 감각을 단련하는 것이다.

나는 한 시간에 걸쳐 적절한 구절, 적절한 단어를 찾으며 문장 하나를 만들어내는 게 행복하다. 그것은 가공되지 않은 재료를 적절한 모양이 될 때까지, 적어도 최대한 적절한 모양에 가까워질 때까지 깎아내는 석수(石手)의 작업과도 같다. —해리엇 두어

적절한 단어, 적절한 구절만 찾으면 좋은 문장을 완성하는 것은 절로 이루어진다. 모든 문장 쓰기는 '적절한 단어'와 그로 만들어진 '적절한 구절'을 찾는 일에 지나지 않는다. 멋진 문장을 쓰기 위해선 최선의 단어 조합을 찾을 때까지 계속 고심하고 고쳐가야 한다. 소설가 안정효는 "글쓰기는 단어를 하나씩 하나씩 배열하여 벽돌처럼 쌓아올리는 수공업이다"라고 하였다. 문장 수공업에선 고심과 손의 수고로움쯤은 기꺼이 감

수해야 한다.

> 멋진 표현이 얼굴에 바른 화장이라면, 잘못된 단어는 얼굴에 난 상처이다. 아무리 화장을 하더라도 그 상처는 사라지지 않는 것이다. 그러니 상처를 먼저 다스리고 화장을 하는 것이 순서다.
>
> —남영신, 『문장비평』에서

멋진 표현이나 문장은 정확한 단어 사용에서부터 시작됨을, 그것이 문장력의 기본기임을 숙지해야 한다. 스위프트의 "알맞은 자리에 알맞은 말 이것이 좋은 문장의 진정한 정의다"나 김성우의 "적절한 문장이란 글 쓰는 목적에 가장 알맞은 문장이다. 그리고 가장 알맞은 말을 가장 알맞은 자리에 놓는 것이다"는 모두 이러한 점을 지적하는 말이다. 정확한 자리에 알맞은 크기로 박히지 않는 나사는 힘도 쓸모도 없다. 단어도 이와 마찬가지다.

> 인위적인 꾸밈이 없는 수사학은, 어디를 가나 쓰레기를 버리는 인간이 전혀 나돌아 다니지 않는 황야처럼 아름답다.
> 글쓰기의 기본적인 도구는 언어이며, 작가는 어휘를 지배해야지, 화려한 어휘의 거짓된 매력에 끌려 다녀서는 안 된다.
> 낱단어의 아름다움에 도취되어 그 단어를 꼭 쓰기 위한 문장을 만들었다면 그것은 잘라버려도 좋은 군더더기이다. 비만성 단어는 남들이 고치자고 덤비기 전에 스스로 찾아내고 잘라내어 살빼기를 해야 한다.
> 단어의 사용법은 화려함이 아니라 논리성과 정확성이 기본이어야 한다.
>
> —안정효, 『안정효의 글쓰기 만보』에서

'멋을 부린 글'이 아니라 '멋이 나는 글'을 쓰려면 어휘를 지배할 수 있을 만큼의 실력이 쌓여야 한다. 정확성과 논리성이 없는 단어 쓰임(수사)은 멋이 나는 글이 아니라 멋을 부린 어쭙잖은 글이 되고 만다. 그런 차이가 어디에서 비롯되는지 다음의 글을 보면 명확히 이해할 수 있을 것이다.

> 내가 쓴 장편소설 『칼의 노래』 첫 문장은 "버려진 섬마다 꽃이 피었다"입니다. (…) 나는 처음에 이것을 "꽃은 피었다"라고 썼습니다. 그리고 며칠 뒤 있다가 담배를 한 갑 피면서 고민고민 끝에 "꽃이 피었다"라고 고쳐놨어요. 그러면 "꽃은 피었다"와 "꽃이 피었다"는 어떻게 다른가. 이것은 하늘과 땅의 차이가 있습니다. "꽃이 피었다"는 꽃이 핀 물리적 사실을 객관적으로 진술한 언어입니다. "꽃은 피었다"는 꽃이 피었다는 객관적 사실에 그것을 들여다보는 자의 주관적 정서를 섞어넣은 것이죠. "꽃이 피었다"는 사실의 세계를 진술한 언어이고, "꽃은 피었다"는 의견과 정서의 세계를 진술한 언어입니다. 이것을 구별하지 못하면 나의 문장과 서술은 몽매해집니다.[3]
>
> —김훈, 『바다의 기별』에서

김훈은 '이'와 '은'라는 조사 하나 때문에 며칠을 고민한다. 정도 차이

---

3 그는 다른 자리에서도 이와 같은 말을 또 한 바 있다. "저는 그냥 내 맘에 드는 문장을 써야겠다는 생각은 있어요. 그것이 문체주의인지는 몰라도 그런 의식은 저한테 있는 것이죠. 문장을 쓴다는 것은 저한테 무지 힘든 일이에요. 나는 문장 하나를 결국 내 마음대로 못 해요. 나는 '대답이 없다'라고 글을 쓰다가 '대답은 없다'라고 써야 되는 것인지를 생각하다 밤을 새워요. '대답은 없다'와 '대답이 없다'는 전혀 다르잖아. 그 가운데 어느 하나를 선택한다는 것은 아무 논리적 기준이 없는 것이고 그냥 몸의 느낌대로 할 수밖에 없는 것인데 그것이 저에게는 매우 고통스러운 일이에요. 몸의 느낌에만 의존해야 하고 분석도 안 되는 것이잖아요." —『문학동네』 2004년 여름호 대담에서.

는 있을지언정, 작가는 누구나 이런 고민을 한다.[4] 글은 아주 예민한 동물이다. 심지어 조사나 어미 하나에도 어감과 의미가 달라진다. 이 민감하기 그지없는 언어라는 생명을 잘 다루기 위해선, 쓰는 이의 감각과 안목이 그만큼 섬세하고 예리해져야 한다.

그는 조사 하나를 앞에 두고서도, '객관적 사실'과 '주관적 정서'의 차이를 볼 수 있는 심미안을 갖추었다. 하여 그의 문장들은 몽매함의 안개에서 멀찍이 벗어나 있다. 정확성이 없는 글은 탄력이 없어 풀어진다. 그가 특유의 엄정한 문장으로 우리시대의 문장가가 될 수 있었던 것은, 조사 하나까지 저리 치밀하게 신경 쓰는 냉정과 치열함이 있었기 때문이다. 저러한 태도를 가진다면 누군들 어찌 문장력이 좋아지지 않겠는가.

미국 시인 크레인은 이렇게 말했다. "단어에 흠뻑 젖어야 한다. 문자그대로 함빡 젖어야 한다. 적절한 단어가 적절한 순간에 적절한 형태가 될 때까지." 오직 단어에 흠뻑 젖어본 이라야만 단어의 질감과 무게를 정확히 알 수 있게 될 것이다. 적절한 단어가 적절한 순간에 적절한 형태로 결합될 때까지 깊이 젖어보라. 『주홍글씨』의 작가 너대니얼 호손의 이 말을 늘 상기하면서. "단어——사전에 있을 땐 정말로 순진하고 힘없는 것들이 그것들을 섞을 줄 아는 사람들의 손아귀에 들어가면 얼마나 강한 선과 악으로 변하는가."

---

4 조사나 어미 하나, 단어 한두 개도 저자가 심혈을 기울이고 긴 고심 끝에 선택한 결과들이다. 이런 것을 다른 이가 마음대로 바꾼다는 것은, 엄연한 원작 훼손이다. 화가의 어떤 그림에 허락 없이 다른 이가 물감을 덧칠하는 것과 다를 바 없다. 출판편집자가 저자의 동의도 없이, 몰래 마음대로 원고를 고치는 경우가 종종 있다. 그래서 때로는 책이 나왔을 때 정작 저자가 자신의 원고의 어디가, 어떻게 고쳐졌는지도 모르는 사태가 발생한다. 저자 입장에서 이보다 모욕적이고 불쾌한 일은 없다. 그것은 텍스트에 대한 폭력이요, 오만한 월권이다. 편집자 변정수는 그런 편집자를 '분별없는 폭력배'고 말한다. 그런 출판편집자들에게 그의 『편집에 정답은 없다』를 추천하고 싶다.

똑같은 사실을 전달하면서도 문장 표현에 따라 전혀 다른 느낌을 전달할 수가 있다. 언제나 보다 더 좋은 문장 표현이 어딘가에 존재한다고 해도 좋을 만큼 문장 표현의 방법은 무궁무진하다.

적합한 문장 표현을 통해 우리는 대상을 보다 멋지고 새로운 각도로 바라보게 된다. 결국 좋은 문장을 접하는 행위로서의 독서란 그 자체로 세상과 인생을 보다 매력적이고 풍요롭고도 자유로운 시각으로 바라보게 해준다는 점에서 실용적이면서도 교육적이며 또한 자극적이다. 우리가 새로운 문장을 찾으면, 새로운 문장은 우리에게 새로운 세상을 볼 수 있는 시각을 선물해 준다. 아마도 이것이 독서라고 하는 읽기와 창작이라고 하는 쓰기의 가장 본질적인 매력일 것이다.

글쓰기를 할 때는 언제나 자신이 지금 사용하는 문장보다 더 나은 문장 표현이 존재한다는 사실을 인정해야 한다. 혹은 지금보다 더 나은 문장 표현은 불가능하다 싶을 만큼 좋은 문장이 찾아질 때까지 만족하지 말고 절차탁마해야 한다. 좋은 글쓰기란 이보다 더 나은 문장 표현은 존재하지 않는다 싶은 문장을 찾는 노력을 병행할 때야 비로소 이루어진다.

—이만교, 『개구리를 위한 글쓰기 공작소』에서

'더 좋은 문장 표현' 또한 적합한 단어 선택과 조합에서 나옴을 우리는 잊지 말아야 한다. 단언컨대 단어들이 적재적소에 자리 잡아 조화로운 배열을 이루는 것이 뛰어난 문장의 본질이다. 피아노의 88개 건반으로 끝없는 새로운 곡을 계속 연주할 수 있는 것은 작은 음표들의 새로운 조합 때문이다. 마찬가지로 음표처럼 단어의 새로운 조합과 배열에도 한계가 없기에 새로운 문장 표현의 세계도 또한 끝없이 열려 있다. 아직 표현되지 않은 문장은 언제나 무진장으로 남아 있는 것이다.

문장은 언제나 '이미 드러난 세계'와 '앞으로 드러날 세계' 사이에 있다. 만들어진 문장은 기지요 만들어질 문장은 미지이니, 문장은 기지의 세계에서 미지의 세계로 가는 쉼 없는 발걸음과 같다. 언제나 보다 더 좋은 문장 표현과 아직 표현되지 않은 문장이 존재할 것이다. 그것은 무궁무진한 언어의 광산과 같아서 찾아서 쓰는 자가 임자이다.

우리의 잠자는 감성을 깨우고 생각의 각도를 새롭게 하는 문장, 보이지 않던 세계를 보게 하는 의식의 스펙트럼을 제공하는 문장. 절차탁마의 도가니에 단어들을 잘 섞어 누구나 그러한 문장을 마음껏 쓸 수 있기를……

단어 감수성

> 모든 생각은 문자의 정교한 조합을 통해서 이루어진다. 즉, 내 생각의 범위는 내가 알고 있는 문자의 범위이고, 생각은 그 문자의 조합을 넘지 못한다. 따라서 나의 생각을 넓히기 위해서는 많은 문자를 알고, 그것을 조합하는 방법을 익혀야만 한다. —박경철

프랑스의 한 장님이 "저는 태어날 때부터 장님입니다"라는 팻말을 들고 미라보 다리 위에서 구걸을 하고 있었다. 하지만 무심히 지나치기만 할 뿐 동정을 하는 이는 많지 않았다. 그 모습은 본 어떤 사나이가 그 팻말을 뒤집어, 몇 자를 적어서 팻말의 구절을 바꾸어 다시 걸어 주었다. 하루에 10프랑밖에 못 얻었던 그 장님은 그 후부터 몇 배가 훨씬 넘는 돈을 얻게 되었다. 그 사나이가 적어준 말은 "곧 봄이 오건만 저는 봄을 볼 수 없답니다"였다. 글귀를 바꾸어준 그 사나이는 시인 로제 카이유였다.

이 일화는 우리에게 무엇을 말해주는가? 무엇 때문에 저런 커다란 차

이가 빚어졌는가? 이 일화는 같은 내용이라도 '표현'이 다르면 사람을 움직일 수 있는 힘이 다름을 보여준다. 하나는 감성이 없는 밋밋한 문장이었다면, 또 하나는 감성을 자극하는 감각적 문장이었다. 봄이라는 계절과 시각이라는 감각을 절묘하게 연결해서 '볼 수 없음의 슬픔'을 타자가 느낄 수 있도록 한 것이다. 시인의 솜씨답다고 이를 만하다.

> 오래전, 코닥의 창업자 조지 이스트먼이 세일즈 직원들에게 물었다.
> "코닥이 파는 상품은 무엇입니까?"
> 무슨 소리인가 의아해하면서 직원들이 대답했다.
> "카메라요."
> "아닙니다."
> "필름입니다."
> "틀렸습니다."
> "그러면 사진인가요?"
> 이스트먼은 이번에도 고개를 저었다.
> "모두 틀렸습니다. 우리가 파는 것은 추억입니다."

세계적인 카메라 회사 코닥의 창업자는 예술적 감각을 지닌 인물이었던 듯하다. 그는 카메라를 사진을 찍는 물건이나 상품으로 보지 않고, 그것이 고객에게 부여하는 가치를 시적 감성으로 인식할 줄 알았다. 그러한 인식 속에 그 자신은 전 세계인에게 카메라를 파는 사람이 아니라 '추억을 파는 사람'이 되었다. 바뀐 것은 단지 '단어' 하나뿐이지만, 내용과 표현의 묘는 확연히 바뀌었다. 고작 단어 하나도 이처럼 엄청난 의미 변화를 불러올 수 있는 것이다.

글 쓰는 이의 재산은 사실 단어뿐이다. 그들은 오직 단어로 시작해 단어로 끝맺는 일을 한다. 단어에 대한 감수성과 애착이 남달라야 하는 이유이다.

> 붓자국 하나에 온 심혈을 기울이는 화가처럼, 음표 하나를 가지고 몇 번을 지우고 넣기를 반복하는 음악가처럼, 글쓰기에서 어떤 단어 하나를 고르는 일은 언어게임을 '비약적으로' 재미있게 만드는 '묘수'를 고안해내는 것과도 같다.

—윤세진, 『언어의 달인 호모 로퀜스』에서

단어 하나를 잘 고르는 것이 비약적으로 문장의 '결'과 수준을 바꿔주는 일은 비일비재하다. 특히나 시나 카피처럼 간결하고 함축적인 글은 더욱 그러하다. 붓자국 하나하나가 모여 그림이 되고 음표 하나하나가 모여 곡이 되는 것처럼, 단어 하나하나가 모여 글을 완성시킨다. 글쓰기란 처음부터 끝까지 마음에 드는 적합한 단어를 고르는 일이다. 때문에 글을 잘 쓰려면 반드시 단어에 대한 감수성이 뛰어나야만 한다.

"언어적 감수성이 둔한 사람이 구사한 문장은, 음치가 내는 휘파람 소리와 같고 두터운 장갑을 끼고 세공을 하는 경우와 같으며 비염 환자가 냄새 맡는 꼴과 같다. 미감이 둔한 요리사가 있을 수 없듯이, 글쓰기에 있어 언어적 감수성은 가장 기초적이고 가장 필수적인 요건이다."(이만교)

마거릿 미첼은 1925년부터 1935년까지 조금씩 쓰던 그녀의 소설 제목을 처음에 '내일은 내일의 태양이 뜬다'라고 했다가 다시 '지친 짐을 싣고'로 할까 했는데 결국엔 '바람과 함께 사라지다'로 결정했다고 한다. 세 가지 제목은 감각과 개성의 측면에서 확연한 차이를 보인다. 특히 이 작품은 제목 덕을 많이 본 작품으로 회자되는데, '바람과 함께 사라지다'는 시적이고 미지의 여운이 서려 사람에게 인상적인 느낌을 준다. "좋은 제목은 좋은 은유와 같다. 너무 모호하지 않고 너무 뻔하지도 않으며 강한 흥미를 불러일으켜야 한다"(워커 퍼시)라는 요건에 아주 충족한 제목이었던 것이다. (같은 책이 다른 제목으로 출간되어 성공한 예는 숱하게 있다.)

이런 결과들은 모두 단어에 대한 감각, 언어적 감수성에서 기인한다.

> 언어적 감수성이란 언어가 불러일으키는 다양한 감성과 상상력을 뜻한다. '참새'라는 단어를 통해서 다만 사전적인 의미인 'a sparrow, 참샛과의 새로 몸은 다갈색이고 부리는 검으며 배는 잿빛을 띤 백색이다. 가을에는 농작물을 해치나 여름에는 해충을 잡아먹는 텃새'라는 개념만 떠올린다면 무척이나 빈곤한 언어적 감수성을 가진 사람이 틀림없다. 이런 사전적 의미 이외에 최소한 시골 방앗간, 전깃줄, 덤불 숲, 아침햇살, 수다쟁이, 새참, Real Bird…… 정도는 연상해야 일반적 수준의 언어 감수성을 지닌 사람일 것이다. (…)
>
> 모든 언어는 사전적 의미 외에 매우 다양한 사회적 · 역사적 외연의 의미망을 지닌다. 여우라는 단어는 단지 '여우(fox)'라고 하는 동물만을 의미하지 않는다. 간사한 잔꾀에 능한 사람을 일컫기도 하고, 반대로 매우 영민하고 지혜롭게 처신할 줄 아는 사람을 일컫기도 한다. 혹은 간사하고 잔꾀를 부리는 여성을 상징하기도 한다. 그 밖에 전설 · 산골 · 자연보호 등을 연상시키기도 한다. 언어적 감수성이 풍부한 사람이란 여우라는 단어를 통해 이러한 외연적 의미와 뉘앙스까지 풍요롭게 즐길 줄 아는 사람이다.
>
> —이만교, 『글쓰기 공작소』에서

단어 감수성이란 단어의 속성과 질감을 잘 느끼는 능력이다. 잘 느낄수록 연상 능력도 뛰어날 수밖에 없다. 이것엔 배경지식과 상상력까지 포함된다. 하나의 특정 '단어'에는 그와 관련된 수많은 속담과 격언, 우화, 문학작품, 개인적 체험과 역사·사회의 배경이 그림자처럼 배어 있다. '여우'라는 단어를 보고도 어떤 이는 동물원에서 인상적으로 본 사막여우가 떠오를 것이고, 또 어떤 이는 『어린왕자』에 나오는 여우를 떠올릴 것이다. 때문에 연상 능력은 체험과 배경지식과도 무관할 수 없다. 바닷가의 어부나 해양 생태학자에겐 '바다'라는 단어가 더 특별할 것이고, 이와 관련된 연상의 폭도 일반인보다 훨씬 더 풍부할 것이다.

나는 초여름 새벽 광안리에서 우연히, 여명의 은은한 빛 아래 진한 키스를 나누는 연인을 본 적이 있다. 마치 시간이 살짝 빗겨간 듯…, 한 폭의 그림이나 사진을 보는 듯했다. 바닷가에서 첫 키스를 한 사람은, 이런 경험이 없는 사람과 달리 '바닷가'란 단어에 남다른 느낌과 연상(추억)을 가질 것이다. 이처럼 단어 감수성은 개인의 직·간접 체험과도 깊이 연결되어 있다.

특정 어휘에 대한 반응과 자극으로 다양한 것을 연상할 수 있다는 것은, 그 어휘를 사용할 수 있는 감각과 폭이 그만큼 넓고 다채롭다는 뜻이다. 좋은 요리사가 되려면 재료에 대한 섬세한 미적 감각을 길러야 하는 것처럼, 좋은 글쓰기를 위해선 뛰어난 '단어 감각'을 기르는 일이 선행되어야 한다. 아울러 그것은 감수성과 배경지식 양 측면에서 이루어져야 한다.

단어의 질감을 잘 느끼는 감각뿐 아니라, 단어에 대한 외연의 의미망을 손쉽게 넓힐 수 있는 가장 좋은 방법은 독서이다. 풍부한 독서 경험과 평소 책을 읽을 때 문장을 세밀하게 읽어내는 습관이 이러한 능력을 뛰어나게 만든다. 그 과정에서 언어 감각이 계속 연마되기 때문이다. 단어를 어느 자리에, 어떻게, 어떤 단어와 연결해서 사용했는가? 음식의 재료가 다른 재료와 섞여서 다른 맛을 내듯, 단어도 다른 단어와 연결되어 다른 의미의 결과 뉘앙스를 만들어낸다. 그런 미묘한 차이를 민감하게 포착할 수 있을 때, 단어 감수성은 점점 더 섬세해지고 풍성해질 것이다.

　다섯, 설레다. 설렘은 마음의 나풀거림이다. 그것은 정서적 정신적
미숙의 증상일 수도 있다. 부동심(不動心)은 동서고금의 많은 현인들이
다다르려 애쓴 이상적 마음상태였다. 그러나 설렘이 없다면 생은 얼
마나 권태로울 것인가. 소풍 전날의, 정인(情人)을 기다리는 찻집에서
의, 설날 해돋이 직전의 설렘을 기억하고 되새기는 것은 생의 정당한
사치다. 그것은 생의 밋밋함을 눅이는 와사비다.

―고종석, 『말들의 풍경』에서

　언어 감수성의 깊이가 느껴지는가? 인용문은 「가장 아름다운 우리
말 열 개」라는 글에서 '설레다'를 설명한 부분이다. 고종석은 열 개의 단
어로 '가시내, 서리서리, 그리움, 저절로, 설레다, 짠하다, 아내, 가을, 넋,
술'을 꼽았다. ――본디 이 제목은 김수영의 수필에서 따온 것으로, 김수
영은 '마수걸이, 에누리, 색주가, 은근짜, 군것질, 총채, 글방, 서산대, 벼
룻돌, 부싯돌'을 꼽았다.

　그는 '설레다'라는 단어가 왜 좋은지를 간명하게 잘 설명하고 있다.
'설레다'에 담긴 그의 감성과 시각은 우리에게도 '설렘'에 대한 느낌을
자아낸다. 설렘이란 시간의 동심원 같은 마음속의 찬찬한 잔물결이요,
일상과 권태와 무감각의 투명한 방부제다.

　우리말 중에 내가 가장 아름답다고 여기는 말은 무엇인가? 내가 가장
좋아하는 단어는 어떤 것인가? 사람마다 좋아하는 단어, 아름답다고 여
기는 말이 다를 것이다. 나라면 '숨결'과 '마음씨'와 '첫눈'과 '새싹'과 '포
근하다(푸근하다)', '보드랍다' 등을 넣고 싶다. ―'첫눈에 반한 마음씨 고
운 그녀와 첫눈 오는 날 포근한 데이트'를 할 수도 있을 것이다―각자 자

신이 좋아하는 단어를 10가지 꼽아보고 그 이유를 설명해보라. 단어의 느낌을 깊이 음미하며 다양한 연상을 해보는 것은 단어 감수성을 높이는 좋은 디딤돌이 되어 줄 것이다.

단어 구사에 대한 감각을 볼 수 있는 몇 가지 예를 살펴보자.

> 화단에서는 군데군데 꽃이 눈을 떠, 깜짝 놀란 소리로 '빨강!'하고 외쳤다. ─라이너 마리아 릴케

릴케는 화단에 빨간 꽃이 피었다고 말하지 않았다. 의인법을 써서, 꽃 피어난 모습과 그에 대한 감격을, 꽃이 눈을 떠 깜짝 놀란 소리로 '빨강!'이라고 외쳤다고 표현했다. 시각적 심상이 단숨에 청각으로 전환된 것이다. 화단에 노란 꽃은 '노랑'이라고 외칠 것이고, 하얀 꽃은 '하양'이라고 외칠 터……. 화단은 색깔 있는 '소리의 폭죽'이던가! ──'빨강'이 이처럼 인상적으로 청각화되는 표현을 나(혹은 우리)는 일찍이 보지 못했다. 릴케는 '빨강'이 시각적 단어가 아니라 청각적 단어가 될 수도 있음을 우리에게 보여준 것이다.

> 고요는 항상 큰 시끄러움의
> 꼭짓점에 있습니다.
>
> ─한승원, 「다시 정각암 수련꽃」, 『달 긷는 집』에서

그의 시구는 선어(禪語)와 같거니 무엇을 말하고자 함인가. 연꽃이 진흙 속에서 자라는 것처럼, 질서는 혼돈 속에서 나오고, 고요 또한 뭇 소리 너머에 존재한다. 궁즉반(窮則反)! 밤이 깊으면 새벽이 오고, 달이 차면 기우는 법이다. 끝은 새로운 시작과 맞닿아 있다. 극과 극은 하나로

통한다.

꼭짓점은 수없이 많다. 도형의 꼭짓점도 있고, 산이나 건물의 꼭짓점도 있고, 점수의 꼭짓점도 있고, 더하여 꼭짓점 댄스도 있다. 그러나 '시끄러움의 꼭짓점'은 어디서도 미처 보지 못했다. '시끄러움'은 눈에 보이는 것이 아니기에, 시각적 표현인 꼭짓점과 쉽게 연결될 수 없는 것이기 때문이다.

이 표현은 대상의 속성에 새로운 물질성을 부여하는 '활물변이형 은유'를 사용하여, 청각을 시각으로 전환시켜 놓았다.[5] 시인의 감각적 표현 속에, 시끄러움에도 꼭짓점이 있고, 그 꼭대기에 고요 또한 있음을 인식하게 한다.

―그렇다면 마음에도 다양한 꼭짓점이 있을 것이다. 회한의 꼭짓점엔 버리기 힘든 미련도 있을 것이요, 그리움의 꼭짓점에 잊혀지지 않는 어떤 이름도 있을 것이다.

> 산 채로 회를 떴으니 선도는 말할 나위 없다. 마지막으로 누구와 더불어 먹느냐가 중요한데, 속 터놓고 지내는 지인들과 어울리면 '만남'이 '맛남'과 같은 소리가 된다.
>
> ―손철주, 『꽃 피는 삶에 홀리다』에서

그는 만남의 기쁨을, 특히 맛있는 음식 앞의 반가운 지인들과의 만남을 '맛남'으로 표현했다. 비슷한 음가를 전제로 재치 있는 언어유희를 구

---

5 기억에 남는 인상적인 표현을 하나 소개한다. "투명하게 가라앉은 시간이 볼펜 소리와 함께 한 방울 한 방울 떨어진다." 일본의 인기 소설가 요시모토 바나나의 이 구절은 '시간'을 마치 눈에 보이는 물방울인 듯이 감각적으로 표현했다. 이처럼 활물변이형 은유를 사용하면 매우 개성적인 표현이 만들어질 확률이 높다. 현대의 뛰어난 문장가치고 이런 표현을 즐겨 사용하지 않는 사람은 거의 없다. 이는 이런 표현이 그만큼 탁월한 수사적 기술임을 의미한다.

사한 것이다. 사소한 듯하지만, 언어 감각이 없이는 나올 수 없는 표현이다. 예전에, 흥행에 실패한 영화의 기사 헤드라인에 이런 게 있었다. "멜로가 별로다." 이 또한 자음 하나 차이의 비슷한 음가를 통한 언어유희를 활용한 표현이다.

> '우리'는 때로 흐리멍덩하다. 콕 짚어서 '너' 아니면 '나' 아니면 '그'라고 하면 된다. 흐리멍덩하게 '우리'라는 우리에 가두지 말자. 잘못하면 '돼지우리' 된다. ─고경태

구체적인 표현을 하라고 이르는 이 문장은 동음이의어를 통한 언어유희를 보여준다. 소리가 같은, 인칭대명사 '우리'와 짐승을 가두어 두는 장소인 '우리'를 함께 놓음으로써, 인상적인 표현을 만들어내었다. 예컨대 이른바 "우리가 남이가?"와 같은 지역주의를 조장하는 정치적 발언이, '우리'라는 배타적인 우리에 우리를 가두는 말일 것이다. 우리는 세상이 만들어놓은 말의 우리를 잘 살펴야 한다.

> 실천하지 않는 지성은 부끄러워할 줄 알아야 한다. 많이 배우면 뭐하겠는가. 피서지, MT, 축제 현장처럼 젊음과 열정이 지나간 자리에는 엄청난 쓰레기만 남는 것을. 자신이 머물렀던 자리 하나 깔끔하게 정리하지 못하는 사람들은 사회에 나가서도 자기 관리를 제대로 못할 가능성이 크다. 그러니 당신이 머물던 자리에는 부디 그리움만 남기시기를.
>
> ─최용주, 『가슴청년, 희망을 도둑맞지 마라』에서

당신이 머물던 자리에는 무엇이 남아 있는가? 당신이 떠난 자리는 당신의 진정한 모습을 보여줄 것이다. 인용문에선 '젊음과 열정이 지나간

자리'와 마지막 문장에 있는 '그리움'이라는 단어에 방점이 찍힌다. 특히 '머물던 자리에 그리움을 남겨라'는 표현은 감각적이고 시적이다. 그는 '머물던 자리에 쓰레기를 남기지 말라'는 상식적인 표현을 쓰지 않았다. 그의 표현엔 '실천하는 지성'과 '매너와 품성', '그리움'이 하나의 의미 동선으로 연결되어 있다. 내가 머물던 자리에 쓰레기나 미움, 혐오감 대신 배려와 그리움을 남길 수 있다면 지성인이 아닐지라도 그는 이미 멋있는 존재일 것이다.

> 하늘과 호수가 접붙어 있다. 내가 꿈꾸는 것이 저것. 찰나와 영원, 현실과 초월의 두 세계를 내 나머지 삶에서 접붙여 사는 것. 나의 사랑은 끝나지 않았다. ─박범신

'접붙이다'는 사전적 의미로 '사람이 어떤 나무의 가지나 눈을 다른 나무에, 접을 붙여 엉겨붙게 한다'는 뜻이다. 그런데 여기서는 하늘과 호수가 접붙어 있고, 찰나와 영원·현실과 초월이 삶과 접붙어 있다. 여기서도 앞서 말한 매우 감각적인 활물변이형 은유가 사용되었다. 하늘과 호수는 물질의 시각적인 접붙임이요, 후자는 추상의 초물질적이고 비가시적인 접붙임이다. 박범신은 '접붙이다'라는 단어를 이토록 절묘하고 감각적인 표현으로 사용하고 있다.

우리는 영원 속의 한 굽이를 아주 잠시 살다 간다. 어쩌면 우리 삶의 매 순간순간이 찰나와 영원을 접붙이는 과정일 것이다. 더하여 세상과 내 마음을 접붙이는 과정이요, 나와 너를 접붙이는 정녕코 다시없을 과정이다. 모든 만남이 마음의 접붙이기요, 모든 춤과 노래가 감정의 접붙이기이다. 글쓰기 또한 단어와 단어, 내용과 표현의 접붙이기이며, 문자와 내 영혼을 접붙이는 작업이 아니겠는가. 은유가 시공을 넘어 이것과

LQ 글쓰기 스터디 1

저것을 접붙이듯, 사랑은 너와 나를 접붙이고서 서로의 존재를 더 빛나게 할 것이다.

사랑은 지금이다.
사랑은 '하였다'도 '하리라'도 아니다. 언제나 사랑은 '한다'이다.

고은 시인의 『상화 시편』의 서문에 나오는 구절이다. '하다'라는 동사의 과거형과 미래형과 현재형을 통해서 사랑의 본질적 가치를 이야기하고 있다. 이는 '사랑' 안에서 '하다'라는 동사 하나를 시점에 따라 이리저리 뒤집어볼 수 있는 감각이 있었기에 나올 수 있는 표현이다. 지나간 사랑은 추억이고, 다가올 사랑은 바람이니, 언제나 지금 여기의 사랑만 실존하는 사랑이다. 사랑은 언제나 너와 나의 현존일 것이다!

세상은, 시점과 언어를 통해 탄생한다. 마치 흑백 텔레비전으로 보면 모든 장면이 흑백에 불과하듯, 일상언어만을 구사하는 사람들은 일상적 통념을 벗어날 수 없다. 글쓰기를 통해 보다 더 좋은 문장을 구사한다는 것은, 단순히 등단이나 출간이 가능해진다는 것을 의미하지 않는다. 그것은 세계를 보다 구체적으로 실질적으로 창조적으로 역동적으로 바라보는 동시에 응전할 수 있다는 사실을 의미한다.

―이만교, 『개구리를 위한 글쓰기 공작소』에서

통념의 선글라스를 쓰고 세상을 보면, 보이는 모든 장면이 온통 통념의 빛으로만 비칠 것이다. 고정관념은 생각의 족쇄이자, 언어의 메마른 뻘밭이다. 새로운 눈으로 삶과 세상을 보는 것은, 진부와 통념을 깨는 '새로운 언어'로 삶과 세상을 인식하는 일과 무관하지 않다. 표현은 인식의 결과물이다. 새로운 인식 없이 새로운 표현은 생성될 수 없다. 감성의 빈곤과 통념의 황무지는 언어의 살과 뼈를 심한 무력증으로 이끈다.

> 읍내에 갔다가 돌아오는 둑길에는
> 새떼들도 밟지 않은 저녁놀이 아름답구나.
> 사과 속에서, 여름의 촌락들은
> 마지막 햇빛을 즐기며 천천히 익어간다.
> 연한 풀만 가려 뜯어먹던 암소는 새끼를 뱄을까,
> 암소가 울자
> 온 들녘이 다정다감한 어머니로 가득하다.
> 게를 잡으러 갔던 아이들은
> 버얼겋게 발톱까지 새끼게가 되어 돌아오고,
> 목책이 낮아
> 목책 밖으로 자꾸 뛰쳐나가기만 하던 하늘은
> 조금씩 조금씩 어두워져 돌아온다.
> 지붕 위에 초승달 뜨고,
> 오늘 저녁
> 딸 없는 집에서는
> 저 초승달을 데려다가 딸로 삼아도 좋으리라.
>
> —이준관, 「읍내에 갔다가 돌아오는 둑길에는」, 『부엌의 불빛』에서

시 속을 들여다보면, 새떼들도 밟지 않은 저녁놀 아래 (여름 촌락에서 사과가 익어가는 게 아니라) 사과 속에서 여름 촌락이 익어가고, 들녘이 다정다감한 어머니로 변하고, 게를 잡던 아이들이 새끼게가 되어 돌아오고, 목책 밖으로 뛰쳐나갔던 하늘도 어두워져 돌아오고, 딸로 삼아도 좋을 초승달은 지붕 위로 정겹게 떠오른다. 이 시는 마치 샤갈의 그림처럼 초자연적인 상상의 멋과 색채의 조화, 고즈넉한 운치를 지니고 있다.

예사로 지나칠 시골의 흔한 풍경일 수도 있는 것을, 아름답고 정겨운

서정으로 신비로운 정감의 시경(詩境)으로 승화시킨 힘은, 그것을 바라보는 시인의 섬세한 감성과 따뜻한 시선이 있었기 때문일 것이다. 새롭고 감각적인 언어는 시 속에, 세상에 없던 새로운 세계를 불러왔다. 풍요로운 감성과 깨어있는 인식은 이와 같이 새로운 눈으로 세상을 보게 하고, 새로운 표현으로 세상을 이야기한다.

바람이 불면 물결이 이는 것처럼, 언어의 변화는 언제나 시각과 인식의 변동을 그림자처럼 동반한다. 이는 뫼비우스의 띠처럼 순환한다. 하여 정신의 빈곤은 언어의 빈곤으로 이어지고, 언어의 빈곤 역시 정신의 빈곤으로 이어진다. 늘 서로가 서로를 구제해야 하는 것이다.

> 언어는 단순히 사고를 표현하는 수단이 아니라 그 자체가 하나의 행위다. 따라서 다른 언어를 갖는다는 건 다르게 생각하고 다르게 행동하고 다르게 산다는 걸 의미한다. 언어는 무게도 부피도 없는 추상적 기호임에도 불구하고, 우리의 삶에 물질적으로 작용하는 '힘'인 것이다. 그래서 어떤 언어는 차갑고 어떤 언어는 뜨거우며, 어떤 언어는 사람을 죽이기도 하고 어떤 언어는 사람을 살린다. 또 어떤 언어는 억압을 위한 무기가 되는 반면, 어떤 언어는 억압을 깨는 무기가 되기도 한다. 지금 나의 언어는 어디서 어떤 식으로 작동하고 있는가?
>
> ─윤세진, 『언어의 달인 호모 로퀜스』에서

우리의 삶이 선택의 연속이듯, 글을 쓰는 일도 선택의 연속이다. 어떤 언어가 차갑고 어떤 언어가 뜨거운지를, 어떤 언어가 깊고 높은지 어떤 언어가 얕고 낮은지를 알아야 한다. 어떤 언어가 나를 키우고 자유롭게 하는지를, 어떤 언어가 세상을 깨우고 서로를 살리는지를 (혹은 그 반대인지를……) 알아야만 그 언어를 의미 있게 제대로 구사할 수 있다. 언어 감수성은 우리의 가슴속에 살아있는 언어의 마르지 않는 필터다.

가슴속에 잠들어 있는 많고 많은 나의 언어들을 깨워라. 깨워서 나의 시각과 인식을 새롭게 하는 찬란한 도구가 되게 하라. 지금 나의 언어가 어디서 어떤 식으로 작동하고 있는지를 잘 살피는 것은, 내 인식의 장을 비춰볼 수 있는 거울이자, 글을 잘 쓰기 위한 정신적 베틀이며, 우리 모두가 가져야할 언어에 대한 소중한 책임일 것이다.

상위어 하위어

언어의 체계는 반드시 상위개념과 하위개념으로 분류된다. (어떤 책이든 펴서 목차를 보라. 목차는 모두 상위개념과 하위개념에 따라 체계적으로 분류되어 있다. 책뿐 아니라 세상의 모든 체계란 크고 작은 상하위 개념으로 분류된다.) 때문에 모든 낱말은 상위어와 하위어의 관계 속에 있다.

'물고기 ― 민물고기 ― 붕어 ― 참붕어'

여기서 '물고기'는 가장 상위어이고, '참붕어'는 가장 하위어이다. 상위어와 하위어는 관계성 속에서 상대적이다. '붕어'는 '참붕어'의 상위어이지만 '민물고기'의 하위어이다. 이렇듯 상위어는 하위어를 포섭하고, 하위어는 상위어에 포함된다. 이런 개념을 잘 이해하고 있어야, 자신의 의도와 문맥에 맞는 적합한 낱말을 고를 수 있다. 범위를 좁힐 것이냐, 범위를 넓힐 것이냐에 따라 단어 선택은 늘 달라진다.

예컨대 '꽃'이라는 단어에는 수많은 하위어가 있다. '그에게 꽃을 받았다'와 '그에게 장미를 받았다'는 의미와 심상의 폭이 다르다. '그에게 스무 송이 하얀 장미를 받았다'라면 그냥 '장미'보다 좀 더 구체적인 심상이 그려진다. 꽃이 '국화'나 '난초'라면 느낌이 또 다른 것이다. 이처럼 하

위어를 쓸수록 의미와 이미지가 구체적으로 변한다. '집에 눈이 쌓였다'
보다 '너와집에 눈이 쌓였다'가 더 구체적이다. 또 같은 하위어라도 '산
골의 작은 너와집에 눈이 쌓였다'처럼 단어에 수식어가 붙으면 더 구체
적으로 바뀐다.

> ① 냇가에서 고기를 잡았다.
> ② 냇가에서 참붕어와 피라미를 잡았다.

상위어를 쓸수록 범위가 넓어져서 포괄적인 의미를 띠고, 하위어를
쓸수록 범위가 좁아져 구체적인 의미를 띠게 된다. 때문에 수많은 문장
표현 속에서 상위어를 써야 할 때와 하위어를 써야 할 때가 다르다. 때에
맞게 상보적으로 상위어와 하위어를 적절히 잘 골라 써야 한다.

"단어의 이 같은 상하위 관계를 잘 파악하면 뜻을 명확히 알고, 일반
적 진술과 특수진술을 잘 구분해서 표현할 수 있다. 뿐만 아니라 복잡한
사물이나 현상을 분류할 수 있으므로 문장의 논리를 세우는 데 도움이
된다."(손광성)

상위어와 하위어는 둘 다 꼭 필요한 것이지만, 글을 잘 쓰기 위해선
기본적으로 상위어보다 하위어 위주의 글을 쓰는 게 좋다.

> 자동차라고 하지 말고 캐딜락이라고 하라. 과일이 아니라 사과라
> 고 하라. 그냥 새가 아니라 굴뚝새라고 하라. '동반의존적인 신경과민
> 의 남자'라고 하지 말고 '해리라는 사람은 아내가 담뱃불을 붙이러 가
> 스렌지로 가는데 그녀가 사과를 먹으려는 줄 알고 냉장고로 달려가는
> 남자'라고 구체적으로 써라. 대중심리학의 꼬리표를 붙이기보다는 그
> 꼬리표 속으로 깊숙이 들어가서 대상을 구체적으로 묘사해야 한다.
>
> ─나탈리 골드버그, 한진영 역, 『글쓰며 사는 삶』에서

상위어를 주로 쓰면 범위가 넓기에 글이 관념적이고 일반적일 수밖에 없다. 구체적인 표현은 필연적으로 하위어를 지향한다. 하위어는 이미지와 감각적 경험을 생생하게 불러일으킨다. 때론 '사과'라고 하지 말고, '아침 햇살이 비치는 탁자 위에 놓인 빨간 사과'처럼 어떤 순간에 어떠한 사과인지를 말하라. '정신병자'라도 그 양태가 천차만별이다. 어떤 정신병자인가? 구체적 표현이 없으면 그 실상을 전혀 알 수가 없다. 우리 삶의 실상은 늘 아주 구체적이다. 사건 하나하나가 육하원칙 이상의 요소를 함유하고 있다. 구체적이지 않으면 그 모습과 진실을 그려낼 수가 없다.

세상 만물은 모두가 '보다 작은 단위의 결합체'인 동시에, '보다 큰 단위의 일부분'으로 존재하고 있다.

대학생의 하위어로는 '신입생', '공대생', '서울대생' 등과 같은 어휘를 사용할 수 있다. 그런데 '신입생'보다 더 구체화된 언어로 내려가려면 어떻게 해야 할까? 신입생 일반이 아니라 특정한 신입생을 가리키려면 어떻게 말해야 할까?

수식을 활용하지 않을 수 없다. 예를 들어 누군가 "그 신입생은 어떤 모습이었어?"라고 물으면 보다 구체화해야 하는데, 적어도 "그는 시골에서 갓 올라온 신입생 모습이었어"라고 대답하거나, "시골에서 갓 올라온, 마치 사관생도복을 입히면 어울릴 것 같이 반듯하고 단정한 자세로 앉아 있는 신입생 모습이었어"라고 수식구를 동원해 설명하는 것이다.

—이만교, 『개구리를 위한 글쓰기 공작소』에서

상위어든 하위어든, 하나의 단어에 수식어가 붙으면 더 구체적인 표현으로 바뀐다. '붕어'를 예로 들자면, '갓 잡은 손에서 물과 함께 꿈틀대는 붕어'와 '냄비 속에서 벌겋게 매운탕이 된 붕어'는 사뭇 같지 않다. 반면 연잎 아래의 물 그늘에 잠시 입을 맞추고 유유히 헤엄치는 붕어도 있을 것이고, 사대강 사업으로 강수가 오염되어 수면에 둥둥 떠다니는 죽은 붕어도 있을 것이다. 내가 말하고자 하는 붕어는 수없이 많고 많은 세상의 붕어 중에서 어떤 붕어인가? 수식어를 통해 차이와 개별성을 부여하라. 구체적이지 않은 표현은 사전의 개념처럼 막연한 관념의 망 속에만 머물 뿐이다.

> ① 어떤 여자가 있다.
> ② 하얀 원피스를 입은 아가씨가 있다.
> ③ 학교 연못가에 하얀 원피스를 입은 긴 머리의 여대생이 책을 읽고 있다.

위의 세 문장은 아래로 갈수록, 하위어와 수식구 때문에 더 구체적으로 바뀌었다. '여자'보다 '아가씨'가, '아가씨'보다 '여대생'이 더 하위어이다. 하위어뿐 아니라 장소와 옷차림, 머리 모습, 행위 등의 속성이 드러나 세 번째 문장이 가장 구체적인 표현이 되었다. 이처럼 구체적으로 쓰는 것은 단지 '하위어 사용'과 '세부 사항'만 더해주면 누구나 쉽게 할 수 있는 것이다.

한 명의 예쁜 여자가 있다고 할 때, 실제 삶 속에서, '그냥' 예쁜 여자가 존재하는 법은 결코 없다. 언제 어디서, 어떻게 어떤 모습으로 예쁘게 존재하는지, 그 구체적인 속성이나 상태가 반드시 있다. 구체적인 표현이 아니면 그 예쁨은 끝내 막연함으로 남을 것이다.

멀리에 있는 사람은 얼굴이 잘 보이지 않고, 멀리에 있는 산은 나무가 잘 보이지 않는다. 대상의 모습과 속성은 근접과 미시적 관점에서 더 잘 드러난다. 그물마다 그물코의 호수가 다르듯 단어 쓰임도 상위어와 하위어를 써야 할 곳이 다 다르다. 다만 상위어보다는 하위어를 써야 글의 구체성을 낚기가 훨씬 더 용이하다. 하위어는 구체성을 낚는, 그물코가 작은 그물인 셈이다.

상하위어의 분류 체계와 아울러, 한 낱말의 친족 관계를 이해하는 것도 '단어'를 쓰임 차원에서 제대로 알기 위한 필수 사항이다. 글을 쓸 때 동의어와 유의어, 반의어를 풍부하게 알아두는 것은 글을 쓰는 데 매우 유용하다. 단어를 고작 1,000개 아는 이와 10,000개 아는 이는 표현의 폭이 다를 수밖에 없다.

'동의어'는 문자 그대로 의미가 같은 단어를 말한다. 그 말은 뒤집어 생각하면 의미를 제외한 다른 특성은 같지 않다는 뜻도 된다. 하나의 단어는 의미와 모양과 소리로 이루어진다. 따라서 동의어는 의미는 같지만 모양과 소리는 다른 단어를 가리킨다. 요컨대 동의어 A와 B는 엄연히 다른 단어다. 우리는 의미 중심으로 단어를 생각하도록 길들어 있기 때문에, 두 단어 의미가 같으면 A와 B를 같은 단어로 치부해 버린다. 하지만 모양이나 소리 측면에서 보면 A와 B를 같다고 볼 수가 없다. 예컨대 '해변의 여인'과 '바닷가의 여자'는 의미를 따지면 차이가 없지만 모양과 소리의 유사성을 따지면 많이 다르다. (…)
하나의 단어를 선택할 때는 모양과 소리도 고려해야 한다. 의미만 통하면 그만이라는 생각을 갖고는 글을 세련되게 쓸 수 없다. 글의 세련됨은 가장 먼저 통일감에서 나온다. (…) 동의어를 많이 알고 있으면 그 상황에 가장 적확한 단어를 골라서 넣을 수가 있다. '일물일어'를 따질 때는 의미뿐 아니라 모양과 소리도 고려의 대상이 된다. 아무리 의미가 그 자리에 넣기에 적당해도 어감 측면에서 봤을 때 글 전체의 분위기와 어울리지 않으면 그 단어는 포기해야 한다. 다른 단어를 찾

LQ 글쓰기 스터디 1

으려고 노력해야 한다. 일견 사소해 보이는 그런 노력이 하나둘씩 모여서 책 한 권의 통일감에 일조한다.

—배상문, 『창작과 빈병』에서

엄밀한 의미에서 동의어는 존재하지 않는다. 단지 동의어에 가까운 말이 있을 뿐이다. 심지어 동의어로 번역되는 말의 경우도, 각각 '사랑'과 '러브'라고 표현했을 때 이 둘의 느낌과 의미 자장은 같지 않다. '러브 호텔'에서 '러브'는 성애를 나타내므로 결코 '사랑'과 같은 의미의 단어가 아니다. 이때의 '러브'는 '사랑'보다 더 하위어로 쓰였다.

어떤 문맥 속에선 '숨 쉬기 어렵다'와 '호흡하기 어렵다'도 같은 의미가 아닐 수 있다. 예를 들어 '그들과 호흡하기 어렵다'와 '그들과 숨 쉬기 어렵다'는 의미 차원에서 사뭇 다르다. '그의 문장은 호흡이 길다'는 가능해도 '그의 문장은 숨 쉬기가 길다'는 어색하다. '그의 시는 독자적인 울림과 호흡을 가지고 있다'에서 호흡은 인체의 숨과 무관한 것이다. 한 낱말은 이처럼 쓰임 차원에서 다양한 뉘앙스와 의미 결을 가지고 있다.

'넉넉하다'와 비슷한 말로 '낙낙하다, 푼푼하다, 여유(餘裕) 있다, 풍부(豊富)하다, 풍족(豊足)하다, 풍요(豊饒)하다, 풍후(豊厚)하다, 충분(充分)하다, 만만(滿滿)하다, 유여(有餘)하다, 유족(裕足)하다, 섬부(贍富)하다, 섬족(贍足)하다 등이 있지만, 그 어떤 말도 '넉넉하다'는 말을 온전히 대체할 수 없다. '서로의 마음이 넉넉하다'에 다른 낱말을 넣어보라. 모양이나 소리뿐 아니라 의미도 어감도 달라진다.

'포근하다'의 유의어로 '푸근하다'가 있다. '그대 품이 포근한 것'과 '그대 품이 푸근한 것' 사이엔 미세한 어감의 차이가 있다. 민요에 이런 구절이 있다. "선반 위의 술잔은 부드럽구요, 우리 님의 손목은 보드라워요." '부드럽다/보드랍다'는 어떻게 같고 어떻게 다른가? '부드러운 피부'와 '보드라운 피부' 중 어느 게 마음에 드는가? 우리에게 섬세한 언어 감수성이 필요한 것은, 이와 같이 언어엔 미세한 '의미와 어감의 결'이 수없이 존재하기 때문이다.

　작가들은 머릿속에 여러 동의어와 유의어를 놓고서 갈등할 때가 숱하게 많다. 어떤 단어가 내 마음이나 형상화에 가장 적합할 것인가? 이런 고민이 끊이지 않는 것은 낱말 하나에 따라 어감과 의미가 미세하게 변동하며 작품의 수준 차이가 발생하기 때문이다. 그 미세한 변동 속에서 최선의 낱말을 찾을 수 있는 능력이 바로 진정한 어휘력이다. 이것이, 글을 잘 쓰기 위해선 우리가 필히 언어 감수성과 어휘력 수준을 지속적으로 높여가야 하는 이유이다.

　　낱말도 씨앗이다. 하지만 씨앗을 심는다고 다 싹이 트는 것은 아니다. 싹이 튼다고 하더라도 다 꽃이 피는 것은 아니다. 꽃이 핀다고 하더라도 다 열매를 맺는 것도 아니다. 심었는가. 이제 살과 뼈로 거름을 삼고 피와 눈물로 뿌리를 적실 각오를 하라.

　　　　　　　　　　　　　　　　　　—이외수, 『아불류 시불류』에서

8장

긴 문장보다
짧은 문장을 써라

문체에는 우리의 인간됨을 이루는 모든 것이 녹아있다.
—나탈리 골드버그

좋은 문장은 고속도로처럼 읽는 사람에게 닿는 것이다. —장하늘

명문에는 시 정신이 있어야 한다.
리듬이 아니더라도 간결과 축약은 시 정신의 일부다.
산문은 지성의 언어요, 시는 정서의 언어다. —알렉산더 스미드

짧고 간결한 문장이 답이다

좋은 글은 간결하고 분명하다. 이는 문장 쓰기의 제1원칙이다. 간결하고 명료한 문장을 쓰는 것은 글쓰기의 기본이면서 최선이다. 간결하고 정확한 문장을 써야 의미전달이 명료해진다. 간결하고 명료한 문장의 기본은 '긴 문장'이 아니라 '짧은 문장' 쪽에 있다. 긴 문장보다 짧은 문장이 간결하고 분명하기가 더 쉽다. 장르와 내용을 불문하고 간결하고 분명한 글은 짧은 문장에 기초한다. 작문에 한껏 능수능란해지기 전까진, 가능한 한 기본에 최대한 충실할 필요가 있다.

특히나 초보자일수록 짧은 문장을 써야 한다. 글쓰기 경험이 적은 이는 짧은 문장으로 기본기를 충실히 익히며, 쓰기 자체에 먼저 익숙해져야 한다. 글쓰기에 익숙지 않은 사람이, 긴 문장을 쓰면 거의 대부분 뜻이 불분명한 문장, 곧 '비문'을 쓰게 되기 때문이다. 비문은 문법적으로 틀린 문장이다. 이런 문장이 있으면 의미 전달이 흐려지는 것은 물론이요, 글에 대한 신뢰도를 급격히 떨어뜨린다. 의미 전달이 정확한 문장, 말이 되는 온전한 문장을 쓰는 것이 문장 쓰기의 최우선 과제이다.

다음 예문은 민족문제연구소에서 만든 '친일파 인명사전에 대한 동영상'[6]을 보고서 쓴 한 학생의 소감문 일부다.

역사 다큐멘터리 영상을 보고 난 후 친일파에 대해 교과서로만 보고 배운 것 말고도 아직까지 잔존하고 있고 그 친일세력과 그의 후손들이 아직 우리나라 높은 자리 위치해서 친일인명사전을 만들려고 하는

---

6 http://vimeo.com/32007555. '친일파 인명사전'의 제작 과정을 담은 동영상인데, 이 안엔 우리 근현대사의 숨겨진 '진실'을 알 수 있는 너무나 소중한 내용이 담겨있다. 내가 울면서 또 박수치면서 본 감동적인 동영상이다. 온 국민이 꼭 봐야 할 동영상이라 생각한다. 독자들께서도 꼭 한번 보시기 바란다.

민족의식을 가지고 있는 사람들과 아직 남아 있는 친일추종세력을 몰아내려고 힘쓰는 사람들이 원활하게 활동하지 못하게 억압하고 정치적인 힘으로 누르고 방해하는 것을 보고 정말 답답하면서도 나도 모를 화가 나기 시작했다.

말하고자 하는 바가 무엇인지 도무지 알 수 없는 문장이다. 문장이 너무 길어져서 내용이 이리저리 꼬였기 때문이다. A4지 기준으로 한 문장이 자그마치 5줄이나 된다. 근데 이 학생의 경우는 소감문 전체가 모두 이렇게 5줄 내외의 긴 문장으로 채워져 있었다. 즉 소감문의 전체 문장이 다 뜻을 알 수 없는 비문으로 이루어진 것이다. 만약 위의 문장을 한 문장이 아니라, 세 문장 정도로만 쪼개어서 썼어도, 훨씬 의미 전달이 분명한 글이 되었을 것이다.

비단 이 학생만 그런 것이 아니다. 글쓰기에 익숙하지도 않은데, 오히려 이렇게 긴 문장을 쓰는 학생들이 너무 많다. '초보일수록 긴 문장을 써서는 안 된다'는 이 간단한 사실만 알았어도 훨씬 나아질 것을, 이 사실을 몰라 실로 최악의 길을 택하는 셈이다. (안타깝게도 이런 수준이 우리나라 대학 신입생들과 글쓰기 교육의 현주소다.)

A4지 기준일 때 1줄 이내의 문장을 주로 쓰고, 길어도 가급적 2줄 이내의 문장을 쓰는 것이 좋다. (수업 시간에 이렇게 긴 문장은 절대로 쓰지 말라고 신신당부를 하는데도, 학생들의 레포트엔 이런 문장들이 속출한다. 이런 사태는 내 말을 귀담아 듣지 않은 탓도 있겠지만, 전혀 의식하지 않고 쓰는 습관적 무자각에 큰 원인이 있다. 다행히 위의 학생은 나의 폭풍 같은 질책을 받고서 기말 레포트에선 이런 버릇을 완전히 고쳤다.)

글을 쓰는 근본적인 목적은 무엇인가? 내가 하고자 하는 말을 상대에게 잘 전달하는 것이다. 내 의사를 명확하게 전달하지 못한 글은 실패한 것이다. "자신이 할 말을 소통시키는 것, 다른 사람에게 명쾌하게 전달하는 것, 이것이 진정한 글쓰기라고 할 수 있다."(바버라 베이그) 글의 기본 목적에 부합하려면, 간결하고 정확하고 분명한 문장으로 글을 써야 한다.

간결체는 모든 문장에 휘뚜루 통하는 약방의 감초다. 현대 문장의 귀염둥이다. "싫증나는 문장보다 배고픈 문장을 쓰라"(몽테뉴)나 "짧은 말에 많은 뜻을 곁들이라"(소포클레스)는 바로 이 간결체를 두고 하는 말이다.
셰익스피어도 "간결은 지혜의 정신이고, 펑퍼짐함은 겉치레다"고 『햄릿』에서 말하지 않았던가!

—장하늘, 『문장력 높이기 기술』에서

간결한 문장은 짧은 문장에 기초한다. 긴 문장이 간결한 느낌을 주기는 쉽지 않다. 짧은 문장은 간명하고 속도감이 있다. 모든 긴 문장은 짧은 문장이 응용된 것이다. 짧은 문장이 모든 문장의 기초요, 그 본가이다. 짧은 문장은 간결할 뿐 아니라 명료하기도 쉽다. 짧은 문장은 대체로 하나의 내용만을 담기 때문이다. 게다가 짧은 문장은 복잡하지 않기에 정확하기도 쉽다. 정녕, 짧은 문장은 변함없는 문장의 정도다!

자신이 쓴 글에서 군더더기를 찾아내 가차 없이 빼버리자. 내버릴 수 있는 모든 것을 기꺼이 버리자. 종이 위에 옮긴 모든 문장을 다시 살펴보자. 모든 단어가 새로운 역할을 하고 있는가? 그 생각을 더 경제적으로 표현할 수는 없는가? 잘난 체하거나 유행을 좇고 있지는 않은가? 근사해 보인다고 해서 쓸모없는 것에 매달리고 있지는 않은가?
간소하게 부디 간소하게 쓰자.

—윌리엄 진서, 이한중 역, 『글쓰기 생각쓰기』에서

군살이 많은 사람은 비만이다. 군더더기가 많은 글 또한 비만성 글이다. 일체의 군더더기를 빼야, 글이 깔끔해지고 명료해진다. 경제성은 글쓰기에서도 아주 중요한 요소다. 지면과 글자를 낭비하지 말라. 간결하고 정확한 문장이 경제적이고 힘 있는 문장을 만든다. 그렇지 않은 문장은 문세가 느슨해지거나 탄력이 없다. "글쓰기 실력은 필요 없는 것을 얼마나 많이 걸어낼 수 있느냐에 비례한다"라는 말은 글쓰기 경제학의 첫째 조항일 것이다.

- 명료하게 표현된 것은 무엇이든지 잘 쓰인 것이다. —몬터규
- 그 길에 통달한 사람의 말은 이해하기 쉽고 훨씬 명료하다.
  —퀸틸리아누스
- 명료함이란 명암의 적당한 배치다. —괴테

글의 내용이 같을 경우 '이해하기 어려운 글'과 '이해하기 쉬운 글' 중 어느 것이 잘 쓴 글일까? 이해하기 쉽게 쓰는 쪽이 글을 훨씬 더 잘 쓰는 것이다. 쇼펜하우어는 말하길 "아무도 이해할 수 없게 쓰는 것만큼 쉬운 일은 없다. 모든 사람이 알아들을 수 있게 쓰는 것만큼 어려운 일도 없다. 문장이 난해해 이해할 수 없는 것은 분별이 없어 멍청한 사람과 같다. 깊은 의미가 거기 숨어 있는 것이 아니라 속임수를 쓰고 있는 것이다"라고 하였다.

간결하고 명료해야 이해하기 쉽다. 표현이 간결하고 명료하면 잘 쓴 글로 내달릴 가능성이 높다. 대도를 두고서 샛길로 빠질 필요가 있는가? 문장의 탄력과 생기는 간결하고 명료한 표현에서 나온다. "형상화시키기 위하여 묘사적인 서술을 한답시고 글을 지리멸렬하게 써서는 안 된다. 모든 글은 속도감 있고 긴박하고 재미있지 않으면 안 된다. 창조적이

어야 하고 진리가 담겨 있어야 한다."(한승원) 어떤 문장이 글을 지리멸렬하게 만들 것 같은가? 간결하고 명료하지 않은 글은 독자를 배려하지 못한 지리멸렬한 글이 될 가능성이 높다.

> 좋은 글에는 독자를 한 문단에서 다음 문단으로 계속 나아가도록 붙잡는 생생함이 있다. 이것은 자신을 꾸미는 기교의 문제가 아니다. 가장 명료하고 힘 있는 언어를 사용하는 방식의 문제다. (…) 좋은 글쓰기의 비결은 모든 문장에서 가장 분명한 요소만 남기고 군더더기를 걷어내는 데 있다. 아무 역할도 하지 못하는 단어, 짧은 단어로도 표현할 수 있는 긴 단어, 이미 있는 동사와 뜻이 같은 부사, 읽는 사람이 누가 뭘 하고 있는 것인지 모르게 만드는 수동 구문, 이런 것들은 모두 문장의 힘을 약하게 하는 불순물일 뿐이다.
>
> —윌리엄 진서, 이한중 역, 『글쓰기 생각쓰기』에서

문장의 힘은 언어를 경제적으로 사용하는 방식에서 나온다. 불필요한 단어는 없는지, 단어와 단어의 조합은 자연스러운지, 군더더기 표현으로 긴장이 느슨해진 곳은 없는지를 잘 살펴서, 말하고자 하는 '가장 분명한 요소'만을 남겨야 한다. 나사를 조이듯 단어를 잘 조여야 하고, 문장의 연결과 문단의 이음새엔 긴축의 접착제를 발라야 한다. 이것이 부실한 글은 문맥과 문세에 힘이 빠진다.

결론은 간결하고 명료한 문장으로 맥과 생기가 살아 있는 글을 쓰라는 것이다. 간결하고 명료한 문장은 짧고 경제적인 문장을 지향한다. 문장이 길 만해서 긴 것은 상관없지만, 불필요하게 길어진 것은 문장의 죄악이다.

모든 작가들이 가장 먼저 고민해야 할 것이 바로 이것이다. 당신의

첫 문장에 독자들이 반하게 하는 방법에 대한 고민이다.

한 가지 힌트는 강렬해야 한다는 것이다. 강렬하기 위해서는 당연히 짧고 간결해야 한다. 그리고 그 메시지가 조금은 도발적인 것이어야 한다.

한마디로 '굵고 짧게 쓰라'는 것이다. 베스트셀러가 된 작품들을 보라. 강한 인상을 순식간에 준다. 그리고 무엇보다 짧고 간결하다.

짧고 간결해야 하는 이유는 그래야 독자들이 쉽게 접근할 수 있고, 쉽게 이해할 수 있고, 쉽게 빠져들 수 있기 때문이다.

첫 문장만 짧고 간결해야 하는 것은 절대 아니다. 모든 글은 짧고 간결하게 쓸 수 있어야 하고 그렇게 쓰기 위해 노력할 필요가 있다.

긴 호흡을 원하는 독자는 없다. 힘들기 때문이다. 문장이 너무 길면 긴 호흡이 필요하다. 이것은 쓰는 사람이나 읽는 사람이나 양쪽을 모두 힘들게 할 뿐만 아니라 가장 중요한 소통이 어려워지게 복잡하게 해 준다.

―김병완, 『인생을 바꾸는 기적의 글쓰기』에서

김병완은 독자를 사로잡기 위해선 짧고 간결하게 써야 한다고 말한다. 그렇게 말하는 인용문의 문장 길이를 보라. 실제 그의 말대로 다 짧은 문장으로 되어 있다. (심지어 단락도 아주 짧다.) 쉽게 접근할 수 있고 쉽게 이해할 수 있어야 쉽게 빠져든다는, 순차적 연쇄 효과에 대한 그의 주장은 일리가 있다. 글은 소통을 위한 것이니, 언제나 소통을 위한 최선의 길을 택함이 마땅하다.

그는 아울러 '글을 잘 쓰기 위해 집중해야 할 두 가지 사실'로 "첫째, 당신이 쓴 첫 문장이 독자로 하여금 도저히 읽지 않으면 도저히 견딜 수 없게 만들라는 것이다. 둘째, 당신이 쓴 글들을 독자로 하여금 계속해서 읽게 만드는 것이다. 한마디로 독자들로 하여금 당신의 글에 중독이 되게 하는 것이다. 당신이 그렇게 만들기 위해서는 강력한 글쓰기를 할 수 있어야 한다. 강력한 글쓰기는 한마디로 독자들에게 강한 인상을 남기는 글쓰기이다"라고 지적하였다. 그의 앞 말을 전제로 한다면, 내용이 어떠하든 강한 인상을 남기는 글은 분명 '짧고 간결한 문장들'로 쓰일 것이다.

> 무엇을 쓰든 짧게 써라. 그러면 읽힐 것이다.
> 명료하게 써라. 그러면 이해될 것이다.
> 그림처럼 써라. 그러면 기억 속에 머물 것이다. ―조지프 퓰리처

내가 가장 좋아하는 글쓰기 명언이다. 모든 답을 세 문장으로 간결, 명료하게 압축해놓은 느낌이다. 표현까지 멋있어서, 볼 때마다 무릎을 치고 싶을 지경이다. 퓰리처가 가르쳐주는 대로만, 단지 그에게서 배운 대로만 충실히 써라. 그러면 글의 고지에서 활짝 웃을 것이다. (처음엔 '그러면 성공할 것이다'라고 썼다가 그의 3번째 조언대로 시각적으로 글을 고쳤다.)

소통을 위한 문장을 써라

"내가 쓴 글은 우선적으로 남을 위한 것이기 때문에 다른 사람의 이해를 돕겠다는 마음가짐이 필요하다."(강준만) 글을 쓸 때는 늘 이런 마음으로 글을 써야 한다.

> 글쓰기에서 가장 기초가 되는 것은 소통이다. 그 소통은 먼저 글을 쓰는 자신의 내면과의 소통이고, 나아가 자신이 관계를 맺고 있는 세상, 즉 사회와의 소통이다.
>
> ―이인환, 『기적의 글쓰기 교실』에서

쉬운 문장을 쓰기 위한 필수적인 조건은 자기가 말하고자 하는 내용을 먼저 자기 자신이 철저히 이해하는 일이다. 지금도 나는 항상 다른 사람들보다도 나 자신이 먼저 납득할 수 있도록 글을 쓴다는 태도로 임한다.

　　　　　　　　　　　　　　　　　　　—이형기, 「쉽게 쓰기의 어려움」에서

글의 근본 목적은 커뮤니케이션이다. 자신과의 소통을 전제로, 타인과의 온전한 소통을 만들어내는 것이 글쓰기의 궁극적 도달점이다. 그런 점에서 글쓰기는 소통에서 시작되고 소통에서 끝난다. '소통을 위한, 소통에 의한, 소통의 글!' 이것이 글쓰기 정부의 대표 슬로건이다. 잘 읽힐 수 있도록 독자를 배려하면서 써야 한다. 소통이 잘되는 글, 소통을 통해 어떤 교감을 이루어내는 글, 그런 글이 좋은 글이자 성공한 글이다.

"나는 소비자를 생각한다. 고로 나는 존재한다." 이것이 창작의 제1명제다.　—배상문

글은 독자를 위한 것이다. 때문에 쓰는 이가 '글이 읽는 이에게 어떻게 읽힐지'를 고심하는 것은 독자를 위한 기본적인 배려와 태도에 지나지 않는다. 글쓰기는 독백이 아니라 대화다. 아이와 이야기를 할 때 우리는 아이와 눈높이를 맞춘다. 글도 이와 마찬가지로 내용의 편폭과 예상 독자에 맞게 눈높이를 맞춰야 한다.

'주제의 뚜렷함'은 '주제 의식', 곧 글을 쓰는 목적·의도의 문제요, '내용의 뚜렷함'은 주제에 밀착된 화제의 선택 문제다. '구성의 뚜렷함'이란 단락 배열의 관계를 말함이요, '표현의 뚜렷함'이란 구체적 서술이 잘되고 필자의 태도가 명확함을 말한다.　—장하늘

장하늘은 글 잘 쓰는 비결을 네 가지 뚜렷함으로 요약했다. '주제의 뚜렷함, 내용의 뚜렷함, 구성의 뚜렷함, 표현의 뚜렷함!' 글쓰기의 요결인 이 네 가지에 계속 반복되는 '뚜렷함'이란 무엇이며, 이는 또 무엇을 위한 것일까?

'뚜렷하다'의 사전적 정의는 '엉클어지거나 흐리지 않고 똑똑하고 분명하다'이다. 반의어는 '흐리다'이고, 유의어는 '명백하다', '명확하다', '선연하다' 등이고, 작은 말은 '또렷하다'이다. 간단히 말해, 글의 뚜렷함이란 잘 알 수 있게끔 모든 것이 분명하다는 뜻이다. 즉 이해와 소통이 잘된다는 말이다.

시끄러운 공간에선 상대의 말이 잘 들리지 않지만, 조용한 곳에선 상대의 말이 또렷이 잘 들린다. 멀리 있는 것은 흐릿하여 잘 보이지 않지만 가까이에 있는 것은 또렷이 잘 보인다. 흙탕물과 달리, 바닥까지 투명한 계곡물은 그 속이 또렷이 잘 드러난다. 독자의 귀에 잘 들리도록, 독자의 가슴과 피부에 가깝도록, 독자의 눈에 잘 비치도록 써라. 오직 소통을 위한 최선의 방책으로 네 가지 뚜렷함을 기둥 삼아 최대한 쉽고 명료하게 써라.

> 문장력이란 자신이 하고자 하는 얘기를 명확하게 전달할 수 있고, 읽는 이가 어떤 사람이든 특별한 노력을 기울이지 않고도 끝까지 읽어갈 수 있게끔 문장을 구성하는 능력을 말한다. ─양병무

비문과 정문

소통이 잘되는 글은 정확한 문장에서부터 시작된다. 다음 예문은 임승수의 『글쓰기 클리닉』에 소개된 문장이다.

① 글을 쓰면서 유념해야 할 것은 주어와 서술어가 일치해야 한다.

② 글을 쓰면서 유념해야 할 것은 주어와 서술어가 일치해야 한다는 점이다.

① 문장에는 "유념해야 할 것은 ~라는 점이다"와 같이, 주어(것은)에 대한 서술어(점이다)가 나와야 하는데 서술어가 빠져 있다. 주어 술어의 불일치 문장이다. 이렇게 문법이나 어법에 어긋한 문장을 비문(非文)이라고 한다. 비문은 문장의 조직을 파괴하고 뜻을 불분명하게 한다. 비문은 말이 안 되는 문장이므로, 글쓰기에서 정확한 의미 전달을 파괴하는 최대 최고의 적이다. (안타깝게도 대학 신입생들이 쓰는 글은 대부분 비문들이 속출하는 경우가 많다.)

기본적으로, 일반인이 비문을 줄일 수 있는 최선의 글은 긴 문장을 쓰지 않는 것이다. 긴 문장만 쓰지 않아도 대부분 비문이 큰 폭으로 줄어든다. 그 다음으론 비문이 되지 않게 하는 기본적인 문법 사항을 숙지하는 것이다.

문장은 문장 구조에 따라 크게 '주어 – 서술어'가 한 번 있는 단문(單文)과 '주어 – 서술어'가 두 번 이상으로 된 복문(複文)으로 나뉜다. 문장의 기본 형태를 분석해보면 다음과 같은 유형으로 나눠볼 수 있다.

```
문장 ┬ 홑문장 (단문)
     └ 겹문장 (복문) ┬ 이어진문장 (접속문) ┬ 중문 (대등절+대등절)
                     │                      └ 연합문 (종속절+주절)
                     └ 안은문장 (포유문) ── 성분절 (포유절)을 가진 문장
```

'단문'이라는 단어를 찾아보니 사전에 이런 예문이 보인다. "글을 잘 쓰기 위해서는 주어 하나에 술어 하나로 이루어진 단문 쓰기 연습이 필

요하다." 길이가 긴 복문은 문장구조와 내용이 복잡해지기 때문에 정확하지 않은 문장을 쓸 위험성이 높다. 글쓰기에 익숙하지 않다면 우선 단문이나 짧은 복문 위주의 문장으로 기본기를 탄탄하게 다지는 게 좋다.

월리엄 진서는 "못이 약하면 집이 무너지게 마련이다. 동사가 약하고 단어의 조합이 엉성하면 문장은 산산이 부서지게 마련이다"라고 했다. 문장을 간결하고 탄력 있게 쓰라는 좋은 조언이지만, 허나 정말 문장이 산산이 부서지는 경우는 '긴 문장으로 된 비문'일 때다. 앞서도 보았듯 '긴 문장으로 된 비문'은 글의 폭탄이나 다를 바 없다. 되도록 긴 문장은 쓰지 않는 것이 좋고, 긴 문장을 썼을 때는 '비문이 되지는 않았는지'를 잘 살펴야 한다.

비문을 바로잡는 주요 사항은 '주어와 서술어의 결속 구조가 온전한가? 수식 구조가 올바른가? 이음 구조가 정확하고 자연스러운가? 조사나 어미, 지시어와 접속어가 긴밀하고 적절한가?' 등이다. 비문의 몇 가지 사례를 살펴보자.

① 요즘 젊은이들을 보고 느끼는 것은 노력해서 성실히 살려고 하지 않는다.
→ 요즘 젊은이들을 보고 느끼는 것은 노력해서 성실히 살려고 하지 않는다는 점(것)이다.

② 사회자는 그것을 종합 · 정리하여 최종 해결 방안을 모색하는 방법이다.
→ 사회란 그것을 종합 · 정리하여 최종 해결 방안을 모색하는 하나의 방법이다.

③ 신문에 의하면 그의 애독서는 톨스토이의 『전쟁과 평화』와 『바람

과 함께 사라지다』이며, 모즐리의 추리소설을 애독한다.

→ 신문에 의하면, 그의 애독서는 톨스토이의 『전쟁과 평화』와, 미첼의 『바람과 함께 사라지다』이며, 모즐리의 추리소설도 애독한다고 한다.

④ 그럼으로써 국어 현실을 더욱 똑바로 보고, 지금까지 발견하지 못한 새로운 사실, 새로운 규칙을 찾을 수 있을 것이다.

→ 그럼으로써 국어 현실을 더욱 똑바로 볼 수 있고, 지금까지 발견하지 못한 새로운 사실, 새로운 규칙을 찾을 수 있을 것이다.

⑤ 꽃이란 모든 식물이 지상을 아름답게 꾸며 주는 것이겠지마는, 유독 갖가지 빛깔과 향내로 우리에게 한없는 위안을 안겨 주는 것이기도 하다.

→ 꽃이란, 모든 식물이 지상을 아름답게 꾸며 주겠지만, 유독 갖가지 빛깔과 향내로 우리에게 한없는 위안을 안겨 주는 것이기도 하다.

→ 모든 식물이 지상을 아름답게 꾸며 주겠지만, 유독 꽃이란, 갖가지 빛깔과 향내로 우리에게 한없는 위안을 안겨 주는 것이기도 하다.

—장하늘, 『문장력 높이기 기술』에서

①, ②는 주·술의 불일치, ③과 ④는 병치(竝置) 문맥의 불일치, ⑤는 수식 문맥의 불일치를 보여주고 있다. 그런데 문장의 면면을 살펴보면 전부 복문임을 알 수 있다. 복문은 주어와 서술어가 2개 이상이고, 내용도 2가지 이상이기 때문이 그 '속'이 복잡할 수밖에 없다. 속이 복잡할수록 단어들의 호응 관계를 잘 살펴 비문이 발생하지 않도록 해야 한다.

참고로 이와 함께 서술어를 간략하게 하는 법을 살펴보자.

먼저 이왕이면 짧게 쓰세요. 어떤 구절이나 글자를 줄이거나 빼도 뜻이 변치 않는다면 빼는 게 맞습니다. 문장의 힘을 돋우는 가장 쉬운 방법은 서술어를 간략하게 쓰는 겁니다.

> 비가 내리고 있다 → 내린다
> 활동하고 있다 → 활동한다
> 계획조차 세우지 못하고 있다 → 못했다(않았다)
> 관계는 테니스를 치는 것과 같다 → 테니스다
> 여행을 하는 것은 자신을 돌아보는 일이다 → 여행은
> 비를 막아줄 수 있는 우산 같은 사람 → 막아주는(막는)
> 감사하고 싶다 → 감사하다
> 질문하고 싶습니다 → ~이 궁금합니다(질문 내용 바로 쓸 것)
> 희망하고 있습니다 → 바랍니다.
>
> —이강룡, 『뚜껑 대신 마음을 여는 공감 글쓰기』에서

이러한 내용들이 꼭 절대적인 것은 아니지만, 대체로 서술어를 간략하게 하는 쪽이 글을 더 산뜻하게 만들어준다.

리듬감 있는 문장을 써라

> 훌륭한 산문 작가는 어느 정도는 시인이 되어 언제나 자기가 쓰는 글의 소리를 들어야 한다. —윌리엄 진서

리듬감은 시에서만 필요한 것이 아니다. 리듬감이 없는 글보다 리듬감이 있는 글이 더 잘 읽히고 매력적이다. "심상이 생각과 느낌을 시각적으로 형상화하여 회화적 효과를 낸다면, 운율은 문장에 탄력을 주어 낭창거리게 하여 음악적 효과를 낸다."(손광성)

한겨레 뉴스 「리듬감이 있으면 논술문의 전달력이 강해진다」[7]라는 기사엔 우리의 주목을 요하는 내용이 있었다. "읽기 좋고 효과적인 내용전달을 할 수 있는 글이 리듬을 살린 논술문이라 할 수 있다. 논술문을 리듬이 있는 문장으로 작성한다는 것은, 채점자가 보다 쉽게 읽고, 편하고 흥미롭게 내용파악을 할 수 있는 글을 쓴다는 것이다." 밑줄을 긋고 읽어야 할 내용이다. 논술도 이러하거니 다른 글은 더 일러 무엇하리오.

문장가들은 거의 대부분은 글을 쓸 때 세심하게 문장에 대한 리듬감까지 신경을 쓴다.

그리고 글을 쓸 때 저는 문장 안에 음악이 있어야 해요. 음악성이 확보되지 않으면 글을 쓸 수가 없어요. 논리와 사변이 확보된다 하더라도 음악성이 확보되지 않으면 글을 쓸 수가 없어요. 문장의 리듬이라는 것은 가령 국악의 장단에 보면 휘모리나 자진모리가 있잖아요? 빠른 리듬을 마구 몰아가는 것, 그것이 가장 빠른 것이 휘모리이고 그 다음이 자진모리, 중모리, 중중모리, 나중에 제일 느린 것이 스물네 박자 진양조가 있잖아요.

저는 전에 에세이를 쓸 때는 진양조를 썼어요. 한없이 뻗어나가는 스물네 박자짜리 진양조 문장을 굉장히 좋아했어요. 그때는 문장 하나하나가 피리어드 하나를 찍을 때 한 문장이 하나의 우주이고 하나의 세계여야 마땅하다는 생각을 가졌어요. 그래서 진양조를 썼는데, 진양조 문장을 잘 쓸 때는 굉장히 기분이 좋죠. 문장 하나가 원고지 서너 장쯤 흘러나가는 진양조 문장인데 그 안에서도 주어, 동사, 목적어가 정확한 위치에 가서 박혀 있어야 해요. 이게 흔들리면 안 되는 거지. 그러면 진양조고 뭐고 아무것도 안 되는 거야.

---

7   한겨레 뉴스, 2013년 6월 18일자, www.hani.co.kr/arti/society/schooling/592261.html

그런데 『칼의 노래』를 쓸 때는 진양조를 버리고 휘모리로 가려고 했어요. 짧은 문장으로 마구 휘몰고 나가자고 한 거죠. 그런데 휘모리 문장을 마구 써대는 것은 아주 진력이 빠지는 일이 되어서 『칼의 노래』 마지막에 보면 내가 휘모리를 못하고 중모리쯤으로 주저앉아버리는 게 보여요. 보면 알아요.

아, 내가 망해가는구나 싶었어요. 내가 중모리까지 물러났으니 이제 계속 휘모리를 해댈 수가 없잖아. 그래서 중모리로 갔는데 내가 알았어요. 이제 기력이 빠져서 중모리밖에 안 되는구나 하는 것. 알았는데도 별 도리는 없었어요. 기력이 없는데 어떡해. 그래서 중모리라도 잘 됐으면 좋겠다 싶었죠.

—김훈, 『문학동네』 2004년 여름호 대담에서

이 글은 작가들이 글을 쓸 때 얼마나 문장의 리듬감에 신경을 쓰는지를 잘 보여준다. 그런 수준은 너무 고차원적이라 일반인이 깊이 이해하기는 쉽지 않을 것이다. 하지만 프로가 아닐지라도 자신이 쓰는 글에 리듬감이 있는지 없는지를 신경 쓰면서 글을 쓰는 것은 누구에게나 가능하며 또 유익한 일이다. 그러한 자각은 조금이라도 자신의 문장에 리듬감을 더해줄 것이기 때문이다.

문장이란 말이 문자화된 것이기에, 리듬감이 있을수록 표현의 생동감도 더해진다. 또 리듬감 있는 문장이란 감촉이 부드러운 나뭇결과 같아 읽기에 편안함을 준다. '문장에 리듬이 있으면 긴 문장도 읽기가 한결 쉬워지지만, 리듬이 결여된 문장은 딱딱하여 읽기가 힘들다.'

문장의 리듬은 문장의 장단, 문세의 강약, 같거나 비슷한 음운의 단어, 구절의 반복된 패턴 등으로 만들어진다. 아울러 낱말 배열의 자연스러움도 문장의 리듬을 좋게 한다.

어느 해 겨울 눈이 강산처럼 쌓인 달 밝은 하룻밤을 오대산 상원사에서 지낸 일이 있다. 새소리 물소리도 그치고 바람도 일지 않는 한밤 내내 나는 산소리도 바람소리도 아닌 고요의 소리에 귓전을 씻으면서 새벽 종소리를 기다렸다. 웅장한 소리 같으면서도 맑고 고운 첫 울림이 오대산 깊은 골짜기와 숲 속의 적막을 깨뜨리자 길고 긴 여운이 뒤를 이었다. 어찌 생각하면 슬픈 것 같기도 하고 어찌 생각하면 간절한 마음 같기도 한 너무나 고운 소리였다. 이렇게 청정한 종소리를 아침 저녁으로 들으면서 이 절의 스님들은 선(禪)의 아름다움과 즐거움을 가다듬고 또 어지러워지려는 마음속을 씻어내는지도 모른다.

—최순우, 『무량수전 배흘림기둥에 기대서서』에서

이 글을 낭송해서 읽어보라. 그러면 눈으로 보는 것보다 이 글의 운율감이 더 잘 느껴질 것이다. '새소리 물소리'와 '산소리도 바람소리도'는 같은 음가의 반복일 뿐 아니라, 낱말 짝짓기를 통해 패턴의 반복이 이루어지고 있다. '어찌 생각하면 ~같기도 한'도 대구를 통해 반복된 표현으로 리듬감을 더하고 있다. '귓전을 씻으면서, 마음속도 씻어낸다'는 표현에서도 반복된 표현을 볼 수 있다. '소리'의 음가만도 '새소리, 물소리, 산소리, 바람소리, 새벽 종소리, 웅장한 소리, 고운 소리, 청정한 종소리' 등 8번이나 사용되었다. 그런데도 문장 속에 자연스럽게 어울려 그것이 그다지 걸림돌이 되지 않으며, 오히려 이 글의 리듬감과 정감을 잘 살리는 역할을 하고 있다.

그의 문장엔 이런 것도 있다. "그리 험하지도 연약하지도 않은 산과 산들이 그다지 메마르지도 기름지지도 못한 들을 가슴에 안고, 그리 슬플 것도 복될 것도 없는 덤덤한 살림살이를 이어가는 하늘이 맑은 고장." 이 문장은 같은 음가의 반복과 다층 대구 구조를 띠고 있다. 소리 내어 읽어보면 분석이나 자각 없이도, 금세 이 문장의 리듬감이 느껴질 것이다. ──소리 내어 읽었을 때 잘 안 읽히는 문장은 리듬감이 없어 껄끄러운 문장이다. 리듬감이 없는 문장이란 곧 잘 읽히는 문장이라는 뜻이다.

이처럼 이름난 문장들의 글은 대부분 작품 고유의 리듬감을 알게 모르게 지니고 있다. 리듬감 있는 문장은 독자들을 글 속으로 빨아들이는 숨결이나 생명력을 가지고 있다. 뭇 생명에는 호흡이 있듯, 살아 있는 문장엔 호흡과 같은 리듬이 있다. 그것은 글을 생기 있게 하고, 탄력을 주며, 자연스러운 느낌을 여운처럼 남긴다.

우주는 진동하는 멜로디이다. ─미치오 카쿠

리듬은 자연의 섭리다. 이왕이면 리듬감 있는 글을 쓰자. 연잎에 구르는 빗방울 음표처럼 글이 독자의 가슴속으로 잘 흘러 흘러 갈 수 있도록……

문장부호도 문장력의 일부다

나는 나의 문장으로 예민한 하나의 악기를 만들려고 하였다. 그러므로 구두점 하나라도 잘못 찍으면 그 조화를 파괴하게 된다. ─A. 지드

이 말처럼 문장부호의 중요성을 잘 지적한 글도 드물 것이다. 문장부호를 잘 사용하는 것도 문장력이다. 아니, 문장력의 아주 중요한 부분이다. 지드의 말처럼 구두점 하나를 찍는 것으로도 문장의 격이 달라진다. 작가들은 이런 것 하나까지 세심하게 신경을 쓴다.

소설가 안정효는 이렇게 말한다. "마침표는 한 박자를 쉬고, 쉼표는 반 박자를 쉰다. 그래서 쉼표는 문장에서 박자와 음악을 만든다. 글쓰기

에서는 쉼표 하나도 그렇게 중요하다." 이 또한 문장부호가 얼마나 중요한 역할을 하는 것인지 잘 지적하고 있다. 쉼표를 잘 넣고 못 넣고는 글이 순탄히 읽히도록 의미 호흡을 잘 살리느냐, 또 박자의 완급을 조절하여 리듬을 만들어내느냐를 결정한다. 그러니 이것이 문장력에 얼마나 중요한 요소이겠는가!

운전을 할 때는 다른 사람들을 위해 꼭 깜빡이를 켜주어야 한다. 방향지시기의 불빛이 없으면, 다른 운전자가 앞 차와 옆 차의 예상 움직임을 알 수가 없다. 그것은 교통에 큰 불편과 위험을 초래한다. 문장부호는 마치 글쓰기의 깜빡이와 같다. 어디로 가는지, 어떻게 가는지를 독자에게 알려주는 신호인 것이다. 이런 신호가 없거나 부실하면 문장은 전달력이 떨어지고, 독자에겐 읽기의 불편함을 준다.

가장 중요하고 많이 쓰는 '필수 문장부호'를 잘 익혀두는 것은 작가뿐 아니라, 글을 쓰는 모든 이들에게 필요 불가결한 일이다.

＊쉼표 (,)

우선 필수 문장부호 중에서도 가장 쓰임이 많고 중요한 '쉼표'부터 살펴보자.

- 성질 급한, 철수의 <u>누이동생이</u> 화를 내었다. (뒤쪽 단어 수식)
- 슬픈 사연을 간직한, 경주 불국사의 <u>무영탑.</u> (뒤쪽 단어 수식)
- 갑돌이가 울면서, 떠나는 <u>갑순이</u>를 배웅했다. (끊어 읽기)
- 여름에는 바다에서, 겨울에는 산에서 휴가를 즐겼다. (되풀이 생략)

이 문장들의 경우 쉼표가 들어가지 않으면 의미가 불분명하거나 부자연스런 문장이 된다. 이때 쉼표는 선택사항이 아니라 필수다. 쉼표가 없으면 '성질 급한 철수', '슬픈 사연을 간직한 경주 불국사', '울면서 떠나는 갑순이'가 될 수도 있다. 또 생략된 표현엔 쉼표를 넣어주어야 의미 전달이 명료하고 끊어 읽기가 용이하다.

쉼표는 이처럼 정확한 의미 전달을 위한 '끊어 읽기'뿐 아니라, 앞서 안정효가 지적한 것처럼 의도적인 '적절한 끊어 읽기'를 통해 문장의 호흡 조절과 박자 구성, 의미 강조의 기능을 가진다. 이것은 특히 문장가들이 매우 중요시하는 기술의 한 가지다. 어디서 끊느냐에 따라 문장의 호흡과 의미, 그 미세한 느낌이나 전달력이 달라지기 때문이다.

> 당신의 숨이 36도 5분의 따스한 저 폐부로부터 생겨난다는 것과, 당신의 말이 또한 그 따스한 열기를 가진 숨을 타고 생겨난다는 것을, 동짓달 아침 밖에 나가보면 알 것이니, 시인이여 그것이 당신의 시라고 하라. (…)
>
> 그러면 이파리가 떨어진 나목(裸木)의 가지들이거나, 흙 속에 얼어붙은 돌멩이들이거나, 담벽에 붙어 있는 시든 담쟁이덩굴이거나, 살얼음 사이로 몰래 몰래 흘러가는 도랑물이거나, 그것들은 심장 속에 태양을 갖고 있는 당신이 그리워 귀를 세워 들을 것이니, 시인이여 숨을 쉬듯 그렇게 시를 쓰거라.
>
> 눈도 손도 아니다. 언어는 혈관을 돌아 속을 지나지 않으면 그 열기를 가질 수 없고, 뽀얀 안개로 피어나지도 않는 법이니, 잊지 말아라, 당신의 말은 곧 당신의 숨이라는 것을…….
>
> —이어령, 『말로 찾는 열두 달』에서

예문에서 보이는 쉼표들은 의미 전달력과 문장의 호흡을 위해 의도적으로 찍은 것이다. 특히 '~이니'와 '~거나' 다음에 반복해서 쉼표를 찍음으로써, 비슷한 구문의 '반복적 끊어 읽기'를 통해 리듬감을 잘 만들어내고 있다. 쉼표 하나도 문장의 일부이다. 잘 찍고 못 찍고에 따라 문장력의 수준이 달라짐을 기억하자.

＊큰따옴표(" ")

큰따옴표는 대화나 실제 발화, 직접인용에 사용된다.

> "아니야, 사람은 다 배우면서 알아가는 거야. 누구도 태어날 때부터 아는 건 아니라구. 월터도 자기가 하는 일은 잘 알아. 밖에 나가서 아빠를 도와야 하기 때문에 못 하는 것뿐이지. 잘못된 것은 아무것도 없어. 오빠, 난 사람들은 모두 한 종류뿐이라고 생각해."
>
> 오빠는 몸을 돌려 베개에 펀치를 먹이곤 머리를 편하게 기댔다. 오빠는 차츰 우울해졌고 나는 자꾸만 신경이 쓰였다. 오빠의 눈썹이 한데로 모이고, 입술은 가는 선이 되어 침묵으로 일관하고 있다.
>
> "나도 네 나이 때는 그렇게 생각했어." 오빠는 마침내 입을 열었다.
>
> "그렇다면 왜 그들은 함께 어울릴 수 없는 걸까? 그들이 모두 동등하다면 왜 고의적으로 서로 경멸할까? 스카웃, 난 이제 무엇인가를 이해하기 시작한 것 같아. 난 왜 부래들리가 집 안에만 틀어박힌 채 살아가는지 알 수 있을 것 같아. 그건 단지 그 안에 머물고 싶기 때문일 거야."
>
> ―하퍼 리, 박경민 역, 『앵무새 죽이기』에서

하퍼 리의 감동적인 성장소설 『앵무새 죽이기』[8]에 나오는 대화 부분이다. 대화나 실제 발화 내용은 일반 문장과 구별하기 위해 큰따옴표를

---

8 이 책은 "1991년에는 북어브더먼스클럽과 미국 국회도서관 공동 조사 결과 성경 다음으로 독자들의 마음을 바꿔놓는 데 이바지한 책으로 꼽혔다. 『앵무새 죽이기』는 단순히 미국 문학을 대표하는 소설을 뛰어넘어 전 세계적으로 끊임없이 영향력을 미치는 위대한 작품으로 손꼽힌다." 내가 읽어본 소설 가운데 가장 훌륭한 작품의 하나라고 생각한다.

사용한다. '그가 말했다'라고 하지 않고, 단지 큰따옴표만 있어도 그것이 대화나 발화 내용임을 독자는 바로 알 수 있게 된다. 대화는 주로 소설에서 많이 쓰이지만, 어느 글이든 따옴표로 '대화 부분'을 적절히 활용하면 글에 현장감을 더하는 데 도움이 된다.

> 방송인 김제동 씨는 지난 24일 트위터에서 "끊임없이 권력이 시민을 두려워하게 만드는 것. 끊임없이 그들이 가진 힘이 우리에게서 나왔다는 것을 알려주는 것. 우리는 통치의 대상이 아니라 섬겨야 할 시민임을 알려주는 것. 그러니 우리에게 까불지 말라는 것. 투표"라고 말했다.
>
> 소설가 이외수 씨는 24일 트위터에서 "젊은이들이여. 세상에 대해 아무 불만이 없으셨습니까. 있으셨다면 투표해 주세요"라며 "이제 세상은 달라져야 합니다. 더 이상 부정과 부패, 기만과 위선을 묵과할 수는 없습니다. 그대의 한 표가 세상의 어둠을 몰아내는 촛불이 됩니다. 청춘만사성, 투표만복래"라고 했다.
>
> 가수 이효리 씨도 이외수 씨의 글을 리트윗하면서 투표 참여를 독려했다. 이씨는 25일 트위터에서 "제 수준은 그저 여러분 투표하러 고고씽~ 이정도… 아이고 민망합니다"라며 "아니 근데 서울시민으로서 서울시장 뽑는 투표에 다 같이 참여하잔 뜻을 밝힌 것뿐인데 용기 있단 사람은 뭐구, 또 욕하는 사람은 왜인 거죠. 음…… 그런 말 하면 안 되는 건가요?"라고 반문했다.
>
> ─경향신문, 「김제동·이외수·이효리·강풀·김미화 "투표합시다"」에서[9]

이 기사문은 세 사람의 트위터에 올라온 글을 그대로 가져와 인용했

---

9 경향신문, 2011년 10월 25일자, http://news.khan.co.kr/kh_news/khan_art_view.html? artid=201110251140011

기에 인용 문장을 구별하기 위해서 큰따옴표를 썼다. 큰따옴표로 인용 문장을 명확하게 표시해주어야, 자신의 글과 인용문의 구분이 명확해진다. 아울러 공적인 글인 경우는 인용하면서 따옴표를 쓰지 않으면 표절의 혐의를 받을 수도 있으므로, 타인의 글을 인용할 때는 꼭 큰따옴표를 쓰도록 주의해야 한다.

*작은따옴표(' ')

작은따옴표는 간접인용, 속마음, 강조(의미 전달의 명료함), 인용한 문장에 재인용이 있는 경우 등에 사용된다. 작은따옴표는 쉼표와 함께 그 쓰임이 가장 넓고 유용한 핵심적인 문장부호이다. 그 기능을 잘 익혀서 적극 사용하는 것이 좋다.

> ⓐ '배부른 돼지'보다는 '배고픈 소크라테스'가 되어라.
> ⓑ 참으로 '진실'한 것은 '잊을 수가 없는 것'이기에 시인은 망각하지 않기 위해 언어의 제단 앞에 오늘도 향을 피운다. —이어령
> ⓒ 나는 학생들에게 '뼛속까지 내려가서 쓰라'고 요구한다. 자기 마음의 본질적인 외침을 적으라는 말이다. —나탈리 골드버그
> ⓓ 글쓰기 교육은 대부분 '내용을 어떻게 말할 것인가?'에 초점이 맞춰져 있을 뿐, 또 다른 핵심 부분인 '무엇을 말할 것인가?'는 도외시하기 일쑤다. —바버라 베이그

ⓐ와 ⓑ처럼 특정 단어나 구절을 작은따옴표로 묶어주면 '강조' 효과도 있을 뿐 아니라, 특정 대상을 또렷하게 식별토록 하기 때문에 글의 의미를 보다 쉽게 파악하는 데도 도움을 준다. 특히 문장이 길 때나 내용이 어렵거나 복잡할 때, 특정 구절을 작은따옴표로 묶어주면 전달력을

높여주기 때문에 매우 유용한 표현법이 될 수 있다. 이는 꼭 구사해야 할 문장기술의 하나이다. (이 책에 그런 방식으로 작은따옴표가 얼마나 많이 쓰이는지도 함께 살펴보기 바란다.)

ⓒ와 ⓓ처럼 문장에 문장이 들어 있는 겹문장인 경우 작은따옴표로 묶어주면, 문장 속의 '안긴문장'을 잘 구별하게 해주어 문장의 뜻을 쉽게 이해하도록 도와준다. 한 문장 안에 이처럼 '안긴문장'이 또렷하게 드러나는 경우는 이처럼 꼭 작은따옴표를 넣어주는 것이 좋다.

> 만나면 만날수록 큰 하나가 되는 것이 물이다. 두 물줄기가 만나 큰 흐름이 되는 모습을 내려다보노라면, '물이 사는 방법이 저것이로구나.' 하는 생각이 절로 든다. 만나고 만나서 줄기가 커지고 흐름이 느려지는 것. 이렇게 불어난 폭으로 바다에 이르는 흐름이 되는 것.
>
> ─유경환, 『두물머리』에서

이때 쓰인 작은따옴표는 자신의 속마음을 나타낼 때 쓰인 것이다. 대화나 실제 발화가 아닌 '속으로 하는 독백'이라는 점에서, 큰따옴표와 구별해서 쓴다.

＊낫표(『 』,「 」,《 》,〈 〉)

> 나는 읽는 대로 만들어진다.
> 만약 고교야구 여자매니저가 피터 드러커를 읽는다면.

앞의 두 문장은 실제 책 제목이다. 만약 글 사이에 이런 문장이 있으면 고유명사인 '책 제목'인지를 알 수 없어, 읽기에 혼돈을 줄 것이다. '부활', '그래도, 사랑'과 같이 짧은 경우도 마찬가지다. 그래서 책 제목이나 글 제목엔 반드시 문장부호를 넣어주어야 한다.

책의 제목에는 『　』나《　》과 같은 겹낫표를 사용해야 하고, 글 한 편의 제목에는 「　」나〈　〉와 같은 홑낫표를 사용해야 한다. 예를 들어 같은 제목이라도 『인연』이나 『진달래꽃』으로 되어 있으면 책 제목이요, 「인연」이나 「진달래꽃」으로 되어 있으면 개별 작품명인 것이다. 영화나 미술 작품의 제목에도 대개 영화 「웰컴 투 동막골」이나 고흐의 그림 「별이 빛나는 밤에」처럼 낫표를 사용하는 것이 일반적이다.[10]

이 외에 말줄임표와 줄표 등이 있는데 말줄임표는 말을 생략함을 나타내는 표시이다. ……(×) …….(○) 마침표처럼 '밑에 점'을 연속으로 찍는 경우가 많은데, 그게 아니라 '가운뎃점'을 찍어야 한다. 줄표는 이미 말한 내용을 다른 말로 부연하거나 보충함을 나타낼 때, 그 사이 또는 그 뒤에 '──'를 긋고 사용한다.

다양한 문장부호가 사용된 글을 통해서, 실제 용례를 살펴보자. 문장부호에 특히 유념해서 이 글을 읽어보기 바란다.

　　짧은 글쓰기 수업. 20분이면 충분하리라 생각했던 연습이 40분이 되도록 끝나지 않았습니다. 사람들은 계속 뭔가를 쓰고 있었습니다. '도대체 뭘 쓰는 걸까' 궁금해진 저는 급기야 노트를 들여다보게 됐습니다. 맙소사! 겨우 두세 줄뿐이었습니다. 그리고 지우개 가루만이 수북했죠. 노트는 썼다 지웠다 반복한 흔적으로 숯가마가 되어 있었습니다.

---

10 수업시간에 책 제목에 꼭 겹낫표를 사용해야 된다고 신신당부를 하는데도, 겹낫표를 제대로 하지 않는 경우가 많다. 책 제목이 열 번 나오면 열 번 다 겹낫표를 사용해야 한다. 겹낫표는 ctrl+F10의 기호1에 있고, 컴퓨터 우측 하단의 '입력기 환경 설정'에서 겹낫표를 설정하면 {　} 키 대신 바로 사용할 수도 있다. 그리고 이렇게 페이지 아래에 주석을 다는 경우는 ctrl과 N키를 2번 누른다.

"일단 초고를 쓰세요. 어떤 얘기든 좋아요. 끝까지 내려가 마침표를 찍으세요. 고치지 말고, 써내려가세요!"

"잘 쓰려고 하지 마세요. '문장이 어설프네', '논리적으로 말이 안 되잖아' 이런 자기 검열은 글쓰기를 방해하는 적입니다."

열심히 목소리를 높였습니다. 그제야 사람들은 고개를 끄덕였습니다. 그리고 수업 분위기가 달라졌습니다. 두세 줄 쓰기도 힘들어하던 분이 한 장을 써내기도 했습니다. 어떤 분은 '이렇게 많이 써본 건 태어나 처음'이라며 활짝 웃었습니다.

실제로 쓰고 싶은 욕망이 목까지 차올라도, 못 쓰는 사람이 많습니다. '재능도 없는 내가 어떻게……'라며 물러서죠. 그런 사람들에게 '당신도 쓸 수 있다'고 '쓰고 싶은 욕망에 시달리는 것 자체가 재능'이라고 말하고 싶었습니다. 부디 '넌 재능이 없어!'라며 단정하지 말아주세요. 우린 정말이지 너무 쉽게 빨간 펜을 드는 건 아닐까요.

―김민영, 『첫 문장의 두려움을 없애라』에서

속마음과 간접인용은 작은따옴표, 대화나 실제 발화 내용은 큰따옴표, 감탄이나 강조 부분엔 느낌표, 생략 부분에 말줄임표를 적절히 잘 사용하고 있다. 이러한 문장부호가 있고 없고는 글의 전달력이나 깔끔함에 있어 큰 차이를 만든다. 초보와 초보 아님은 '문장부호의 적절한 사용 능력'이 있느냐 없느냐를 통해서도 잘 드러난다. 문장부호를 잘 사용하여, 단번에 초보 동네에서 벗어나 보자.

9장

글의 뼈대, 단락과 구성

통일성은 좋은 글쓰기의 닻과 같다. ─윌리엄 진서

모래와 자갈, 돌덩어리로 항아리를 채우려면
돌덩어리, 자갈, 모래 순서로 가장 큰 덩어리부터
넣은 뒤에 보다 작은 것을 넣어야 한다. ─김태광

삶에서 모든 선택은 우선순위를 가리는 행위다.
인생의 성공과 실패는 종이 한 장 차이로 갈리는 경우가 많다.
그 소소한 차이는 우선순위를 결정하는 일에 달렸다. ─김용길

단락은 의미의 마디다

　문장이 완성되고 나면 문장과 문장을 모아 단락을 만들어야 한다. 단락은 구성의 첫 번째 뼈대다. 건축물의 뼈대가 허술하면 어떻게 될까? 그 건축물은 무너질 수밖에 없다. 단락 쓰기를 잘해야만 의미 맥락이 뚜렷해지고 글의 구성에 힘이 생긴다.

　　문단 나누기는 자기 생각을 어떻게 조직화했는지를 독자에게 알려주는 지도와 같다. 훌륭한 작가들의 글을 보고 그들이 어떻게 하는지 연구해보면, 그들이 문장이 아닌 문단 단위로 생각한다는 것을 알게 될 것이다. 각 문단은 내용과 구조 면에서 나름의 완결성을 갖는다.

　　　　　　　　　　―윌리엄 진서, 이한중 역, 『글쓰기 생각쓰기』에서

　단락은 글의 작은 마디이다. 대나무에 마디가 있는 것처럼, 글에도 단락이라는 마디가 있어 적절한 호흡과 명료한 체계가 선다. 단락이 없는 글은 내용을 파악하기 어려울 뿐 아니라 읽기가 벅차 숨이 막힌다. 단락이 없는 글쓰기는 마치 브레이크 없는 질주와 같다. (수업시간에 따로 강조해서 이야기하지 않으면, 단락 쓰기를 전혀 하지 않는 '광폭 질주 본능?'을 가진 무지막지한 학생들도 적잖이 있다.)

　스테이크를 먹을 때 우리는 고기 덩어리를 통째로 씹어 먹지 않는다. 먹기 좋게 칼로 적당한 크기로 잘라서 먹는다. 단락도 반드시 적당한 의미 크기로 잘라야만, 독자가 내용을 쉽게 이해하며 읽을 수 있다.

　　숨을 쉬지 않고 노래를 부르는 가수를 상상할 수 있을까? 가수는 한 소절을 부른 뒤 다음에 이어지는 클라이맥스를 준비하기 위해 한순간 폐부 깊숙한 곳까지 공기를 밀어 넣는다. 이러한 호흡이 없으면 가수는 노래를 계속할 수 없다.

가수에게 호흡이 있다면 글에는 단락이 있다. 호흡 조절 없이 노래를 부를 수 없듯, 단락 없이는 글을 제대로 쓰고 읽을 수 없다.

—임승수, 『글쓰기 클리닉』에서

악보를 보면 소절이 있다. 소절은 음악의 한 마디이자 호흡의 단위이다. 단락은 글의 한 마디이자, 의미 호흡을 조절하는 단위다. 문장의 장단이 글의 리듬을 만드는 것처럼, 크고 작은 단락의 전개와 조화는 글 전체의 호흡을 형성한다.

단락은 문장으로 모인 작은 의미 단위이다. 단락이 하나의 '마디'라는 말은 그 자체로 완결성을 지닌다는 뜻이다. 하나의 단락엔 하나의 소주제만을 담아 의미의 통일성을 이루어야 한다. 예컨대 A단락에 들어가야 할 문장이 B에 있으면 '의미 묶음'에 실패한 것이다. 이렇게 되면 '의미의 마디'인 단락 쓰기의 명료함이 현격히 떨어진다. '단락 구성 능력'은 생각의 명료함과 세부 내용을 직조해내는 능력과 직결되어 있다.

좋은 글을 쓰기 위해선 단락을 효과적으로 구성하는 것이 대단히 중요하다. 단락 구성이 제대로 이뤄졌는지 여부만 보더라도 글 자체의 수준까지 평가하는 것이 가능하다. 단락 구성이 엉망이면서 좋은 논증을 한다는 것은 불가능하다. 단락 구성 능력과 논증하는 글쓰기 능력은 거의 정확히 비례한다.

제대로 단락을 구성하기 위해선 반드시 하나의 단락에 하나의 이야기가 담기도록 해야 한다. 이 점이 가장 중요하다. 하나의 단락에 두 가지 이상의 내용이 포함되어 있으면 글의 짜임새가 떨어져 읽는 이에게 신뢰를 주기도 어려울뿐더러 제대로 논증을 진행시키는 것 자체가 어렵다.

—채석용, 『논증하는 글쓰기의 기술』에서

단락은 글의 의미 마디이기에, 부분과 부분이 실패하면 부분의 합인 전체는 볼 필요도 없이 실패한다. 단락 구성만으로도 글 자체의 수준을 알 수 있는 이유이다. 작은 단락 하나의 내용도 명료하게 만들지 못하는 사람이 전체 글을 명료하게 쓸 까닭이 없다. 또 의미 단위를 정확히 나눌 줄 모르는 사람이 전체 구성을 효과적으로 조직할 까닭도 없다. 그러니 단락 구성 능력이 떨어지는 사람이 어떤 '논증'을 하려는 것은 애초에 틀린 일인 것이다.

> 교육받은 사람임을, 그리고 교육받은 사람 가운데서도 더욱 뛰어난 정신을 갖춘 사람임을 다른 무엇보다 한눈에 알아볼 수 있게 해주는 것은 무엇일까? (…) 우리가 그런 인상을 받게 되는 진정한 이유는 그 사람의 정신이 질서정연하기 때문이다. ─S.T. 콜리지

단락 구성이 잘 되었다는 말은 간단히 말해 '글이 질서정연하다'는 뜻이다. 단락 쓰기가 잘 이루어지지 않으면 글의 내용이 도무지 질서정연할 수가 없다. 단락은 의미 전달의 완결성, 통일성, 명료성, 균형을 위한 글쓰기의 맞춤 틀이다. 그 기본 틀이 흔들리면 글 전체가 흔들린다.

'정신이 질서정연'한 사람이 뛰어난 지성(정신)을 갖춘 사람이듯이, 단락이 질서정연한 글이 뛰어난 정신을 갖춘 글일 가능성이 높다. 뛰어난 정신은 무엇보다 명료하고 체계적이기 때문이다. 생각이 명료하면 할수록 단락의 질서 구분은 명확해진다. 단락은 생각의 분류 체계일 뿐이다.

> 『월든』의 어느 페이지를 펼쳐 봐도 그가 마음속에 있는 것을 쉽고 조리 있게 말하는 것을 볼 수 있다. (…) 어떻게 하면 난삽함이라곤 전혀 없는 이 부러운 경지에 도달할 수 있을까? 답은 난삽한 생각을 머릿속에서 치워버리는 것이다. 명료한 생각이 명료한 글이 된다. 하나

가 없이 다른 하나는 있을 수 없다. 생각이 흐리멍덩한 사람이 훌륭한 글을 쓰기란 불가능하다. 한두 문단은 넘어갈 수 있을지 몰라도, 독자는 이내 길을 잃게 마련이다. 그렇게 되면 독자를 다시 불러들이기 어렵다. 글 쓰는 사람에게 이보다 더 큰 잘못은 없다.

―윌리엄 진서, 이한중 역, 『글쓰기 생각쓰기』에서

분류는 같은 것끼리 모으는 것이다. 글에서 같은 내용끼리 묶는 첫 단계이자 최소 단위가 단락이다. 단락이 '생각의 분류 체계'를 만드는 틀인 이유이다. 생각이 명료해야 내용 분류를 잘할 수 있게 된다. A단락에 들어갈 내용인지 B단락에 들어갈 내용인지, 아니면 C단락에 들어갈 내용인지가 명확해지는 것이다.

글쓰기는 조리(條理)의 분명함을 추구하는 '생각과 표현의 조직화'다. 생각의 가지를 질서정연하게 체계화시키는 작업인 것이다. 앞쪽에 붙을 가지인지 뒤쪽에 붙어야 할 가지인지, 중간에 붙을 첫 번째 가지인지 두 번째 가지인지를 정확하게 알아야 한다. 단락은 곧 내용의 체계적인 분류다. 생각의 명료함 없이는 그런 작업은 결코 온전히 이루어질 수 없다. 단락 구성 능력과 논증하는 글쓰기 능력이 직결되는 것도 이 때문이다.

이제 실제의 단락을 보면서, 단락 쓰기의 실전 전략을 살펴보자.

① 미래의 모습이 눈에 보이지만 내 마음은 뒤에 남는 사람들에게 향하고 있다. 죽음이 존재하지 않는다는 것을 상기한다면 두려워할 이유는 없다. 삶을 보람 있는 도전으로 보라. 가장 힘든 선택이 최고의 선택이고, 정의와 공명하고 힘과 창조주의 통찰을 가져오는 선택이다. ② 하느님이 우리에게 준 최고의 선물은 자유의지다. 우연은 없다. 삶에서 일어나는 모든 일에는 긍정적인 이유가 있다. 골짜기를 폭풍우로부터 지키려고 메워버린다면 자연이 새겨놓은 아름다움을 볼 수 없

게 된다.

③ 이 세상에서 다음 세상으로의 이행을 눈앞에 두고 있는 나는 천국과 지옥을 정하는 것은 그 사람이 현재 살아가는 방식임을 잘 알고 있다. 삶의 유일한 목적은 성장하는 것이다. 우리의 궁극적인 과제는 무조건적으로 사랑하고 사랑받는 법을 배우는 것이다.

④ 지구상에는 먹을 것이 없는 사람이, 집 없는 사람이 수없이 많다. 수많은 사람이 에이즈로 고통받고 있다. 학대받고 있는 사람이 수없이 많다. 정신과 신체의 장애와 싸우고 있는 사람이 수없이 많다. 매일 이해와 자비를 필요로 하는 사람이 늘어나고 있다. 그 사람들의 소리에 귀 기울여라. 아름다운 음악을 듣듯이 그 소리에 귀 기울여라. 인생 최고의 보답은 도움을 필요로 하는 사람들에게 마음을 여는 것에서 얻을 수 있다. 최고의 축복은 늘 돕는 것에서 나온다. 그 진리는 종교와 경제 체제, 인종이나 피부색의 차이를 뛰어넘어 모든 사람의 삶의 경험에 공통하는 것이라고 나는 확신한다.

—엘리자베스 퀴블러 로스, 강대은 역, 『생의 수레바퀴』에서

단락의 길이는 짧아야 좋을까, 길어야 좋을까? 단락의 적당한 길이는 내용과 의도에 따라 그때그때 다 다르다. 길어야 할 때도 있고 짧아야 할 때도 있다. 단락의 분량도 의미 전달의 강약과 글의 호흡을 형성하므로 조화롭게 잘 배분해야 한다. 예컨대 어느 순간 일부러 한두 문장으로 아주 짧게 단락을 쓰기도 한다. 그런 경우는 대개 강조 효과를 위한 것이다. (대체로 위의 예문처럼 책 기준일 때 단락의 길이는 3~9줄 내외가 적당하다. A4지 기준으론 한 단락을 6줄 이상은 쓰지 않는 게 좋다. A4지 6줄은 책 판형에서 8~9줄 내외가 된다.)

발췌된 인용 글은 네 단락으로 이루어져 있다. 단락에는 주제를 전달하는 중심 단락과 그를 뒷받침하는 단락이 있다. ①단락이 주제를 전달

하는 중심 단락이고 ②, ③, ④단락이 ①단락을 뒷받침하는 단락이다. 왜냐하면 ①단락의 중심 문장 "삶을 보람 있는 도전으로 보라"에 대한 세부 내용이 곧 뒤쪽 단락에서 전개되는 내용이기 때문이다. ②단락의 '자유의지', ③단락의 '성장', ④단락의 '선행'은 모두 '삶이라는 보람 있는 도전'을 위한 것이다. 자유의지를 가지고 어려움을 극복하며 영혼의 성장을 위해 봉사하는 사랑의 삶을 살아야 함을 순차적으로 이야기한 것이다.

한편, ④단락을 한마디로 요약하면 '지구상에 고통받는 사람들이 많으니 그들을 사랑으로 도와라'가 된다. 삶이라는 보람 있는 도전의 귀결점, 곧 결론에 해당하는 내용이다. ①의 주장과 함께 ②, ③단락의 설명이 있었기에 ④단락의 이야기는 더 설득력을 갖는다. 또 ④단락은 내용도 가장 상세하고 분량이 앞 단락들보다 많다. 하구에서 유속이 느려진 강물처럼 갑자기 호흡이 길어졌다. 단락 분량과 느린 유속으로, 내용에 무게가 더 실리게 한 것이다.

이처럼 단락은 내용이 전개되는 과정이므로 죽순이 위로 하나씩 올라가는 것처럼, 첫째 단락은 둘째 단락에, 둘째 단락은 셋째 단락에 계속 영향을 미치게 된다.

그동안 나는 공간을 이동하는 '공간 여행자'였다. 그런데 언제부턴가 '시간 여행자'가 되었다. 우린 떠나지 않아도, 시간을 타고 삶이라는 바다를 여행하고 있다. 시간 여행자로서 바라본 삶이라는 여행지는 흥미진진했다.

종종 나에게 이메일로 고민을 털어놓거나 내 글을 읽고 위안을 얻었다는 분들이 있다. 그 가운데 어떤 이들은 떠나고자 하는 열망 때문에 고민하고, 어떤 이들은 돌아와서 정착하지 못하고 방황한다. 나로서는 한 가지 답을 줄 수가 없다. 모두 자기 선택이요 운명인 것이다. 떠

날 만한 사람은 모험가답게 용감하게 떠나는 것이고, 머물러 있어야 할 사람은 '꼭' 인내하며 '역동적 뿌리내리기'를 실행해야 한다. 고령화 사회다. 인생은 길어졌다. 참고 기다리며 준비하는 시간도 즐거운 것이다.

그러나 가장 중요한 것은 인식의 지평선을 넓히는 일이다. 시간 여행자가 되면 매일 똑같은 아침을 맞아도 가슴이 설렌다. 하늘과 바람과 구름과 꽃과 아이들 웃음소리와 빵 한 조각, 커피 한 모금 속에서 여행을 한다. 무지개만 보아도 설레던 동심을 찾으면 일상이 여행이 된다. 그러다 언젠가 다시 배낭을 메고 떠나는 그 순간, 우리는 하늘을 나는 것이다.

혹시라도 공간 여행자에서 시간 여행자로 가고 싶은 여행자들에게 나는 말하고 싶다.

세상은 넓다. 그러나 사유와 상상의 세계는 더욱더 넓다. 사유하고 상상하시라.

우리는 지구를 타고 우주를 여행하고 있지 않는가?

일체유심조(一切唯心造). 세상은 스스로 만드는 것이다.

—이지상, 「시간 여행자들에게」, 『언제나 여행처럼』에서

이 글은 전체적으로 단락의 안배가 잘 이루어졌다. 그런데 글의 마지막 부분을 살펴보면 단락 없이, 아니 한 단락을 세 번이나 연이어서 한두 문장 정도로 짧게 처리했다. 인상적인 느낌을 주기 위해서, 마지막 메시지를 강조하기 위해서 그렇게 한 것이다. 이 글은 클라이맥스인 끝부분을 따로 떼어내, 행갈이라는 파격적인 단락 처리로 신선한 느낌을 줌과 함께 함축적인 뜻과 강한 여운을 발산했다. 단락 쓰기도 이처럼 창의적일 수 있는 것이다.

규칙과 변화와 창조 사이에서, 단락은 대나무 마디처럼 모든 글쓰기의 내용을 조직적으로 또렷하게 마디 지어 준다. 글을 잘 쓰기 위해선, 한 소절 한 소절 잘 흘러가는 가락처럼 의미의 마디 하나하나를 잘 엮어야 한다. 마디가 살아야 그 마디의 합인 전체가 잘 살 것이므로.

좋은 구성은 좋은 순서다

글쓰기는 전략이다. 전략의 기본은 '기술'을 목적에 맞게 효과적으로 잘 사용하는 데 있다. 하지만 글쓰기에서 이보다 먼저 살펴야 할 전략적 토대가 있으니, 그것은 내용 전개의 우선순위를 잘 살피는 데 있다.

모든 일에는 가치의 경중과 선후의 순서가 있다. 더구나 글쓰기에선 이러한 면이 더욱 중요하다. 왜냐하면 글쓰기는 의미전달의 질서정연함과 의미의 조리를 만들어내는 문맥의 전개가 그 생명력의 중심이기 때문이다.

무엇이 더 중요하고 무엇이 덜 중요한지, 무엇이 앞에 와야 하고 무엇이 뒤에 와야 하는지를 잘 판단해야 한다. 그것이 글의 뼈대이자 밑그림인 구성을 만들어내기 때문이다. 부분과 전체의 조화, 그것을 가능케 하는 것이 '구성'에서 나온다. 부분과 부분이 좋아도 전체의 조합이 좋지 않으면, 즉 구성에서 문제가 생기면 그 글의 완성도는 현격히 떨어지게 된다.

내가 새로운 것을 이야기하지 않았다고 비난하지 말라. 재료의 배치는 새로운 것이 아닌가. 테니스를 할 경우 양쪽이 사용하는 공은 같은 것이다. 그렇지만 그중 한 사람은 상대편보다 공을 좀 더 잘 배치한다. 나는 오히려 낡은 말을 사용했다는 말을 듣고 싶다. 같은 말이라도

배치하기에 따라 다른 사상을 이루는 것은, 같은 사상이 서로 다르게
배치되어 다른 논지를 이루는 것과 무엇이 다른가?

—파스칼, 권응호 역, 『팡세』에서

글은 의미의 유기체다. 부분과 전체가 결코 분리될 수 없는 의미 구조
의 집합체다. 똑같은 구성 요소로 되어 있어도, 구성 요소의 배치 즉 순
서가 달라지면 그 집합체는 전혀 다른 것이 된다. 똑같은 바둑돌이지만
어떻게 놓느냐에 따라 수많은 전략적 수가 생기고, 그 때문에 승패가 나
뉜다. 영화나 각종 영상물 편집 때 순서를 각별히 신경 쓰지 않는 감독은
없다. 같은 내용도 배치의 순서에 따라 의미 구조와 이야기의 전달력이
현격하게 달라지기 때문이다.

구성은 글의 전체 내용을 효과적으로 조직하기 위한 것이다. 그 조직
화는 결국 순서에 의해 결정된다. "글감을 어떻게 배열하느냐에 따라 구
성의 성패가 좌우된다. 잘 짜인 구성은 글의 논지를 심화 · 발전시키면
서 글쓴이의 주장을 효과적으로 전달하는 데 기여한다."(『상상과 창조의 글
쓰기』) 잘 짜인 구성은 글의 전체 맥락을 잘 살리기 위한 좋은 흐름이다.
때문에 좋은 구성 없이는 결코 좋은 글이 될 수 없다.

아주 쉽게 말해서, 좋은 구성이란 곧 '좋은 순서'일 뿐이다. 좋은 전개,
좋은 흐름이란 좋은 배치와 순서에서 나온다. 이치가 너무 쉽고 간명하
지 않은가. 단지 이것만으로 구성의 본질이 다 집약된다. ABC의 내용을
A-C-B, B-A-C, C-B-A로 놓는 것은 결코 같지 않다. 내가 말하고
자 하는 내용을 가장 효과적으로 전달할 수 있는 '최상의 순서'를 찾는
것, 그것이 구성에 대한 고민의 본질이다.

구성에 대한 고민은 글의 순서에 대한 전략적 사고를 하는 것이다. 무
엇을, 누구에게, 왜, 어떻게 전하려는지에 대한 전략적 고민을 통해, 가

장 효과적인 순서를 찾는 일이기 때문이다. 그런 전략적 사고는 편집력에 기초한다.

글쓰기에서 편집이란 '일정한 계획 아래 여러 가지 재료를 모아 엮어서 글이나 책을 만드는 일'이며, '원고를 어떤 기획에 따라 보충·선택·정정하고 배열하여 형식을 갖추는 일'이다. 편집에는 반드시 '어떤 기획'과 '일정한 계획'이 전제되어 있다. 글의 목적에 맞는 가장 적절한 계획을 세우는 것이 기획이다. 그것은 좋은 아이디어를 전제로 한 엄정한 취사선택과 우선순위에 의해 결정된다.

편집력은 복잡한 것을 단순화하고, 무작위로 널려진 것을 재배치·재배열하여 질서를 부여한다. 사물과 사건의 나열 속에서 핵심을 선택하고 순서를 정한 다음, 제각각 본질에 걸맞은 이름을 지어주는 일이다.

삼라만상을 편집한다는 것은 그 존재의 최적화를 추구하는 행위다. 최적화는 넘치는 것은 줄이고 부족한 것은 채워 기질과 개성을 바탕으로 생존력을 아낌없이 발휘하는 상태다.

그러므로 존재는 끊임없는 편집의 결과다. 일상은 편집의 연속이다. 우후죽순 얽힌 만남을 가지런하게 바로잡고, 소중한 인연을 더욱 도탑게 다독이는 인간관계는 편집의 산물이다. (…)

따로따로 떨어진 것들을 묶는다면 어떤 변화가 생길까. 유사하게 보이는 것들에서 어떤 공통점으로 추려볼 수 있을까. 사건과 사고를 어떤 이름으로 명명해야 사회적 메시지가 제대로 담길까. 보편타당한 기존의 개념이 아닌 전혀 다른 차원의 관점은 없을까. 이 질문에 대한 고민과 성찰 끝에 얻은 답이 편집력이다. 세상은 분야가 있고 순서가 있다. 어떤 장르의 과업이든 매뉴얼이 있고 비법이 있다. 문제해결의 첫 단추는 벌어진 사태를 차분히 응시하면서 본질을 찾는 것이다. 사실과 진실을 구별하고 그 조각들을 하나하나 수집한다. 동시에 먼저 해야 할 것, 나중에 할 것을 선별한다. 장황한 것엔 진실과 허위가 섞여 있다. 헛것을 추려내고 거품을 꺼뜨려야 한다. 그래서 압축이 필요하다. 본질과 핵심만 남기고 몸집을 줄였다면 군더더기 없는 태그를 달아라. 명료한 깃발에 새겨진 태그는 최고의 헤드라인이 된다.

—김용길, 『편집의 힘』에서

편집력은 시작에서 완성까지 글쓰기에 근본 질서를 부여하는 힘이다. 편집의 눈과 손이 없이는 질서의 가닥을 잡을 수가 없다. 편집의 영민한 눈과 손을 거쳐야, 불필요한 것과 복잡한 것이 걸러져 가치의 경중과 발화의 선후가 제자리를 잡는다.

"편집력은 넘치기 전에 분류하여 중요한 것을 우선순위에 두고, 불필요한 것을 덜어내며, 버려야 할 것을 가리는 선구안이다." 엄정한 취사선택을 통해 말해야 할 내용과 그 체계가 뚜렷해지고, 분명한 우선순위에 따라 말해야 할 명확한 순서가 정해진다. 이것이 바로 구성을 만들어내는 편집력이다. 편집력은 출판편집자에게만 필요한 것이 아니라, 글을 쓰는 모든 사람에게 필수적이고 또 근본적인 능력이다.

문장들이 제각각 따로 노는 것이 아니라 잘 어우러지게 해야 한다. 이를 논리적 순서라고 한다. 문장들 사이에 논리적인 연결 관계를 지닌 경우, 논리적 순서에 따라 문장을 연결하여야 하며 논리에 어긋나지 않았는지, 모순된 점은 없는지 등을 고려하여야 한다.

'원인—결과', '현상—이유', '문제—해답', '과제—풀이', '원리—적용', '추리—결론', '주지—예시', '주지—보충', '동일한 명제의 나열' 등으로 순서를 정할 수 있다.

논리적 순서가 어긋나면 글을 읽는 이가 이해하기 어려운 글이 된다. 따라서 문단 내에서 문장들을 제대로 연결하여 읽는 이가 잘 읽을 수 있도록 하려면 연결성의 원리를 지켜야 한다.

—최복현, 『닥치고 써라』에서

잘 쓴 글은 예외 없이 짜임새가 좋다. 짜임새가 좋다는 것은 '문장과 문장의 이어짐'과 '문단과 문단의 이어짐'이 긴밀하고 자연스럽다는 뜻이다. 글의 긴밀하고 자연스러운 이어짐에는 '연결성의 원리'가 내재되어 있다.

연결성을 만들어내는 논리적 순서에는 '원인—결과, 현상—이유, 문제—해답, 과제—풀이, 원리—적용, 추리—결론, 주지—예시, 주지—보충, 동일한 명제의 나열' 등 다양하고 분명한 연결 고리들이 존재한다. 이러한 연결 고리가 잘 엮일 때 긴밀하고 자연스러운 내용 전개가 이루어진다. 그러므로 쓰기 전에 무엇으로, 어떤 부분에 어떤 연결 고리를 만들지 스스로가 분명하게 인식하고 있어야 한다.

- 시간적 순서: 일반적으로 먼저 발생한 것을 먼저 제시해야 하나 어떤 경우에는 그 반대의 순서로 제시하기도 한다.
- 공간적 순서: 어떤 장소나 모습을 묘사하는 경우에는 전체에서 부분으로 제시하는 것이 보통이나, 어떤 특정 부분을 강조할 때에는 그 부분을 먼저 제시하고 그 부분과 관련된 주변, 그리고 전체를 기술하기도 한다.
- 과정적 순서: 실험 등 먼저 처리해야 하는 과정을 먼저 제시해야 한다.
- 원인 결과 순서: 일반적으로 결과를 먼저 제시하고 그 원인을 제시한다. 그러나 원인을 먼저 제시하는 것이 자연스러운 경우도 있다.
- 중요성 순서: 통상적으로 중요한 아이디어를 먼저 제시한다. 그러나 이와는 반대로 중요한 아이디어를 마지막에 논의할 수도 있다.

- 분류적 순서: 분류의 기준을 먼저 제시하고 그 결과는 중요성 순서 나 그 역의 순서로 제시한다.
- 친숙성 순서: 독자들이 친숙한 것부터 제시해야 한다.

—구자길 · 장남숙, 『에세이 작성 원리와 연습』에서

하늘 아래 그 어떤 글이든, 글의 전개와 구성은 어떤 순서에 의해 만들 어진다. 내가 할 이야기에 어떤 형태의 순서가 제일 적합한지를 고려하 여, 최적화된 순서로 글을 쓰는 것이 구성력을 살리고 글의 전달력을 높 여주는 최선의 방법이다. 어떤 길을 택하든, 부분과 전체의 유기적 흐름 을 살려주는 균형은 '적절한 안배'와 '자연스러운 흐름'에 있을 뿐이다.

쓰기 전에 글의 구성을 생각하는 것을 구상(構想)이라 한다. 구상이란 '글의 짜임새(구조)를 생각한다'는 뜻이다. 글의 짜임새는 안배와 흐름에 의해 결정된다. 구상이란 결국 적절한 내용 안배와 좋은 글의 흐름을 미 리 생각해보는 것에 지나지 않는다.

설계도 없이 집을 짓는 무모한 건축가는 없다. 글쓰기에도 설계도가 있어야 한다. 구상을 통해 정리된 '구성에 대한 밑그림'이 글의 설계도 이다. 이 설계도를 가지고 어떻게 쓸지에 대한 글의 전체 흐름을, 쓰기 전에 반드시 생각해야 한다. 한 권의 책이 아니라 한 편의 글인 경우는 고작 '키워드 몇 개' 정도의 아주 간단한 메모 정도만으로도 충분히 글 의 설계도를 만들 수 있다. ——최소한 머릿속에서라도 글 전체에 대한 구성이 마인드맵처럼 또렷하게 미리 그려져야 한다. 항해도 없이 갑자 기 항해를 하는 이는 표류할 가능성이 높다. 그것이 긴 항해일 때는 더 욱 그렇다.

거듭 말하건대 글의 구성을 어렵게 생각하지 말라. 좋은 구성은 단지 '좋은 순서'일 뿐이다. 좋은 글은 문장과 문장이 물 흘러가듯 자연스럽게 잘 흘러간다. 아울러, 단락과 단락의 전개도 물 흐르듯 자연스럽게 흘러간다. 글이란 자신의 유속을 조절하며 물처럼 아래로 자연스럽게 흐르는 것이다. 이러한 자연스런 흐름이 있는 글이 좋은 구성을 갖춘 글이다. 물 흘러가듯 자연스럽게! 그렇게 되도록 최상의 순서로 자연스런 호흡과 흐름을 만들어라. 이것이 구성을 위한 최선의 명제이거니.

10장

질문이 생각과
글쓰기를 이끈다

생각이 에너지다.
질문은 그 에너지의 도가니다. —김주수

우리 삶에 있어 '질문'이 얼마나 중요한 것인지, 그 가치를 다음의 글이 잘 이야기해주고 있는 듯하다.

> 인생에서 멈추지 말아야 할 것이 있다면, '질문'이다. 매 순간 자신이 내면과 삶을 향해 진실한 질문을 던지지 않으면, 다른 사람들이 던진 질문만 들여다보다가 생을 마감하고 만다. 나아가 '질문이 없는 삶'은 '답이 없는 삶'으로 이어지고 만다.
>
> 물론 인생에 정답이란 존재하지 않는다. 그런 까닭에 인생에는 '오답' 또한 존재하지 않는다. 오직 '나 자신만의 답'이 존재할 뿐이다. 그리고 나 자신의 답을 찾아가는 여정을 계속할 때 인생은 참되고 풍요로워진다.
>
> 질문을 멈추면 '의문'이 찾아온다. 질문과 의문은 똑같이 물음표를 달고 있다. 하지만 질문은 느낌표를 단 답을 찾아내는 데 집중하는 반면, 의문은 계속해서 물음표를 단 의문만을 낳을 뿐이다. 따라서 질문을 멈추는 순간, 의문투성이의 삶에서 한 걸음도 벗어나지 못하게 된다.
>
> ─잭 캔필드 · 마크 빅터 한센, 류지원 역,
> 『죽기 전에 답해야 할 101가지 질문』에서

우리 자신에게 뜻깊은 질문을 하나 던져보자. '인생을 의미 있게 만드는 질문'이란 무엇인가? 『죽기 전에 답해야 할 101가지 질문』은 101명의 필자가 '그런 101가지 질문'에 대해 답한 101편 에세이를 모아서 만든 책이다. 누구나 이러한 질문을 진지하게 던지고 삶을 들여다본다면, 그 질문에 대해 조금이라도 좋은 답을 찾게 될 것이다.

질문이 한 편의 글을 쓰게 하고, 책으로까지 만들어지는 것에서 볼 수 있듯, 질문은 스스로 마음의 답을 찾게 한다. 질문은 답이라는 과녁으로 날아가는 화살과 같다. 아무런 질문이 없는 삶은 아무런 답이 없는 삶으로 이어진다. 답은 결코 절로 찾아지지 않는다. 답을 끄집어내는 좋은 질문이 있어야 한다. 그래서 '아무런 질문이 없는 삶'은 '아무런 답이 없는 사람'을 낳는다.

내면에 자신만의 질문이 없는 사람은 문제의식이 없기에 도무지 '의미 있는 생각'을 하지 못한다. 질문은 생각을 키우는 최고의 엔진이다. 이 엔진이 없거나 부실한 사람은 수준 높은 사고력을 가질 수 없다. 사고력의 수준은 그 사람의 정신세계는 물론이요, 업무의 제반 능력과 인생의 성숙도까지 결정하는 중요한 요인이다.

아울러 질문이 없는 사람은 글도 잘 쓸 수가 없다. 글쓰기는 질문에 대한 자신의 답이기 때문이다. 글쓰기는 삶과 내면을 향한 질문하기이며, 그 질문을 통해 자신만의 생각을 키워가는 과정의 진폭을 기록하는 일일 뿐이다.

사실질문과 사고질문

질문은 크게 사실질문과 사고질문 이 두 가지 유형으로 나눌 수 있다. 사실질문은 지식이나 사실을 묻는 질문이고 사고질문은 생각을 묻는 질문이다.

> ① 사실질문: 지식이나 사실을 묻는 질문(정답 있음, 암기)
> ② 사고질문: 생각을 묻는 질문(정답 없음, 사고력)

'한국에서 가장 높은 산은? 고구려의 수도는 어디인가? 3·1 운동은 언제 일어났는가? 당신은 어디에 사는가? 당신 이름은 무엇인가?' 등과 같이 어떤 지식이나 사실을 묻는 질문은 사실질문이다. 이것은 정답이 있는 질문이요, 기억과 학습에 의해 답할 수 있는 질문이다.

반면 '삶의 의미는 무엇인가? 인간은 어떻게 살아야 하는가? 어떻게 해야 세계 평화가 올 것인가?'와 같은 질문은 지식이나 사실이 아니라 '생각'을 묻는 질문이다. 이것은 고정된 정답이 없는 질문이요, 생각과 사색에 의해 답할 수 있는 질문이다.

정답이 있기 때문에 사실질문이 학습차원의 질문이라면, 고정된 답이 없어 새로운 답을 생성해내야 하는 사고질문은 학문차원의 질문이다. 사실질문은 학습(암기, 기억)을 통해서 간단히 답할 수 있지만, 사고질문은 깊은 탐구와 숙고(사고력)를 통해서만 답할 수 있다.

학습이란 이미 존재하는 지식을 습득하는 것이요, 학문은 새로운 것을 탐구하고 창조하는 것이다. 때문에 학습차원이 공부의 1단계라면, 학문차원은 공부의 2단계이다. 모든 공부는 반드시 학습차원에서 학문차원으로 발전해야 한다. 즉 학습차원인 사실질문에서 학문차원인 사고질문으로 발전해가야 하는 것이다.

다음 글은 경희대 글쓰기 교재인 『상상과 창조의 글쓰기』서문에 나오는 내용이다. "대학생의 글쓰기 수준은 그야말로 절망적이다. 그 절망의 근원은 대학생에게 있지 않다. 그들은 하나의 정답을 가장 빠른 시간 안에 찾을 수 있는 수렴적 사유 능력만을 유일신으로 받드는 교육체계의 희생자이다. 창의성과 다양성은 구호로만 앙상하게 나부낀다."

왜 교수들에게서 이런 안타까운 지적이 나오는 것일까? 그 이유는 간단하다. 학생들이 성인이 될 때까지, 오로지 사실질문에 답하는 '주입식 암기 교육'만 받았기 때문이다. 그들은 사고질문에 답하는 '생각하게 하는 교육'을 거의 받지 못했다.

암기는 모든 공부의 기본 토대지만, 암기에만 머물러서는 안 된다. 그 지식으로 무엇을 어떻게 할 것인지에 대해, 깊이 생각할 수 있는 사고력과 창의력을 길러야 한다. 그래야 그 지식을 유용하게 사용할 수 있고 또

널리 활용할 수 있게 된다. 지식만 있고 사고력이 없다면 그것은 학습 수준에만 머물러 있는 '성장이 멈춘 공부'밖에 될 수 없다. 우리는 반 세기가 넘도록 그런 앉은뱅이 교육만 시키고 있는 셈이다.

> 수렴적 교육의 악폐는 사유 자체의 상실이다. 성찰의 여지가 없다. 하늘을 올려다보는 마음을 거부한다. '다만 연결하라'는 개인의 능동적인 의미부여 행위가 무엇인지 도무지 모른다. 그래서 그들이 쓰는 글은 구태의연함과 진부함의 덩어리이다. 열 명이 쓴 글이 한 명이 쓴 글과 다르지 않다. 차이를 만들어내지 못한다. 차이를 만드는 사유를 경험하지 못하였기 때문이다. 상상력은 고갈되고 창조력은 비틀거린다.
> —이상임 외, 『상상과 창조의 글쓰기』에서

사고질문엔 정답이 부재한다. 정답이 부재하기 때문에 '다양한 답'이 나올 수 있다. 바로 그 다양한 가능성의 답을 찾는 과정에서, 생각이 깊어지고 넓어진다. 그 때문에 사고력과 창의력이 발전하는 것이다. 그것은 생각과 지식의 영역을 확장하는 '발산적 사고'를 하게 만든다.

학습차원의 공부엔 객관적 지식은 있어도, 개인의 사유는 존재치 않는다. 그렇게 다들 자신의 생각이 없으니, 열 명이 쓴 글이 한 명이 쓴 글과 다르지 않은 비극적 사태가 나오는 것이다. 글쓰기는 열 가지 남의 생각보다, 한 가지 내 생각을 쓰는 것이 더 중요하다. 글쓰기는 어디까지나 나의 사유로 생각의 주체를 밝히는 일이기 때문이다. 그러나 독창적인 생각이 없으니 어떻게 남과 다른 글을 쓰겠는가.

글쓰기는 두 가지 질문을 다 포함하지만, 특히 사고질문과 더 긴밀한 관련이 있다. 왜냐면 글쓰기의 본질은 자신의 생각과 느낌을 쓰는 것이기 때문이다. 사실질문을 받았을 땐 알고 있는 지식과 기억만 떠올리면 그만이지만, 사고질문을 받으면 진지하게 깊은 생각을 해보아야만 한다. 사고질문은 깊은 생각 없이는 수준 있는 답을 결코 할 수 없다.

예컨대 '행복이란 무엇인가'나 '정의란 무엇인가?'라는 질문을 받았다고 치자. 한두 마디로 답하기는 쉽겠지만, 이 질문에 A4지 2쪽으로 답하여 글을 쓰려면 평소에 하지 못했던 깊은 생각을 해야만 쓸 수 있을 것이다.[11] 단지 그 양을 채우는 것만도 쉽지 않을 터이다. 그런데 만약 이 질문에 A4지 100쪽 이상의 글을 쓰게 된다면, 그것은 하임 샤피라 박사가 쓴 『행복이란 무엇인가』나 마이클 샌델 교수가 쓴 『정의란 무엇인가』와 같은 한 권의 책 분량이 될 것이다. 더 중요한 것은 어떤 질문이든 다 이와 마찬가지라는 점이다.

사고질문의 답은 이처럼 그 폭과 깊이가 대단히 깊고 광대하다. 우리의 사유엔 한정이라는 울타리가 없다. '글쓰기에 좋은 질문이란 무엇인가' 이 또한 하나의 책 주제가 될 것이니,[12] 어떤 질문이든 답을 찾아 책한 권을 쓸 정도로 깊이 생각한다면, 누구나 사고력 수준이 비약적으로 향상될 것이 틀림없다. ──심지어 지식까지 전문가 수준에 이르게 될 것이다. 깊이 생각하고 탐구하는 과정에서 관련 지식을 계속 섭렵하게 될 것이기 때문이다.

사실질문이 땅에 있는 것을 줍는 것이라면, 사고질문은 생각의 깊은 우물을 파는 것과 같다. 그것은 내 '밖에 있는 답'이 아니라, 내 '내면에 있는 답'을 찾는 것이기도 하다. 지식이 아니라 지혜를 생성하는 답인 것

---

11 우리나라 '대입 논술시험'도 이처럼 어떤 사고질문에 대한 에세이를 쓰는 것으로 바꾸었으면 한다. 가령 '배움의 가치란 무엇인가?' '건강한 사회를 구현하기 위한 방법은 무엇인가?' 같은 질문에 답글을 쓰는 것이다. 사실 조선시대 과거시험이 바로 이와 같은 형식이었다. 어떤 '사회 · 정치적 질문'에 자신의 견해를 논변하는 식이었다. 그것만으로도 충분히 그의 학식과 식견, 사고력과 문장력 등을 다 볼 수 있었던 것이다.

12 실제로 샌프란시스코 작가집단 그로토(Grotto)가 쓴 『글쓰기 좋은 질문 642』라는 책이 존재한다.

이다. 앞서 말한 '인생을 의미 있게 만드는 질문은 무엇인가?'와 같은 질문은, 숙고를 통해 삶의 지혜를 일깨우는 질문일 수밖에 없다. 질문의 날이 삶의 숨겨진 의미를 날카롭게 겨누고 있기 때문이다.

독일의 대문호 괴테는 어린 시절부터 어머니에게 특별한 '사고질문의 교육'을 받았다. 괴테 어머니는 어린 괴테에게 책을 읽어주다 매번 마지막 부분은 읽지 않고, 괴테가 지어서 결말을 짓게 했다. "괴테야, 그 다음은 어떻게 되었을까? 네가 이야기를 완성해서 엄마에게 이야기해다오." 매번 이런 질문을 받은 괴테는 작품의 말미를 완성하기 위해 며칠 동안 깊은 고민을 해야 했고, 그 결과 적극적이고 새로운 발상으로 자신의 사고를 증폭시키게 되었다. 어려서부터 어머니로부터 자연스레 창의적인 작가수업을 받은 것이다. 그러니 그의 사고력이 어려서부터 남다르게 단련되었을 것임은 너무나 자명한 일이다.

어떻게 하면 하늘을 날 수 있을까? 어떻게 하면 여름에도 얼음을 먹을 수 있을까? 어떻게 하면 편리하게 멀리 이동할 수 있을까? 이런 사고질문 때문에 비행기가 개발되었고, 냉장고가 나오게 되었으며, 달리는 기차와 자동차가 탄생하게 되었다. 지구상의 모든 창조물은 단 하나의 예외도 없이, 심지어 원시인의 돌도끼 하나조차도 모두 사고질문에서 나온 것이다.

천재들은 죄다 사고질문의 달인이었으며, 그 질문에 대한 답과 결과물로 세상을 혁신하고 선도한 사람들이다. 모든 천재들은 사고질문에서 나왔으므로, 그러한 기질은 천재의 혈통을 증명한다. 세상의 모든 천재들은 그들의 어머니가 아니라 다 사고질문의 자궁에서 태어났다. 사고질문은 창조의 끝없는 아궁이이자, 천재를 만드는 핵심 엔진이다.

"가장 중요한 것은 질문을 멈추지 않는 것이다." 아인슈타인이 남긴 이 금언을 우리는 깊이 가슴에 새겨야 한다. 질문을 멈춘 게 아니라, 아예 질문을 제대로 던져보지도 못한 교육의 폐해에서 자신 스스로가 과감히 벗어나야 한다. 자신의 지적 성장과 영혼의 성숙을 위해 끊임없이 질문을 던지며 자신의 내면을 일깨워야 한다. 좋은 질문을 던져야 좋은 답을 찾을 수 있다. 지금 내가 나를 위해 던져야 할 좋은 질문은 무엇인가? 좋은 질문을 찾는 것 자체가 진정한 생각의 시작이다!

> 언어는 질문을 하기 위해 창안되었다. 대답은 투덜대거나 제스처로 할 수 있지만 질문은 반드시 말로 해야 한다. 사람이 사람다운 것은 첫 질문을 던졌던 때부터였다. 사회적 정체는 답이 없어서가 아니라 질문을 할 충동이 없는 데에서 비롯된다. ─에릭 호퍼

질문은 사고력을 지배한다

사고질문도 세분화하면 크게 세 가지 유형으로 나누어볼 수 있다.

> ① 원인(이유)을 묻는 질문: 왜 세계 평화는 오지 않는가?
> ② 의미를 묻는 질문: 삶이란 무엇인가?
> ③ 방법(해결책)을 묻는 질문: 어떻게 하면 빨리 통일이 될까?

이 질문들은 모두 '생각을 깊게 하도록 만드는 질문'이지만, 그 목적에 따라 찾는 바가 다 다르다. 어떤 질문을 던질 것인가는 상황과 목적에 따라 다 다르므로, 상황과 목적에 맞는 적절한 질문을 던져야 한다. 하지만 세 질문은 유기적으로 연결되어 있기에, 하나의 질문이 깊어지면 다른 질문과도 연결되는 속성이 있다. '왜 세상엔 평화가 없는가?'를 깊이 고민하는 사람은 자연스레 '평화란 무엇인가?'와 '어떻게 해야 평화를 찾을 것인가?'라는 질문을 함께 하게 될 것이기 때문이다. 사고질문

은 사고 확장을 위한 것이므로, 질문을 세분화하거나 다양한 질문을 연결하는 것도 생각의 의미망을 넓히고 그 결을 섬세하게 하는 데 좋은 방법이 된다.

저도 제가 있는 대학의 입시논술 채점에 참여한 적이 있는데요, 놀랍게도 학생들이 써낸 논술의 80퍼센트가량이 비슷한 내용으로 채워져 있었습니다. 학생들에게 문제의식을 갖게 하지 않고 계속 답만 달게 한 교육이 낳은 참담한 결과죠. 지금 교수님께서는 논술을 포함한 글쓰기의 출발점은 '나'의 경험이어야 한다는 것, 어떤 글을 왜 쓰는지 스스로 알고 써야 한다는 것을 계속 강조하고 계신데요, 경험에서 출발한 글쓰기는 내가 살아온 삶, 내가 살고 있는 세계에 대해 질문을 던질 줄 아는 능력과 연관되며, 글쓰기의 기본 능력은 질문을 구성하는 능력이라고 말씀도 해주고 계십니다.

—김수이 외, 『글쓰기의 최소원칙』에서

질문하는 능력은 생각하는 능력과 비례한다. 질문하지 못하면 생각하지 못한다. 글을 왜 쓰는지 스스로 잘 알지 못하는데, 글을 잘 쓸 수 있겠는가? 글쓰기는 나와 삶과 세상에 대한 질문에서부터, 그런 질문을 통해 생각을 깊이 하는 데서부터 시작하는 것이다. 그 어떤 글이든, 그 글은 어떤 질문에 대한 직간접의 답이다. 설령 그것이 정답이 아닐지라도 자신의 대답인 것은 분명하다.

존 맥스웰의 책 『사람은 무엇으로 성장하는가』와 같이 제목에 질문이 드러나지 않은 경우에도, 모든 글과 책은 어떤 질문에 대한 답으로 쓰인 것이다. 왜냐하면 글 내용에 반드시 어떤 질문을 내장하고 있기 때문이다. 세상의 모든 글과 책의 제목은 '하나의 질문'으로 바꿀 수 있다.

예를 들어 『사랑학 개론』이라는 책은 '사랑이란 무엇인가?'라는 질문에, 『가족 세우기』라는 책은 '심리치료 기법인 가족 세우기란 무엇인가?'라는 질문에, 『친일, 청산되지 못한 미래』는 '친일이란 무엇이며, 왜 우리는 친일파를 청산하지 못했는가?'라는 질문에 대한 저자의 답이다. 『시골의사 박경철의 자기혁명』이라는 책의 뒤표지에는 이런 문구가 있다. "청년은 세상을 어떻게 읽고 소통해야 하는가? 청년은 자기성장을 위해 어떤 노력을 해야 하는가? 그리고 지금, 자기 삶의 주인으로 살고 있는가? 이 책은 그 물음에 대한 답을 찾아가는 과정이며 치열했던 고뇌와 시행착오의 기록이다!" 직접적으로 언급하지 않았을 뿐 모든 책은 이처럼 어떤 질문들에 대한 대답이다.

글도 마찬가지다. 김구 선생의 「나의 소원」은 '내가 조국에 바라는 소원은 무엇인가? 나는 왜 그 소원을 말하고자 하는가?'라는 질문에 대한 대답이다. 피천득의 「인연」이라는 수필은 '내가 체험한 인연에 얽힌 이야기는 어떤 것인가? 그것을 통해 나는 무엇을 말하고 싶은가?'라는 질문에 대한 대답이다. 요는 세상의 모든 글은 반드시 '어떤 질문'을 가지고 있으며, 그 어떤 질문에 대한 글쓴이 자신의 답이라는 것이다.

일기를 쓰는 경우도 마찬가지다. 모든 글이 그러하듯, 일기 또한 반드시 의식·무의식에 의한 어떤 질문에 대한 답으로 쓰인다. 예컨대 '오늘 하루 어떤 일이 있었나? 나는 무엇을 했고, 어떤 생각을 했으며, 무엇을 기록할까? 이 일은 어떤 의미가 있는 걸까?' 등의 질문을 자연스럽게 던지면서, 그 질문에 기대어 글을 쓰게 된다. "질문과 대답을 반복하면 그것이 곧 글이 된다"고 말할 수 있는 이유이다.

글쓴이의 입장에서 보았을 때 글의 주제는 '무엇을 쓸 것인가?'라고 스스로에게 묻는 것과 같다. 다시 말해 글쓴이 자신이 최초의 독자가 되어 글의 목적과 방향에 대해 질문하고 답하는 것이 주제를 설정하는 과정이라고 할 수 있다. 요컨대 한 편의 글이 지니는 주제의 명확성은 하나의 분명한 질문을 통해 구성된다. 따라서 글을 쓰기 전 자신이 말하고자 하는 바를 스스로에게 질문하는 형태로 주제문을 만들어보는 것이 효과적이다.

—이상임 외, 『상상과 창조의 글쓰기』에서

애초에, '무엇을 쓸까?/어떻게 쓸까?'라는 주제와 방법을 찾는 글쓰기의 근원적 고민부터가 '질문'이 아니던가. '어떻게 고쳐서 마무리 지을 것인가?'라는 퇴고에 대한 고민도 질문이고 보면, 글쓰기는 질문에서 시작에서 질문으로 끝난다 해도 과언이 아니다. 글쓰기는 스스로 질문하고 스스로 답하기다!

"남다른 결과를 만드는 사람들은 모든 일의 시작을 WHY에서 출발한다. 그것이 곧 결과를 결정짓는 가장 강력한 질문임을 알기 때문이다. 그래서 작은 일이건 큰일이건 관계없이 늘 가장 먼저 WHY부터 묻는다. WHY를 아는 것은 자신이 해야 할 일의 진짜 목적을 아는 것이고, WHY를 묻는 것은 왜 그 일을 해야 하는지 찾아나가는 과정이다. 첫 번째 질문으로 '왜'를 묻는 습관을 가진 사람들은 눈부신 결과를 낼 수 있다."(류랑도) 우리는 왜 쓰는지를 혹은 왜 써야 하는지를 알아야 하고, 그 전에 왜 '질문하기'가 그토록 중요한지를 잘 알아야 한다.

나는 합리적인 사고의 본성에 대해 설명할 때 흔히 '길을 찾아가는 것'과 비교해서 말한다. 부산에서 서울로 여행을 한다고 해보자. 이때 길을 잘 찾아가기 위해서는 '어떻게 가야 하는가?', '지금 가는 방향은 옳은가?'를 항상 생각하면서 가야 한다. 서울을 향해 가고자 한다면 무작정 집을 나서서 아무 방향으로나 걸어서는 안 되는 것이다. 서울을 찾아가는 방법에 대해 생각하면서 길을 가야 한다.

생각을 할 때도 마찬가지다. 어떤 생각을 하든 잘 생각하기 위해서는 생각하는 방법에 대해 생각하면서 생각해야 한다. 거기에서 올바른 생각의 기술을 찾아낼 수 있다.

—이창후, 『나를 성장시키는 생각의 기술』에서

우리가 질문을 해야 하는 것은, 생각하는 법을 배우기 위해서이다. 질문은 대상을 깊이 탐구하게 만들고, 하고자 하는 일의 의미와 가야할 방향과 방법까지 통찰하게 해준다. 삶의 모든 순간과 모든 곳에서 가야 할 길을 물어야 하듯, '생각의 길'도 늘 물어야 한다. 묻지 않는다는 것은 더 이상 찾지 않는다는 뜻이다.

잘 닦인 생각의 길은 질문에 의해서 만들어진다. '질문하기'는 사고회로에 생각의 노선을 건설하는 일과 같다. 그 길이 있어야 생각의 초점과 방향이 뚜렷해지고, 계속해서 앞으로 나아갈 수 있다. 그 때문에 질문은 생각에 각도를 부여하고, 생각의 깊이를 만든다. 구름이 수분을 머금고 있듯, 비전과 방향성 있는 생각은 반드시 질문을 동반한다. 생각을 잘하기 위해선 반드시 잘 질문하는 법을 배우고 익혀야 하는 까닭이다.

> 아빠: 글을 잘 쓰려면 어떻게 해야 해?
> 은서: 책을 많이 읽어야지. 논술 책.
> 준석: 지식이 많아야 해.
> 아빠: 지식이 많으려면?
> 은서: 책을 많이 읽어야 해.
> 준석: 그게 그 말이잖아. 무엇보다 글쓰기 연습을 많이 해야지.
> 은서: 신문반 들어가서 글을 써야 해.
> 아빠: 어떤 글이 좋은 글이야?
> 은서: 좋은 글.

준석: 사람들에게 교훈과 감동을 주는 글.

아빠: 그게 뭔데?

준석: 예를 들어 지독하게 못사는 사람이 있는데, 엄청난 비웃음을 당하면서도 나중에 성공하는 이야기

은서: 수준이 높은 글.

준석: 넌 생각 좀 있게 이야기해.

은서: 흥, 내 말이 어디가 어때서.

준석: 경험을 많이 한 사람이 쓴 글이 좋지.

—고경태, 『글쓰기 홈스쿨』에서

편집자인 아버지가 어린 자녀들과 글쓰기 수업을 하면서 나눈 대화의 일부다. 이 대화 속에 매서운 '사고질문'이 있음을 눈여겨보았는가? 자녀들에게 글쓰기를 가르치면서 '글을 잘 쓰려면 어떻게 해야 해?'나 '어떤 글이 좋은 글이야?'와 같은 순도 높은 사고질문을 던질 줄 아는 아버지는 반갑고도, 훌륭하다. 저 질문 하나에, 책이 한 권씩 나올 수 있을 만큼의 심중한 질문이 아니던가. 기실 세상에 모든 '글쓰기 책'은 바로 저 질문에 기초해서 쓰인 것이다.

'글쓰기'에 대해 스스로 어떤 질문을 해보았는가? 글을 잘 쓰고자 하는 이는 자기 스스로 저런 질문을 진지하게 던질 줄 알아야 하며, 어미닭이 알을 품듯 답이 뽀얗게 잘 부화할 때까지 그 질문을 따뜻하게 꼭 품고 있어야 한다. 그렇게 자기 안에서 부화한 그 답은 진정 오리지널로 자신만의 지적 자산이 될 터이니!

남에게든 나에게든 '왜'를 묻고 대답을 구하는 과정은 처음에는 번거롭고 피곤할 수밖에 없다. 하지만 일단 머릿속에 '왜?'가 자리를 잡으면 그것만큼 재미난 것도 없다. 물으면 물을수록 새로운 것들이 보이

고 그것을 따라가다 보면 저절로 깊이를 얻게 되기 때문이다. 그런 점에서 '왜?'는 스스로 지적 호기심을 충족해 가는 즐거운 여정이기도 하다. 궁금한 것도 많고 그래서 알고 싶은 것도 많은 아이의 "왜요?"처럼. '왜?'가 없는 세상은 심심하고 지루하다.

— 김지영, 『글 쓸 줄 아는 사람이 되라』에서

자기만의 관점을 가지려면, 자신의 질문이 있어야 한다. 질문이 가진 문제의식에서 관점이 촉발되기 때문이다. 질문은 초점의 예각화를 불러온다. 질문을 통해 어떤 관점을 가진 이는 개성적인 시각과 예민한 촉수와 깊이 있는 안목을 얻게 된다.

'왜'는 지적 호기심을 증폭시키는 촉매제이다. 모든 일에 '왜'를 얹어 놓은 사람은 어디에 있든 경이에 찬 호기심의 세계에서 살아가게 될 것이다. 질문이 있는 사람은 어느 곳에서든 질문이 없는 사람보다, 더 잘 보고 더 잘 느끼고 더 잘 생각하는 법이다. 늘 질문의 관점에서 보고 느끼고 생각하기 때문이다. 질문은 관찰과 느낌과 사고를 끌어당기는 자력이다.

왜 우리나라는 소득세율이 OECD에서 꼴찌일까?(이건 무엇을 의미할까?) 왜 한국의 독서량은 몇십 년째 OECD에서 꼴찌일까? 핀란드는 어떻게 국가경쟁력과 교육경쟁력에서 세계 1위가 되었을까? 왜 전쟁이 없는 세상은 오지 않는 것일까? 왜 누구는 성공하고 누구는 실패할까? 왜 우리는 정치와 교육의 혁신을 이루지 못했을까? 왜 사람들은 서로 사랑하지 못할까? 왜 사람은 서로 베풀면서 살아야 할까? 왜 사람은 깨달음을 얻어야 할까? 나는 왜 공부를 열심히 해야 하나? 왜 그들은 질문하지 않는 걸까? 왜 우리는 '왜'라는 질문을 계속 던져야 하는 걸까……. '왜'를 물으면 사태의 본질과 다층적 인과관계 속에서 원인·이유를 알 수 있게 되고, 그와 관련된 사유와 통찰을 얻을 수 있게 된다.

"질문하지 않으면 호기심이 죽고 호기심이 죽으면 창의력이 실종된다. 스탠퍼드 대학에서 한 인간의 5세 때와 45세 때를 비교 연구한 적이 있는데 그 결과가 자못 흥미롭다. 우선 5세 때는 하루에 창조적인 과제를 98번 시도하고 113번 웃고 65번 질문했다. 반면 45세 때는 하루에 창조적인 과제를 2번 시도하고 11번 웃고 6번 질문했다. 상상과 창조는 질문을 먹고산다. 묻는 사람은 5분 동안만 바보가 되지만 묻지 않는 사람은 영원히 바보가 된다."(유영만, 『생각지도 못한 생각지도』) 상상과 창조는 질문을 먹고 사는데, 우리가 질문을 하지 않으니, 상상력과 창조력이 굶주릴 수밖에 없지 않은가!

> 자신을 넘어선다는 것은 결국 외부적으로 볼 때 사고와 학문의 경계를 허문다는 것이다. 사고와 학문의 경계를 허무는 가장 좋은 방법, 가장 쉬운 방법은 발상을 전환하는 것이다. 그렇기 때문에 발상의 전환을 의도적으로 노력하지 않는 사람은 작자가 되기 힘들다. 그리고 발상의 전환을 의도적으로 노력하는 방법 중의 하나는 이 세상의 모든 일들에 대해 항상 의문을 가지는 것이다.
>
> 그러므로 작가는 항상 '왜'라는 질문을 던질 수 있어야 한다. 그러한 '왜'라는 의문 속에서 한 권의 책이 나오고, 그 한 권의 책을 통해 수백 권의 책이 탄생할 수 있게 되기 때문이다. 이러한 의문을 품게 되면 좋은 점이 남들이 미처 생각지도 못했던 것들을 생각할 수 있게 되고, 남들이 미처 깨닫지도 못한 것들을 깨닫게 되기 때문이다.
>
> —김병완, 『인생을 바꾸는 기적의 글쓰기』에서

'어떻게 하면 발상을 전환할 수 있을까?' 이런 질문을 가진 사람만이 발상을 전환할 수 있는 법을 찾게 된다. 묻지 않는 사람은 찾을 수 없다.

'어떻게 해야 행복해질 수 있을까?' 이러한 질문을 던지는 사람만이 '행복의 비결'에 대한 깊은 통찰을 얻게 된다. 언제나, 묻지 않는 사람은 관심이 없는 사람이다.

질문은 관심의 촉수를 섬세하게 하고, 눈을 밝게 하며, 시각과 생각을 예리하게 한다. 질문은 예지로 깊어지는 우물과 같다. 그 때문에 전에는 보이지 않던 것이 보이고, 전에는 생각지 못하고 깨우치지 못한 것을 생각하고 깨우치게 된다.

'어떻게 해야 사고력을 비약적으로 높일까?' '어떻게 해야 내 재능을 최대한 계발할 수 있을까?' 그 무엇에 대해서건, 질문을 많이 하는 이, 질문을 잘하는 이, 질문을 끝까지 하는 이가 그 답을 먼저 찾을 것임은 자명한 일이다.

> 어제의 질문이 오늘의 내 모습을 만든다. 어제 참신한 질문을 했으면 오늘 나는 참신한 인간이 되어 있을 것이고, 어제 진부한 질문을 했으면 오늘 나는 진부한 인간이 되어 있을 것이다. 이때 어제와 오늘의 관계를 오늘과 내일의 관계로 바꿔도 무방하다. 오늘 당신이 어떤 질문을 품고 있느냐에 따라 내일 당신이 어떤 인간이 될지 결정된다. 지금 당신의 머릿속을 가득 채우고 있는 질문은 무엇인가? 그것을 하나의 문장으로 나타낼 수 있는가? 아직도 그러한 문장을 정해놓고 있지 않다면, 지금부터 생각해보라. 그리고 빠른 시일 내에 확정해라.
>
> —배상문, 『아이디어 에러디어』에서

거지가 하는 질문과 성자가 하는 질문은 같지 않다. 불량학생이 하는 질문과 모범생이 하는 질문은 같지 않다. 학자가 하는 질문과 장사꾼이 하는 질문도 같지 않다. 우리는 저마다 다른 질문들을 하고 산다. 질문이 다르면 생각 또한 다르게 된다. 질문의 수준은 곧 그 사람의 사고 수준과 직결된다.

바람둥이는 '어떻게 하면 더 많은 이성을 꼬실까?' 늘 이런 질문을 할 것이요, 사기꾼은 '어떻게 하면 사람을 속여 이익을 챙길까?' 늘 이런 질문을 할 것이다. 반면 성자는 '어떻게 하면 세상을 이롭게 할까?'를 질문할 것이요, 발명가는 '어떻게 하면 새로운 발명품을 만들까?'를 질문할 것이다. 질문엔 마음의 고갱이가 담겨 있다. 질문의 질은 사고 수준뿐 아니라, 그 사람의 '영혼의 수준'까지 결정하는 것이다. 질문을 보면 그의 내면 토대를 알 수 있다!

당신은 어떤 질문을 가졌는가? 내가 평소 '어떤 질문'을 품고 사는지를 살펴보면, 자신의 사고 수준과 영혼의 수준을 금방 확인할 수 있다. 대부분의 사람은 개인적인 질문만을 가지고 살지만, 위인들은 예외 없이 세상과 관련된 크고 아름다운 질문을 품고 산다. 세종대왕은 어떤 질문을 품고 살았을까? 간디나 링컨은 어떤 질문을 가지고 살았을까? 또 테레사 수녀는 어떤 질문으로 자신의 생을 이끌었을까?

"내가 세상을 위해 할 수 있는 일은 무엇인가?", "모든 사람이 다 함께 잘 사는 세상을 만들려면 어찌 해야 할까?" 마음의 그릇이 작은 사람은 결코 세상을 이롭게 하는 큰 질문을 하지 못한다. 오직 가슴속에 크고 아름다운 질문이 있는 이만이, 그 크고 아름다운 생각을 따라 그런 사람이 될 수 있을 뿐이다.

'내 인생을 바꾸고, 나를 이끌어줄 질문은 무엇인가? 어떤 질문을 던져야 내가 나날이 발전할 수 있을까? 어떻게 살아야 진정 잘 사는 것인가? 나는 무엇으로 타인과 이 세상에 이로움을 줄 것인가?……' 최소한 일생 세속의 진부한 인간으로 살지 않으려면, 기본적으로 이 정도의 질문은 하고 살아야 하지 않겠는가.

옷이 더러우면 빨래를 하듯이, 생각도 타성에 젖어 습관적으로 생각하다 보면 얼룩이 생기기 때문에 주기적으로 세탁을 해주어야 합니다. 속옷만 갈아입지 말고 생각도 갈아입어야 하는 것입니다. 생각도 시간이 지나면서 굳은 각질이 생기고 비듬으로 뒤덮입니다. 생각을 자주 쓰지 않고 방치하면 자신도 모르게 생긴 각질이 생각의 근육을 둔하게 만듭니다. (…)

생각 근육도 쓰면 쓸수록 발달하지만 쓰지 않고 방치하면 생각의 때가 끼고 각질이 생겨 유연한 생각을 할 수 없습니다. 생각 근육이 굳어 유연성을 잃으면 틀에 박힌 생각만 일삼고, 고정관념이 늘기 시작합니다. '고정관념'이 '고정본능'으로 바뀌어서 급기야 치유불가능에 가까운 '고장관념(고장 난 관념의 파편)'이 내 생각을 지배하기 시작합니다. 고장 난 관념의 파편, 즉 '고장관념'을 없애는 데에는 생각 경락 마사지 또는 생각 세탁이 유효합니다. 지금 여러분의 생각에 켜켜이 쌓인 생각의 때와 비듬을 씻겨내고 싶다면 머리만 감을 것이 아니라 생각도 하루에 한 번씩 생각샴푸로 감아주어야 합니다.

―유영만, 『생각지도 못한 생각지도』에서

상투적인 통념과 관성적인 생각뿐인 진부한 인물이 되어 일생을 살고 싶은가? 만일 그렇지 않다면 언제 어디서든 '좋은 질문'을 가슴에 품고 살아야 한다. 진정 '편안함에 길들여져 제자리걸음에 머물고 싶지 않다'면 촉감어린 크고 작은 질문으로 내면에 잠자는 생각들을 부단히 깨워야 한다.

라이너 마리아 릴케는 말하길 "의문을 지닌 채 현재를 살아라. 그러면 나도 모르게 먼 훗날, 대답을 지닌 채 살아갈 날이 올 것이다"라 하였다. 오롯이 '자신의 질문과 그 대답'을 지닌 채 살아가는 사람은 삶의 격과 깊이가 다를 수밖에 없다. 인생에 뜻깊은 질문을 던져라. 인생이 세월의 파도를 따라 그에 답해줄 것이다. 옷에만 각을 잡으려 하지 말고, 생각에 각을 세우고서, 좋은 질문을 따라 성찰하고 성장하는 사람이 되자.

"생각에는 울타리가 없어 자유롭게 생각할 수 있을 것 같아 보이지만, 생각처럼 두꺼운 울타리로 둘러쳐진 것도 드물다. 그래서 열린 마음, 트인 생각으로 항상 새로운 마음과 생각을 받아들여 자신을 새롭게 하지 않고는 더 넓고 깊은 생각을 해낼 수 없다. 그러니 생각처럼 밑천이 많이 드는 것도 드물다. 끝이 없는 생각의 세계, 그러면서도 울타리가 두꺼운 생각의 세계, 이런 모순된 세계에 내 생각이 놓여 있다."(이경복, 『겨레여, 생각이여, 말이여』) 좋은 질문으로 생각의 울타리를 뛰어넘어야 한다. 그래야 새로운 생각의 대지로 나아갈 수 있다. "'틀 밖의' 물음표가 '뜻밖의' 느낌표를 낳는다!"

창의력이란 다른 사람과 달리 생각하는 능력이다. 이는 군대에서 사병들에게 요구하는 가치와 정면으로 배치된다. 군대에서는 사고하는 병사를 원하지 않는다. 사고(思考)하는 이등병이 부대에 들어오면 사고(事故)칠까봐 전전긍긍한다. 생각하지 않을수록 몸이 편하다. 시키는 것만 열심히 하면 칭찬받는다. 남들과 다르게 생각할 필요도 없고, 생각할수록 피곤해진다. 이러한 군대문화에 한국 사회는 깊숙이 젖어 있다. 따라서 만날 창의력이 어쩌고저쩌고 해봐야 공염불일 수밖에 없는 것이다. 사람은 몸이 편해지는 쪽으로 생각을 길들이게 마련이다.

—배상문, 『아이디어 에러디어』에서[13]

질문할 줄 모르는 교육, 생각하게 하지 않는 교육. 이는 직속하달의 획

13　이런 문제에 대해 더 상세히 알고 싶은 분은 권인숙의 『대한민국은 군대다』를 읽어보기 바란다.

일적인 군대문화와 거의 흡사하다. 이 속엔 토론과 비판과 통찰과 다양한 시각과 자유로운 발상이 없다. 생각의 자유로움과 창의력을 억압하는 권위적이고 획일적인 교육은, 군사정권처럼 종지부를 찍어야 할 시점이 한참이나 지났다.

우리는 이래저래 창의력의 모종을 기르기 어려운 교육을 받았고, 또 그와 같은 사회 환경 속에서 계속 살아가고 있다. 프랑스 철학자 콩도르세의 "교육의 목적은 현 제도의 추종자를 만들어내는 것이 아니라, 제도를 비판하고 개선할 수 있는 능력을 배양하는 것이다"라는 말이 가슴에 절실히 와 닿지 않는가? 모든 교육은 스스로 자기발전을 도모하는 사람을 기르고, 세상을 더 나은 곳으로 바꾸기 위한 것이다. 배움의 본질은 오직 성장과 번영에 있는 까닭이다.

우리는 콩도르세의 정신을 배울 필요가 있다. 언제나, 폐습의 유물을 거부하는 이는 먼저 깨어있는 이들이다. 스스로 깨어나 생각하고 비판하고 탐구하는 사람이 되어야 한다. 지식인이란 제도를 비판하고 개선하려는 의지를 가진 사람이어야 한다. 그렇지 않다면 그 지식이 지식답게 쓰이지 못할 것이기 때문이다.

참된 지성인은 끊임없이 묻는 자이다. 질문은 세상과 나를 연결한다. "대상이나 방법론이 무엇이건 지식인이라면 일단 자신이 던진 물음과 '온몸으로' 마주하는 훈련부터 해야 한다. 과녁을 향해 달려가는 화살처럼 말이다."(고미숙) 자신이 던진 물음과 온전히 하나가 되어보지 못한 사람은 진정한 답을 얻지 못한다. 빛나는 화살이 되어 세상을 비상하지 못한다. 그것은 오직 자신의 질문을 가진 사람만이, 온몸으로 그 질문을 마주하는 이만이 가질 수 있는 특권이다. 자신을 탈바꿈시키고 세상을 개선할 수 있는 힘과 지혜라는 특권 말이다.

풍요의 열쇠 중 하나는 해법을 지향하는 마음자세로 살아가는 것이다. 사람들은 보통 자신이 긍정적이라고 생각하지만 그다지 해법 지향적이지는 않다. —브라이언 클레머

질문으로 글쓰기

나는 깜짝 놀라며 격분하여 외쳤다. "나는 그것을 베끼지 않았습니다. 오히려 그 반대로 좋은 작문을 쓰려고 특별히 노력을 기울였단 말입니다."

그러나 선생은 나를 향해 소리쳤다. "너는 거짓말을 하고 있어! 너는 이런 작문을 지금까지 한 번도 쓴 적이 없어. 아무도 네 말을 믿지 않을 거야. 그래, 어디서 베꼈지?"

나는 결백을 맹세했지만 허사였다. 선생은 태도를 바꾸지 않은 채 말했다. "너에게 확실히 말해두마. 네가 이것을 어디서 베꼈는지 내가 알게 된다면 너는 학교에서 쫓겨날 거야." 그러면서 선생은 몸을 돌려버렸다.

이 일화는 심리학자 카를 구스타브 융의 자서전 『카를 융 기억 꿈 사상』에 나오는 이야기다. 융은 어린 시절 이런 오해를 초등학교 때와 중학교 때 이렇게 2번이나 받게 된다. 그의 자서전을 봐도 그의 문장력은 실로 출중한 데가 있다. 그는 어찌해서 어린 시절부터 선생들에게 이런 오해를 받을 만큼 글을 잘 썼던 것일까.

그에겐 어려서부터 남다른 특징이 하나 있었다. 그는 골똘히 생각을 잘하는 소년이었다. 그의 아버지가 생각을 그만하라고 할 만큼 그는 자신이 마련한 서늘한 고독 안에서, 심각하고 진지하게 사색할 줄 아는 조숙함을 가지고 있었다. 누가 가르쳐 주지도 않았는데, 그는 스스로 수준

높은 사고질문을 할 줄 알았고, 그 질문을 끝까지 물고 늘어지는 숙고의 근성까지 지니고 있었다.

　　나는 혼자 있을 때 종종 그 돌 위에 앉아 생각의 유희를 펼치기 시작했다. 그 내용은 대개 이런 것이었다. '나는 이 돌에 앉아 있다. 나는 위에 있고 돌은 밑에 있다.' 그런데 돌도 '나'라고 말하며 '내가 여기 이 비탈에 누워 있고 어떤 자가 내 위에 앉아 있다'고 생각할 수 있을 것이다. 그러자 의문이 일어났다. '돌 위에 앉아 있는 것이 나인가, 아니면 내가 돌이고 어떤 자가 내 위에 앉아 있단 말인가?'
　　이런 의문은 그때마다 나를 당황하게 했다. 나는 나 자신에 대해 회의를 느끼며 누가 누구인지 골똘히 생각하면서 자리에서 일어나곤 했다. 그 의문에 대한 답은 불분명한 채로 남아 있었고, 나 자신의 불확실성은 기묘하고 매혹적인 어둠의 느낌을 동반하고 있었다. 하지만 그 돌이 나와 비밀스러운 관계를 맺고 있다는 것은 의심의 여지가 없었다. 나는 몇 시간이고 돌 위에 앉아 돌이 나에게 내준 수수께끼에 사로잡혀 있었다.

이게 고작 9살 꼬마가 한 생각이라는 게 믿겨지는가? 융은 어렸을 때부터 심사숙고(深思熟考)의 귀재였으며, 그 심사숙고는 다양하고 빛나는 사고질문들로 가득 채워져 있었다. 그는 누구를 만나고 어디를 가든, 또 어떤 책을 읽든 늘 스스로 자신의 질문을 던지며, 깊이 있게 생각하고 또 생각할 줄 알았다. 그는 타의 추종을 불허하는 의문 던지기의 영재였으며, 숙고의 꼬리 물기 선수였다. 그러니 그의 사고력은 남다를 수밖에 없었고, 선생이 끝내 믿지 못할 만큼 또래들의 수준을 훨씬 넘는 글을 쓸 수 있게 된 것이다.
　　질문은 글쓰기 지능의 핵이다. 요컨대 생각을 빨아들이는 질문의 블

랙홀이 없는 이는 글을 잘 쓸 수 없다. 언어 능력을 제외하고, 글쓰기에서 가장 중요한 지적 능력은 관찰력과 감수성과 사고력이다. 각이 살아 있는 쓰리 쿠션처럼 이 세 가지 능력을 동시에 길러주는 도구가 있으니, 그것이 바로 질문이다.

질문을 던지는 이는 관심의 순도가 높아지기에 관련 사항을 더 주의 깊게 보고, 더 민감하게 느끼게 된다. 그리고 그것에 대해 계속 생각하기 때문에 사고가 섬세해질 뿐 아니라 깊고 넓어진다. 예컨대 '어떻게 하면 글을 잘 쓸 수 있을까?' 이런 질문을 던지는 사람은, 글의 특징을 더 유심히 보게 된다. 멋진 문장 하나를 봐도 감성이 더 많이 동할 것이다. 그러면서 글 잘 쓰는 법에 대해서 계속 고민하고 고찰할 것이니, 자연스레 글에 대한 안목과, 감성과 사고가 좋아질 수밖에 없는 것이다.

보고 느끼고 생각한 것이 많은 사람은 글을 잘 쓰는 데 훨씬 유리하다. 글이란 기본적으로 보고 느끼고 생각한 바의 '나의 세계'를 적는 것이기 때문이다. 아울러 경험이나 지식을 조직하는 힘도 이 세 가지 토대에서 기인한다. 관찰력, 감수성, 사고력은 창의력의 핵심 동력이기도 하다. 창조는 내가 보고 느끼고 생각한 것과 지식의 의미 있는 결합(응용)에서 나오기 때문이다. 결국 질문이 관찰력과 감수성과 사고력뿐 아니라, 창의력까지 좌지우지하는 것이다.

잠깐 멈춰 되돌아볼 때마다 나는 가장 먼저 나 자신에게 질문한다. 생각을 하다가 벽에 부딪혀도 나 자신에게 질문한다. 성장을 위해 새로운 것을 배우거나 어떤 영역을 좀 더 깊이 파고들 때도 마찬가지다. 나는 질문하면서 많은 시간을 보낸다. 질문하는 것은 좋은 습관이다. 애서니 로빈스는 "성공하는 사람들은 더 좋은 질문을 던지기에 더 좋은 답을 얻는다"고 했다.

좋은 질문이 성장에 얼마나 중요한지는 아무리 강조해도 지나치지 않다. 특히 초점이 있는 질문은 창조적인 생각으로 이어진다. 왜 그럴까? 명쾌한 질문은 문제의 핵심을 꿰뚫어 새로운 아이디어와 지혜를 불러오기 때문이다.

정직한 질문은 확고한 소신을 낳는다. 훌륭한 질문은 훌륭한 삶의 밑거름이 된다. 영국의 철학자 프랜시스 베이컨은 "확신으로 시작하는 사람은 의심으로 끝나고, 의심으로 시작하는 사람은 확신으로 끝난다"고 천명했다.

—존 맥스웰, 김고명 역, 『사람은 무엇으로 성장하는가』에서

글쓰기의 정신은 창조다. 모든 글은 언제나 백지 앞에서 새로운 세계를 만들어내는 것이다. 글쓰기의 살과 뼈는 오로지 창의의 정신으로 만들어진다. 때문에 글을 쓰려면 창의력에 불을 붙여야 한다. 창조의 도화선인 질문에, 새로운 시각과 생각을 이끌어내는 물음표에 불을 붙여야 하는 것이다. 몽테뉴가 말했듯 "바람은 목적지가 없는 배를 밀어주지 않는다." 일정한 질문이 없으면 생각과 창조는 목적지를 잃는다.

질문이 엉터리면 대답도 엉터리가 될 수밖에 없다. '우문현답'이라는 사자성어가 따로 있다는 것은 어리석은 질문에 현명한 대답이 그만큼 흔치 않다는 뜻도 된다. 대부분은 '우문우답'이고 '현문현답'이다. 좋은 대답을 얻고 싶으면 먼저 좋은 질문을 해야 한다. 작가가 글을 쓰는 과정은 '자문자답'의 수없는 되풀이다. 이 소재는 신선한가? 이 표현은 괜찮은가? 이 비유는 적절한가? (…)

질문이 글의 절반이다. 질문이 좋으면 글을 쓰기도 전에 이미 절반은 성공한 것이다. 좋은 작가는 좋은 질문을 던질 줄 안다. 그리고 좋은 질문을 던지는 능력은 훈련으로 키울 수 있다. (…) '멋진 질문'에 쫙쫙 밑줄을 쳐라. 더 나아가 '질문 노트'를 만들어서 옮겨 적고 수시로

들여다보라. 가능하면 외워라. 그렇게 머릿속에 좋은 질문을 잔뜩 집
어넣고 있으면 좋은 대답도 많이 떠오른다. 그 대답을 글로 옮기면 결
국 '좋은 글'이 되는 것이다.

—배상문, 『창작과 빈병』에서

질문은 생각을 목적지로 이끌어주는 배다. 때문에 좋은 질문이 생각
을 '좋은 목적지'로 안내할 것은 자명한 일이다. 질문의 차이가 어떤 결
과를 만드는지, 존 맥스웰의 체험에서도 잘 드러난다. "초창기 내 마음
자세를 한마디로 표현하자면 '다른 사람들을 위해 무엇을 할 수 있을
까?'였다. 그러나 그것은 더하기였다. 리더십을 배우면서 내 질문은 '다
른 사람들과 함께 무엇을 할 수 있을까?'로 바뀌었다. 이것은 곱하기다."
질문이 달라지면, 생각의 초점과 그 폭과 깊이도 달라진다.

어떤 책을 보든 좋은 질문을 보거든, 글과 마음에 동시에 밑줄을 치고
찬찬히 음미하라. 그러면 질문법을 배우는 데 매우 효과적일 것이다. 존
맥스웰의 『사람은 무엇으로 성장하는가』, 『어떻게 배울 것인가』는 책의
제목답게 그가 질문의 달인임을 보여준다. 질문하는 법과 질문으로 자
신의 성장을 도모하는 법을 배울 수 있는 유용한 책이다. 『원 퀘스천』이
나 『질문이 답을 바꾼다』, 『질문의 7가지 힘』과 같이 질문 자체를 탐구
한 책들이 숱하게 있다. 클레이튼 크리스텐슨의 『당신의 인생을 어떻게
평가할 것인가』나 존 판던의 『이것은 질문입니까?』, 이재규의 『무엇이
당신을 만드는가』와 같은 책은 전체 목차가 다 질문으로 되어 있다. 어
떤 책이든, 직·간접적으로 좋은 질문을 많이 던지는 책이 좋은 책일 가
능성이 높다.

배움이란 무엇인가? 내가 지금과는 다른 존재가 되는 것이다. 타자

들과의 향연, 그를 통한 존재의 대반전, 그것이 곧 배움이다. 하여, 배움에는 반드시 스승과 벗이 있어야 한다. 세상에서 가장 아름다운 관계, 그것은 곧 사제지간이다. 일찍이 양명좌파를 대표하는 동양철학사의 이단아 이탁오가 갈파했듯이, "스승이면서 친구가 될 수 없다면 스승이 아니고, 친구면서 배울 바가 없다면 그 또한 친구가 아니다." (…) 누구도 배움을 포기할 수는 없다. 배움은 살아 있는 모든 존재의 지복이자 운명이다.

—고미숙, 『공부의 달인 호모 쿵푸스』에서

　인용문의 첫 문장은 질문으로 되어 있으며, 나머지 부분은 그 질문에 대한 답으로 기술되었다. 자문자답의 형식으로 전하고자 하는 말이 전개된 것이다. 이렇게 '질문과 답'을 연결하면 글의 논지를 정확히 전달하면서 글을 쓰기가 한결 쉬워진다. 사실 『공부의 달인 호모 쿵푸스』의 책 전체 내용이 '배움이란 무엇인가?'라는 큰 질문에 대한 '상세한 설명(대답)'으로 쓰였다. 우리가 알아야 할 것은 자문자답의 형식이 겉으로 드러난 글이 아닌 경우에도, 세상의 모든 글과 책은 '자문과 자답'의 연결과 순환으로 쓰인다는 점이다.

　잔디가 자라는 속도, 정 많은 나뭇가지가 가을바람에 나뭇잎을 하나씩 하나씩 내려놓는 속도. 그 똑같은 나무가 다부진 가지마다 이미 또 다른 봄을 준비하고 있는 속도. 아침마다 수영장 앞에서 만나 서로 눈인사를 주고받는 하얀 강아지가 자라는 속도. 내 무릎 사이에서 잠자고 있는 고양이가 늙어가고 있는 속도. 부지런한 담쟁이가 기어이 담을 넘어가고 있는 속도. 바람이 부는 속도. 그 바람에 강물이 반응하는 속도. 별이 떠오르는 속도. 달이 차고 기우는 속도.
　내 인생을 움직이는 질문. 내 인생을 움직이는 질문은 오직 하나. 어떻게 하면 그 속도에 내가 온전히 편입할 수 있을까. 어떻게 하면 자동

차 달리는 속도가 아니라 잔디가 자라는 속도로 살 수 있을까. 어떻게
하면 내 숨 쉬는 속도가 바닷가 파도치는 속도와 한 호흡이 될 수 있을
까. 내 인생은 그 질문에 대한 답을 찾는 과정이다.

—박웅현, 「내 인생의 질문은 무엇인가」, 『책은 도끼다』에서

이 글은 제목에서 보이듯, '내 인생의 질문은 무엇인가?'라는 질문에
대해 서정적 문체로 자답한 글이다. 내 인생에 단 하나의 질문은 무엇인
가? (내게 가장 중요한 질문은 무엇인가?) 이 질문은 모든 사람에게 적용될 뿐
아니라, 반드시 '자기 앞의 생'을 두고서 가장 먼저 물어야 할 뜻깊은 질
문일 것이다. 나와 인생을 연결하고, 삶과 질문을 연결하는 질문. 사람
마다 이 질문에 대한 답이 다 다를 터! 하지만 그 모든 답 속에는 자신의
소망과 정신세계, 삶의 성취와 비전이나 방향성까지 또렷이 새겨질 것
이다. 실로 한 편의 에세이를 쓰기에도 너무 좋은 질문이 아닐까 한다.

> 자주 그리고 많이 웃는 것
> 현명한 이에게서 존경을 받고
> 아이들에게서 사랑을 받는 것
> 정직한 비평가의 찬사를 듣고
> 친구의 배반을 참아내는 것
> 아름다움을 식별할 줄 알며
> 다른 사람에게서 최선의 것을 발견하는 것
> 건강한 아이를 낳든
> 한 뙈기의 정원을 가꾸든
> 사회 환경을 개선하든
> 자기가 태어나기 전보다
> 세상을 조금이라도 살기 좋은 곳으로
> 만들어 놓고 떠나는 것

자신이 한때 이곳에 살았음으로 해서
단 한 사람의 인생이라도 행복해지는 것
이것이 진정한 성공이다.

―랄프 왈도 에머슨, 류시화 역,
「무엇이 성공인가」, 『지금 알고 있는 걸 그때도 알았더라면』에서

철학자 에머슨의 유명한 이 시 또한 '무엇이 성공인가?'라는 질문을 통해 진정한 성공의 의미를 이야기한 글이다. '성공이란 무엇인가?' 우리는 어찌 보면 세속적인 듯한 이런 질문 하나도 가슴 깊숙이 던져보질 못하고 살아간다. ――무엇이 성공인지 제대로 생각도 해보기 전에 정신없이 성공을 찾아 달려만 가는 것이다. 성공에 대한 고정된 답이 없으니 이에 대한 생각도 저마다 다르겠지만, 에머슨이 전한 성공에 대한 구체적인 답은 전혀 세속적이거나 통념적이지가 않다. 그가 말하는 진정한 성공은 순박하고 아름답고 따뜻하며 숭고하기까지 하다.

그의 정의를 100% 받아들이지 않는다 하더라도, 우리는 이런 질문과 이런 대답을 통해 성공과 삶의 의미를 진지하게 다시 생각해볼 수 있는 기회를 갖게 된다. 이 시가 담고 있는 '내용'은 그에 충분히 값할 만한 것이 아닐까 한다. 그렇지 않았다면 이 시가 오래도록 사람들에게 널리 사랑받진 못했을 테니까.

누구에겐가 정성스럽게 쓴 편지를 보낸 적이 있는가?

남의 아픔을 진심으로 따뜻하게 위로해본 적이 있는가?

내 잘못을 깨달은 뒤 솔직히 잘못을 인정하고 사과해본 적이 있는가?

손해를 감수하면서 남에게 양보해본 적이 있는가?

남의 기쁨을 의심 없는 내 기쁨으로 받아들인 적이 있는가?

나에게 지독한 슬픔이 있다고 누구에겐가 솔직히 털어놓은 적이 있는가?

화초에 물을 준 적이 있는가?

길에 떨어진 휴지를 주워본 적이 있는가?

특별한 용건이 없어도 친구를 찾아가본 적이 있는가?

불우한 이웃을 위해 지갑을 열거나 봉사를 해본 적이 있는가?

남의 슬픔 때문에 뜨거운 눈물을 흘려본 적이 있는가?

내 손으로 준비한 선물을 누구에겐가 전해본 적이 있는가?

푸른 하늘을 바라보며 미래를 꿈꾸어본 적이 있는가?

바람 소리, 빗방울 소리, 시냇물 소리를 귀 기울여 들어본 적이 있는가?

고향이나 옛날에 살던 곳을 찾아가 추억을 되새겨본 적이 있는가?

솟아나는 새싹을 보느라 발걸음을 멈추어본 적이 있는가?

　　　　　　　　　　　　　　　ー정용철, 「그대는 있는가」, 『기쁨의 기술』에서

이 글은 놀랍게도 오로지 질문의 문장만으로 이루어져 있다. 질문만으로도 한 편의 좋은 글이 될 수 있음을 보여주는 묘한 글이다. 이 글의 질문들은 모두 경험 사실을 묻는 질문들이지만 단순히 사실 확인에서 그치는 것이 아니라, 헛헛한 우리의 내면에 감성의 물결을 부어주며 많은 생각을 하게 한다. 때로 사실질문도 이렇게 사고질문과 같은 역할을 할 수 있음을 보여주는 좋은 예이다.

예를 들어 '나는 무엇을 사랑했으며, 무엇을 사랑하지 못했는가?'나 '나는 어떤 세계관과 사고습관을 가지고 있는가?', '나는 어떤 질문을 하고 살았는가?'는 삶의 사실을 묻는 사실질문이지만, 이 또한 사고질문처럼 많은 생각·통찰과 함께 자신과 정직하게 대면케 하는 질문들이다.

존 맥스웰의 "좋은 아이디어는 어디에나 있지만 틀에서 벗어나지 않으면 보이지 않는다"라는 말에 나는 이렇게 대구를 달고 싶다. "좋은 아이디어는 어디에나 있지만 질문을 하지 않으면 끝내 보이지 않는다." 우리가 찾기만 하면 좋은 질문은 넘쳐나고, 그 질문 속에 담긴 아이디어도 넘쳐난다. 단지 우리가 살뜰하게 질문을 던지지 않았을 뿐이다.

> 일의 순서를 더 효율적으로 바꿀 수 없을까?
> 여러 가지 일을 하나로 결합할 수 없을까?
> 일하는 방식을 좀 더 효율적으로 바꿀 수 없을까?
> 이 일을 다른 일로 대치할 수 있는 방법은 없을까?
> 이 일을 규격화, 표준화, 기호화할 수 없을까?
>
> ─김태광, 『새벽, 내 인생의 가장 소중한 시간』에서

한 가지 일에도 세부적인 여러 질문을 던질 수 있다. 발상과 혁신은 그런 질문에서 나온다. 성공한 사람들은 대부분 꿈과 좋은 질문을 함께

먹고 산 사람들이다. 자신의 잠재력과 가능성을 깨울 수 있는 질문을 끊임없이 던져야 한다. 자신의 꿈과 비전을 실현시켜줄 정신의 디딤돌과 같은 질문을 늘 가슴에 품고 살아야 한다.

'이 일의 최선의 전략은 무엇인가? 내 안의 장점을 최대한 끌어낼 수 있는 방법은 무엇일까? 꿈을 이루기 위해 나는 어떤 준비를 해야 하는가? 이 일을 이루려면 어떤 생각과 정신을 가져야 할까? 어떻게 해야 내 능력의 최대치를 끌어낼 수 있을까? 무엇이 일류를 만드는가? (일류가 되려면 어떤 정신자세를 가져야 할까?) 무엇이 나에게 힘을 주고, 나를 살아 있게 하는가?' 질문은 비전과 성장의 내비게이션이다. 내면의 내비게이션을 꺼두고서 인생의 성공을 이루려 하는 것은 큰 어리석음이다.

"다르게 생각하라." 세계적 성공을 거둔 애플 컴퓨터의 모토다. 다르게 생각하려면 먼저 다르게 질문해야 한다. 남다른 생각은 남다른 질문에서 시작된다. 무엇으로든 달라야 '차이'가 만들어지지 않겠는가. '다르게 질문하고, 새롭게 질문하고, 끝없이 질문하라.' 이는 세계에 공용이 될 수 있는 창의력 수업의 중심 명제다.

다음 예문은 수업시간에 실습으로 '질문 훈련'을 위해 학생들이 작성한 사고질문들이다.

> 살기 좋은 나라란 무엇인가?
> 좋은 정치란 무엇인가?
> 우리가 구현해야 할 이상적인 사회란 어떤 사회인가?
> 어떻게 하면 우리나라가 더 발전할 수 있을까?
> 어떻게 하면 노블리스 오블리제가 실현될 수 있을까?
> 어떻게 해야 환경오염을 막을 수 있을까?
> 범죄를 줄이기 위한 최선의 방법은 무엇일까?
> 우리가 지향해야 할 미의 기준은 무엇일까?

삶에서 가장 필요한 것과 가장 소중한 것은 무엇인가?

좋은 배우자를 만나려면 어떻게 해야 할까?

어떤 삶을 살아야 멋진 삶을 살고 있다고 말할 수 있을까?

무엇이 나를 발전시키는 습관일까?

어떻게 해야 매일매일을 알차게 보낼 수 있을까?

어떻게 하면 좀 더 창의적인 사람이 될까?

부모님께 효도하는 101가지 방법은 무엇일까?

어떻게 하면 좀 더 현명한 판단을 할 수 있을까?

나에게 있어 최고의 가치는 무엇인가?

모든 사람에게 사랑받는 사람이 되려면 어떻게 해야 할까?

무엇을 우선순위로 두고 살아가야 하는 걸까?

내가 죽기 전에 꼭 해봐야 하는 일은 무엇일까?

스트레스를 어떻게 해야 효과적으로 풀 수 있을까?

내가 꿈꾸고 있는 미래에 어떻게 하면 더 가까워질까?

죽을 때 후회하지 않을 인생은 어떤 것인가?

내가 진정 원하는 것과 할 수 있는 일은 무엇일까?

'최선'이라는 단어를 쓸 정도로 정말 '최선'을 다했는가?

철학적 문제에서 개인의 문제와 사회적 문제에 이르기까지, 우리가 던져야 할 뜻깊은 질문은 끝이 없다. 적절하고 좋은 질문을 만드는 것 자체가 생각하기와 글쓰기의 좋은 훈련이 된다. 그것은 깔때기처럼 생각을 특정 지점으로 빨아 당긴다. 삶의 모든 영역에서 과감하게 물음표의 바늘을 던져보자. 그러면 생각의 수면에서 더 많은 답을 낚을 수 있을 것이다.

자신의 관심 분야로 범위를 좁혀 어떤 테마를 정해서 질문을 던질 수도 있다. 예컨대 '행복을 위한 5가지 질문'이나 '내 인생을 바꿀 10가지 질문'처럼 특정 주제에 '질문 목록'을 만들어 볼 수도 있고, 또 그 목록을 바탕으로 한 편의 에세이를 써보는 것도 좋다. 이런 방법은 아주 개성적인 글이 나올 확률이 높다.

정녕코, 단지 '질문 하나'가 글 한 편(혹은 책 한 권)의 좋은 주제가 된다. 앞서 본 예문들처럼 질문 하나를 놓고 작문을 해보는 것은 사고력 훈련뿐 아니라 글쓰기 연습에도 매우 효과적이다. 먼저 '내가 이제껏 어떤 질문을 하고 살았는가?'나 '나의 사고력 수준은 어떠한가?'로 작문을 해보자. 그러면 질문 하나가 얼마나 많은 생각을 끌어당기는 그물인지를 절실히 느끼게 될 것이다.

🌸 실습 과제

1. 나와 세상을 바꿀 사고질문을 10개 이상 적어보자.
2. '나는 어떤 사람인가?'를 주제로 글을 써보자.
3. '내 인생의 질문은 무엇인가'를 주제로 글을 써보자.
4. '내 삶의 태도는 어떠한가'를 주제로 글을 써보자.('긍정적/부정적, 적극적/소극적' 이 키워드를 바탕으로)

상상력을 키우는 질문

사고질문의 전혀 다른 유형으로 '상상력을 키우는 질문'이 있다. '만약 ~라면' 형태의 가정형의 질문이 바로 그것이다. 창의력을 기르기 위해서 빼놓을 수 없는 요소 중 하나가 상상력이다. 가정형 질문은 글쓰기 차원에서 상상력을 신장시킬 수 있는 효과적인 방법이다.

"관찰이 삶을 스케치하는 것과 같다면 상상은 모델이 없는 화실에서 그림을 그리는 것과 같다. 상상력은 감각세계에 실제로 존재하지 않는 것을 마음속에 그림으로 그려주는 정신적인 기능이다."(바버라 베이그) 상상력은 말 그대로, 현존하고 있지 않는 것을 마음속에서 미루어 생각하는 것이다.

창조는 새로운 것을 만들어내는 것이기에, 마음으로 그것을 '미리 볼 수 있는 눈'이 없으면 창조는 불가능하다. 창조될 세계를 미리 볼 수 있는 힘이 바로 상상력인 것이다. 상상력은 현실과 창조 사이에 놓여있는 마음의 다리와 같다.

> 만약 우리가 자신의 상상력을 바람직한 방식으로 사용할 수 있다면 삶의 모든 영역에서 성공을 이룰 수 있을 것이다. ─아인슈타인

모든 성취는 인간의 마음속에서, 상상 속에서 먼저 이루어진다. 상상력의 부재는 창조로 가는 다리가 끊어진 것과 다름없다.

글쓰기에서도 상상력은 매우 중요하다. 시나 소설, 시나리오뿐 아니라 거의 모든 글에 상상력이 작용한다. 모든 구상능력은 상상력에 기초하기 때문이다. 설계도가 그렇듯, 쓸 내용의 모습을 머릿속에서 미리 떠올려보는 것도 모두 상상의 힘에서 나온다.

"상상과 창조의 정신은 인문주의의 요체로서 모든 종류의 진부함과 고정관념에 저항하는 마음이다." 상상력은 과거와 현재 사이의 터울을 건너 한정된 생각의 틀을 훌쩍 넘어서게 한다. 상상은 새로운 세계를 찾아가는 마음의 날개다. 새로운 발상이 없으면 그 어떤 새로운 것도 탄생하지 못한다. 상상은 모든 자유와 가능성의 첫 단추다.

소설가 안정효는 "제한된 분야에서 같은 궤도를 따라 움직이기만 해서는 새로운 땅을 밟지 못할 터"라 하였다. 늘 보던 것만 보고 늘 생각하던 것만 생각해서는 새로운 것이 나올 수 없다. 보지 못하고 생각지 못한 것을 찾아, 수많은 인식의 벽을 뛰어넘어야 한다. 어디로 튈지 모르는 럭비공과 같이 자유롭고 탄력 있는 상상력은 언제나, 다양한 시각과 열린

마음에서 나온다.

우리가 이미 보고 있는 세상의 모습은 모두, 어떤 이의 마음속 가정(假定)과 가상(假想)에서 나온 것이다. 가정과 가상은 현실 위에 상상력을 굴리는 두 바퀴다. '상상력을 키우는 질문'으로 내면에 숨겨진 광활한 상상력의 대지를 열어보자.

> 만약 내가 아주 뛰어난 문장력을 가진다면 어떤 일들이 벌어질까?
> 만약 내가 천 권의 좋은 책을 읽는다면 내가 어떻게 달라질까?
> 만약 내가 만일 영어회화를 아주 잘 한다면 어떤 일들이 생길까?
> 우리나라가 통일이 된다면 어떤 다양한 일들이 벌어질까?
> 내가 대통령이라면 교육개혁을 어떻게 할 것인가?
> 내가 유명한 작가라면 어떤 작품을 써서, 세상에 어떤 영향을 미칠까?
> 내가 100억의 돈을 마음껏 쓸 수 있다면 어떤 일들을 하게 될까?

이런 가정형 질문은 폭넓은 상상을 가능케 한다. 저 질문 하나로 한 편의 글을 쓸 수 있는 것은 물론이요, 한 권의 책이나 한 편의 시나리오를 쓸 수도 있다. 가정형 질문은 상상력을 증폭시키고 멀리 날아가게 하는 애드벌룬과 같다. 멋진 '이상의 애드벌룬'을 장만하여 다양한 상상력의 나라로 날아가보자.

"하나의 의미를 다른 의미 있는 경험과 연관시켜 자신의 경험체계로 조직하는 능력, 그것이 바로 '상상력'이다."(변정수) 부질없거나 쓸데없는 공상이 아니라, 나와 세상에 조금이라도 유익한 상상이 되려면, 어떤 속성을 가져야 할까? 다음의 질문들을 보면서 스스로 그 답을 찾아보기 바란다.

> 만약 전쟁이 없는 세상이 온다면 세상은 어떤 모습으로 달라질까?

내가 UN 사무총장이라면 세계 평화를 위해 무슨 일을 할 수 있을까?

내가 한국에 놀이공원을 짓는다면 어떤 컨셉의 놀이공원을 짓게 될까?

내가 방송국 PD가 된다면 어떤 좋은 프로그램을 만들 것인가?

내가 교수라면 어떤 식으로 학생들에게 멋진 수업을 할까?

내가 CEO가 된다면 어떤 혁신을 이룰까?

내가 유전 공학자라면 어떤 식량, 식물을 만들까?

우리나라 청년들이 군대를 가지 않는다면 어떤 일들이 벌어질까?

세계가 오직 하나의 나라로 된다면 어떻게 될까?

만약 우리나라 사람들이 일주일에 한번 의무적으로 봉사활동을 하면 우리나라는 어떻게 달라질까?

만약 온 국민이 독서에 미친다면 어떤 일들이 벌어질까?

우리나라가 통일이 되면 어떤 새로운 직업들이 생겨날까?

만약 일제강점기가 없었다면 우리는 어떻게 살고 있을까?

만약 사람들이 거짓말을 못한다면?

만약 내가 법을 개정할 수 있다면?

내가 만약 대통령이나 정치인이라면 어떤 정책을 펼칠까?

우리나라가 천재들이 가장 많은 세계 강국이라면 어떤 일들이 벌어질까?

우리나라가 최고의 복지국가가 된다면 우리의 삶은 어떻게 바뀔까?

바다 속에 집을 짓는다면 어떤 일들이 벌어질까?

만약 내가 사람들의 마음을 읽을 수 있다면 어떻게 될까?

만약 투명 인간이 된다면 무슨 일을 하고 싶은가?

순간이동 기술이 개발된다면 세상이 어떻게 변할까?

만약 내가 세계에서 영향력 있는 인물이 된다면 어떨까?

만약 내가 기억력이 아주 좋다면 어떻게 될까?

내가 원하는 대로 집을 지을 수 있다면 어떤 집을 지을까?

램프의 요정 '지니'가 소원 3가지를 들어준다면 어떤 소원을 빌까?

내가 나를 있는 그대로 사랑하게 된다면 어떤 변화가 생길까?

매일 글을 쓰는 습관을 들인다면 나에겐 어떤 변화가 생길까?

자연을 훼손하지 않는 무한 에너지원이 개발된다면 이 세상은 어떻게 변할까?

온 국민이 제대로 된 의식을 가지고 투표에 많이 임한다면 우리나라 정치는 어떻게 바뀔까?

이 가정형 질문들은 모두 학생들이 작성한 것이다. 이런 질문을 만들거나, 읽는 것만으로도 상상력이 자극을 받는다. 이와 같이 다양한 상상력 질문을 짓고 또 그 질문에 답하여 글을 써보자. 길게 쓰면 쓸수록 상상력이 더 많이 향상될 것이다. 미처 생각지 못한 것을 생각하는 과정에서 상상력뿐 아니라, 사고력과 통찰까지 덤으로 얻게 될 것이다.

사람들을 감동시키는 세상의 모든 영화나 소설도 거의 대부분은 이런 가정형 질문에서 시작된 것임을 알아야 한다. 질문은 수많은 세계를 품고 있는 씨앗이다. 질문 없이는 생각과 상상이 없으며, 따라서 그 어떠한 창조도 없다.

상상력이 없는 영혼은 망원경이 없는 천문대와 같다. 상상력은 사람이 가진 가장 근원적인 능력이며 우리의 사고를 우주의 스크린에 구현시키는 능력을 갖고 있다. —조셉 머피

 실습 과제

1. 유익한 상상력 질문을 10개 이상 지어보자.
2. 자신이 지은 상상력 질문 하나를 전제로 한 편의 글을 적어보자.

11장

물리적 진실과
심리적 진실

눈에 눈물이 없으면,
영혼에 무지개가 뜨지 않는다. —존 밴스 체니

마음의 진실은 저마다 다르다

나는 수업시간에 학생들에게 '심리적 진실'을 설명하기 위해 매번 이 광고 문구를 인용한다.

"세상에서 가장 맛있는 커피는 당신과 마시는 커피입니다."

광고를 보면서 너무 멋진 말이라는 생각이 들었다. (아마도 어느 카피라이터가 심혈을 기울여 만든 문구였으리라.) 감성을 자극하는 이 문장은 분명 직관을 통한 '어떤 진실'을 오롯이 담아내고 있었다. 정녕 세상에 그 어떤 커피도, 사랑하는 이와 마시는 커피보다 더 맛있는 커피는 없을 것이다.

애인과 마시는 커피와, 원수와 마시는 커피 맛이 어찌 같을 것인가? 설령 그것이 물리적으로 같은 커피라 할지라도 그 맛은 결코 같지 않다. 같은 장소에서, 설레는 마음으로 오늘 '첫 데이트를 하는 연인'과 쓰라린 마음으로 오늘 '헤어지는 연인'이 마시는 커피 맛도 결코 같지 않을 것이다. 이런 것이 바로 심리적 진실이다. 물리적으로는 다른 것이 없지만 그것을 느끼는 마음의 속성은 사뭇 다르다.

남이 보기엔 그저그런 외모인데, 자신의 눈엔 자기 애인이 유독 더 예뻐 보인다. '제 눈에 안경'이란 말도 제 마음의 진실에서 기인한 것이다. 신나게 놀 때의 10분과 얼차려 받을 때의 10분은 같은 길이의 시간이 아니다. 술을 좋아하는 이에겐 술맛이 달겠지만, 술을 싫어하는 이에게 술맛은 쓰고 독하기만 하다. 심지어 제가 좋아서 산 물건을 마음이 바뀌어 나중엔 제 스스로 버리기도 한다.

같은 책이라도, 그 책을 읽는 독자와 그 책을 쓴 저자가 느끼는 감정과 심리적 비중은 전혀 같을 수가 없다. 같은 영화를 봐도 사람마다 느끼고 생각하는 것이 다 다르다. '누구는 좋다' 하고 '누구는 싫다' 한다.

어느 것이 진실인가?

심리적 진실은 마음속에서 저마다 다른 것이다. 사랑 속에선 자기 애인이 세상에서 더없이 예쁠 수 있고, 사랑하는 이와 마시는 커피가 세상에서 가장 맛있을 수 있다. 그러나 사랑이 식으면 또 그 반대가 될 수도 있다. 이것은 오직 감정의 속성이 그러하기 때문이다. 그 마음속에서 그것은 분명 하나의 '진실'이다.

몇 년 만에 시험에 합격한 사람의 눈에 비치는 노을은 환희의 빛이겠지만, 몇 년째 시험에 떨어진 사람에게 그것은 핏빛 슬픔이나 절망일 수 있다. 같은 10만원도, 100억 재산이 있는 사람과 한 달에 고작 100만원 버는 사람이 느끼는 10만원은 전혀 같은 돈이 아니다. 우리의 세상은 이렇듯 끝도 한도 없는 심리적 진실과 그 차이들로 가득하다.

우리는 같은 세상에 살아도 저마다 다른 세상을 살아간다. 언제나 마음속의 세상은 저마다 다 다르기 때문이다. 내가 좋아하는 사람을 누구는 싫어하고, 내게는 편안한 것이 상대에겐 불편하기도 하다. 우리는 같은 '물리적 진실' 속에 살면서도 저마다 다른 '심리적 진실'을 가지고 사는 것이다. 때문에 삶의 글쓰기에선 '무엇이 진실인가' 못지않게 '어떠한 진실인가'도 중요하다. 수많은 맥락 속에서 '무엇이 진실인가'는 개인마다 다를 수 있기 때문이다.

마음의 차원에선 나에게 분명 '진실'인 것이 타인에겐 진실이 아닐 수 있고, 남에게 '진실'인 것이 나에겐 진실이 아닐 수 있다. 나에게 감명 깊었던 책이 누구에겐 지겨운 책일 수 있고, 한국 사람에게 맛있는 된장찌개가 캐나다 사람에겐 아주 역겨운 음식일 수 있다. 아이돌 여자그룹의 춤을 보고서 멋있다고 느끼는 사람도 있겠지만, 선정적이고 민망하다고 느끼는 사람도 있을 것이다.

보슬비 내리는 공원 벤치에서 첫 키스를 한 사람은 그곳이 아름다운 추억의 장소가 되겠지만, 그곳에서 깡패를 만나 두들겨 맞으며 돈을 뜯긴 사람에겐 그곳은 안 좋은 기억의 장소가 될 것이다. 나에게 불친절했던 사람이 다른 이에겐 아주 친절하기도 하다. 그는 친절한 사람인가 불친절한 사람인가? 이처럼 심리적 진실은 체험과 감정과 생각에 따라 달라진다. 고정화된 하나의 진실이 아닌 것이다.

심리적 진실은 마음의 미학이 살아 숨 쉬는 세계이다. 심리적 진실을 표현한 문장은 남과 다른 '내 마음의 고유한 진실'을 담은 것이기에, 매우 감성적일 수밖에 없으며 특유의 멋과 개성을 띨 가능성도 높다. 한 개인의 마음속 진실은 세상에 없던 것이다. 게다가 그 진실이 앞서 예로 든 광고 문구처럼 보편적 속성까지 보여주는 직관의 영역이라면 고유의 정서적 울림을 낳는 탁월한 문장이 된다.

내가 이와 관련하여 수업시간에 자주 드는 예시가 하나 있다. '첫사랑이 내 손에 쥐어준 사과는, 할머니 제사상에 있는 사과보다 더 맛있다!' 첫사랑이 내 손에 쥐어준 사과는 세상에 그 어떤 사과와도 같지 않다. 그 사과는 주는 사람의 마음과 받는 사람의 마음이 사랑의 설렘으로 맞닿아 있는 사과이기 때문이다. 그런 사과는 혀가 아니라 사랑의 감촉과 애틋함으로 맛보는 사과이다.

진실은 언제나 겉이 아니라 내부에 있다. 진실을 찾기 위해선 겉이 아니라 속을 보아야 하고, 겉과 속을 함께 보아야 한다. 물 위의 오리가 움직이는 것은 물속에 보이지 않는 다리 때문이다. 무엇이 삶을 움직이는가? 바로 몸 안에 있는 '마음'이 아니던가? 마음의 진실이 없는 곳에는 삶의 빛과 그늘도 전혀 존재하지 않는다. 삶은 언제나 마음 안에 놓인 느낌표의 도미노다. 이것이 우리가 마음의 진실을 담아 글을 써야 하는 본질적인 이유이다.

배반자로부터 보내온 설탕은 달지 않다. 결핵에 걸린 태양은 눈부실 수가 없다. 발가락이 자라는 조랑말의 당혹감. 구걸을 중단한 거지의 허영. 쥐를 보면 도망치는 고양이의 비애. 목이 짧은 기린의 절망. 고정관념을 탈피하는 순간 나는 만물들의 외형을 자유자재로 변형시키면서 상징성을 부여하는 능력을 획득하게 되었다. 이제 사물의 외형이 주는 고정관념 때문에 사물의 내부를 들여다보지 못하는 난관은 극복되어 있었다. 세 숟째의 얼음밥이 비어있을 무렵이다.

나는 사물을 보는 시각이 많이 달라져 있었다. 하늘을 쳐다보며 앙상한 모습으로 겨울을 지키고 있는 굴참나무의 간절한 소망이 무엇인지도 알아낼 수가 있었고, 끊임없이 얼음 밑으로 흐르고 있는 개울물의 도란거림도 알아들을 수가 있었다. 찌푸린 표정으로 낮게 내려앉아 있는 회색 하늘의 음모도 간파할 수가 있었고, 폭설을 뒤집어쓰고 묵상에 잠겨 있는 산들의 자비심도 읽어낼 수가 있었다. 나는 고정관념의 껍질을 탈피하면서 만물에 대한 애정이 깊어지게 되었고, 만물에 대한 애정이 깊어지면서 만물의 영혼과 합일하게 되었다. 어느새 개떡 같은 세상에 대한 증오심조차 모조리 소멸되어 있었다. 아무리 개떡 같은 세상이라도 눈물겹게 사랑하면서 살아갈 수밖에 없다는 사실도 알게 되었다.

―이외수, 『그대에게 던지는 사랑의 그물』에서

마음에 비춰진 물상은 감정의 각도에 따라 저마다 다르게 굴절된다. 이 글의 예문들이 잘 보여주듯 그것은 마음의 눈에 비친 새로운 세상이다. 동심 속에선 어떤 사물에게도 말을 걸 수 있고, 못내 외롭고 쓸쓸할 때는 내게 닿는 공기의 눈썹도 차갑고 시치름해진다. 대상은 반드시 마음의 렌즈를 거쳐서 내 안으로 들어오는 것이다.

그는 의인법으로, 자기 마음의 빛깔로 읽은 사물의 모습 속에 '자신이 느낀 진실'을 묘사적으로 잘 나타내었다. 그것은 어디까지나 남도 그렇게 느끼는 물리적 진실이 아니라, 자신의 내면 속에 형성된 심리적 진실이다. 하지만 그 진실은 빛나는 감성을 담아낸 진실이요, 세상과 내가 교감 속에서 얻어낸 하나밖에 없는 체험의 진실이다. 그것은 내 마음이 사물과 닿아서 생긴 마음의 무늬나 음영 같은 것이다.

단 한 사람의 예외도 없이 누구에게나 그렇게 특별하고 다른 느낌으로 생긴 감정의 무늬와 음영이, 나에게 의미 있는 마음의 진실이 있게 마련이다. 마음은 마르지 않는 '느낌의 화수분'이다. 세상 어디서든 나의 심리적 진실은 마르는 법이 없다.

내 마음에 무엇이 어떻게 닿았는가? 새가 앉았다 날아간 눈밭처럼, 그것은 내게 어떤 진실로, 어떤 발자국으로 남았는가. 누구나 그 고유한 무늬와 음영을 담아 글을 쓸 수 있다면, 감성의 촉을 깨우는 독특한 빛깔과 운치가 서린 멋진 글을 쓰게 될 것이다. 사랑하는 이의 눈 속에서만 볼 수 있는 촉촉하고 은은한 빛과 같이 어떤 깊고 따뜻한 것을!

객관과 주관 사이

물리적 진실이 객관적이라면 심리적 진실은 주관적이다. 객관에 기초해서 글을 써야 할 때가 있고 주관에 바탕을 두고 글을 써야 할 때가 있다. 과학 논문과 시의 언어는 같을 수가 없다. 목적과 성격이 전혀 다른 언어이기 때문이다.

만일 신문 기사나 국가 기록물을 주관적 관점으로 쓴다면 어떻게 되겠는가? 사실 전달의 정확성은 무너질 것이요, 저널리즘의 가치와 정치적 신뢰성을 크게 상실하게 될 것이다. 건축기사가 건물 공사에서 주관적 표현으로 그를 설명한다면, 그 공사는 엉망이 될 것이다. 이럴 때는 정확하고 객관적인 사실을 전달할 수 있도록 객관적 시각에서 글을 써야 한다. 심리적 진실이 '물리적 진실'에게 자리를 양보해야 하는 것이다.

　　시골집들은 불도 끈 채 웅크리고 있다가 먼 길 갔다 돌아오는 이에게 고요라는 꽃다발을 하나 안긴다. 텃밭들은 너른 개간지처럼 누워 있고, 옻샘 약수와 가끔 나타나는 새끼 고라니와 집 밖에 나온 어린 것들처럼 하늘에 오들오들 떠는 별들만 반긴다. 세상은 총총하다. 당신 별도 저기 어딘가에 있는가? 그 옆에 내 별도 당신의 별과 함께 반짝이고 있는가? 재탕한 한약 삼키듯 이 삶이 너무 쓰다고 진저리치지 마라. 안개 드문드문 떠 있는 국도에서 꺾어져 집으로 뻗은 외길로 들어서며 허공에 가득 찬 천지 기운이 찬찬한 눈빛으로 나를 쳐다본다.

―장석주, 『느림과 비움의 미학』에서

　　이 글은 의인법을 사용한 공간 묘사가 돋보이는 글이다. 이 글에 담긴 정감과 상상은 어디까지나 심리적 진실에 기초한 것이다. 문학의 문장으로는 좋겠으나, 만일 이것이 어떤 '마을'을 설명하기 위한 기사문이나 설명문이었다면 이는 듣도 보도 못한 기괴한 글이 되고도 남았으리라. 글의 목적에 따라 표현의 차이는 그만큼 큰 것이다. 기사문이나 설명문과 같이 정확한 정보 전달을 목적으로 하는 글은 심리적 진실이 아니라, 물리적 진실에 입각해 객관적으로 써야 한다.

　　나는 요즘 신문이나 저널을 읽기가 너무 어려워요. 왜냐하면 그 언어가, 이 사회적 담론이 의견과 사실을 구별하는 능력을 상실한 지 이미 오래됐기 때문에, 대체 무슨 말을 하는지 알 수가 없는 것이죠. 이 사회의 지배적 언론과 담론들이 의견을 사실처럼 말하고 사실을 의견처럼 말해버리는 거예요. 그걸 뒤죽박죽으로 말을 하니까 이런 언어는 인간의 소통에 기여할 수가 없는 것이고 이런 언어가 횡행할수록 인간 사이에는 소통이 아니라 단절이 심화되는 것이고 이 단절이 지금 거의 다 완성되어 있는 것 같아요. 이것이 우리 언어의 현실에 대한 나의 인식입니다.

그러면 사람들은 왜 의견과 사실을 구별하지 않고 의견을 사실처럼 말해버리고 사실을 의견처럼 말해버리는가. 왜 그런가. 아마도 그들이 당파성에 매몰되어 있기 때문일 것입니다. 그리고 그것을 정의라고, 신념이라고 말하기 때문에 의견과 사실은 뒤죽박죽이 됩니다. 나는 신념에 가득 찬 자들을 그다지 신뢰하지 않습니다. 나는 오히려 의심에 가득 찬 자들을 신뢰합니다. 내가 신념의 가치를 부정하는 것은 아닙니다. 아니로되, 인간의 진실이 과연 신념 쪽에 있느냐 의심 쪽에 있느냐고 묻는다면 나는 더 많은 진실은 의심 쪽에 있다고 생각하는 사람인 것입니다. 물론 저와 반대로 생각하는 사람들도 있더군요. 아주 많더군요. 우리는 의견과 사실을 구별해서 말하는 능력을 이미 상실한 것이죠. 상실한 지가 오래됐어요. 한참 됐어요. 사회의 언어 자체가 소통불가능하게 되어버렸을 때, 우리는 민주주의를 할 수가 없습니다. 왜냐하면 의견과 사실을 구분해서 말한다는 것은, 민주주의 사회를 만드는 기초이기 때문입니다. 민주주의는 소통에 의해서만 가능할 터인데, 소통되지 않은 언어로 무슨 민주정치를 하겠습니까.

—김훈, 「회상」[14], 『바다의 기별』에서

사실은 객관적인 것이고 의견은 주관적인 것이다. 밥은 밥그릇에 담고 국은 국그릇에 담듯이, 정육점에서 뼈는 뼈대로 살은 살대로 구분하듯이, 사실은 사실대로 의견은 의견대로 구분해서 이야기해야 객관적인 것과 주관적인 것의 구별이 뚜렷해진다.

---

14 여기에 수록된 「회상」, 「말과 사물」은 저자가 행한 강연을 기초로 저자 스스로 새롭게 구성한 원고입니다(원주).

김훈은 말한다. "말하기에 있어 가장 중요한 것은 의견과 사실을 구분해서 말할 줄 알아야 된다는 것입니다. 이것이 기본인 것이죠. 우리가 의견을 사실처럼 말하고 사실을 의견처럼 말한다면 이런 언어는 아주 무지몽매하고 아주 뻔뻔스러운 언어가 되는 것이죠."

의견을 사실처럼 말하고 사실을 의견처럼 말하면, 사실도 사실이 아니요 의견도 의견이 아니게 된다. 언어 전달의 정체성을 상실한 채 의견과 사실이 뒤죽박죽으로 섞인 글은 마치 물과 기름을 마구 섞어놓은 것과 같다. 객관적 진실과 심리적 진실 모두를 잃어버린 죽은 글이 되는 것이다.

언어가 존재하는 목적은 오직 소통을 위해서이다. 소통은 투명하고 정확하고 명료해야 한다. 그것이 인간이 문명을 이룰 수 있는 가장 큰 기초이다. 소통되지 않는 사회는 피가 잘 흐르지 않는 몸과 같이 병들어갈 수밖에 없다. 그는 이런 글을 일러 '말을 하면 할수록 소통이 되는 것이 아니라, 말을 하면 할수록 사회의 인간과 인간 사이에 단절이 심화되는 아주 비극적인 언어'라고 표현하였다. 분명 공적 특성 때문에 사회 · 정치적인 글들은 더욱 그러할 것이다.

논리가 명료하다는 것은 사실과 의견을 잘 구분한다는 뜻이기도 하다. 뛰어난 글은 사실과 의견을 통해, 사실 속에 깃들어 있는 '객관적 진실'을 잘 비춰주거나 끄집어낸다. 진실은 사실과 사실 이면의 실상이다. 진실은 곧 심층적 사실인 것이다.

무엇이 정의이고 무엇이 신념인지, 그것이 어떻게 다르며 무엇이 그 진짜와 가짜인지를 구별하려면 그런 사실들 이면의 본질을 꿰뚫는 밝고 영민한 눈이 있어야 한다. 그런 깨인 눈이 있어야, 명료한 언어로 사실과 진실 사이로 다가서는 옹골찬 의견도 제시할 수 있다. 무릇 세상의 진실을 밝히는 글은 세상을 투명하게 만드는 횃불과도 같으니, 그것은 반드시 높은 정신의 힘에서 나오는 것이다.

"사대"란 고정적 대상성이 있는 것이 아니라, 주체성의 상실, 자율성의 파기, 강대국에의 의존성을 총칭하여 말하는 것이다. 그러니까 우리민족의 사대는 조선왕조의 사명(事明), 사청(事淸)에서, 구한말·일제시대의 사일(事日)로, 그리고 그 이후의 사미(事美)로 그 제목만 바꾸어 나간 것이다. (…)

우리 민족의 20세기 역사에 있어서 뭐니뭐니 해도 가장 큰 불행은 우리나라가 일본제국에 의하여 식민지화되는 과정을 체험했다는 사실에 있다. 그 이후의 모든 죄악이 바로 그 주체의 상실에서 연원한다. 좌·우익의 분열, 남·북의 분열, 6·25전쟁, 그리고 군사쿠데타와 독재정권의 발호, 그리고 모든 양극화의 양상들이 알고 보면 일제식민지사에 그 연원이 있다. 주체의 상실이 명료한 자기인식을 불가능하게 만들었던 것이다. 일제의 식민지주의는 행방 후 미국의 신식민주의로 대치되었고, 이 미국의 신식민주의 구조 속에서 꾸준히 성장한 한국의 대기업들은 이제 자국민을 식민지화하고 있는 것이다. 식민지주의 타성은 이토록 집요하다. 한번 식민지에서 재미를 본 이권그룹은 그 재미를 포기하지 못한다.

일본사람들이 우리나라에 와서 철도를 건설하면서 식민지세계를 개척해나간 것이나, 우리나라 자본가들이 유구한 역사가 깃든 자연발생 촌락들을 강압적으로 파괴하고 아파트 밀림을 만드는 것이 똑같은 "식민지화과정(colonization process)"이라고 보면 된다. 오히려 현금의 대기업들의 식민화가 일제의 식민화과정보다 더 비생산적이라고 말할 수도 있다. 재미있는 사실은 신자유주의를 외치는 대다수의 학자들이 일제에 의한 근대화논리에 정당성을 부여하고 있다는 것이다. 그들은 천리마 궁둥이에 붙어 편안히 천리를 가는 똥파리 새끼 신세가 그들 삶의 이상이라고 생각하는 것이다. 식민지화를 통해서만 이 민족의 살길이 있다고 믿는 것이다. 참으로 한심한 인간 말짜들이 아닐 수 없다.

—김용옥, 『사랑하지 말자』에서

이 글은 폐부의 고뇌를 쏟아내는 지사(志士)의 웅장한 외침을 보는 듯하다. 사회적 진실이나 역사적 진실을 말하려면, 수많은 사실의 객관성과 그 이면을 볼 수 있는 철저하고 깊이 있는 공부가 필요한 법이다. 풍부하고 정확한 지식과 뛰어난 통찰력이 수반되어야만 '진실'에 조금이라도 더 다가설 수 있다. 과학적 진실과 달리, 사회와 역사는 온갖 이해관계가 얽혀 있어, 정말 그 진실을 밝히기 어려울 때가 많다.

하지만 의식이 깨어있는 이라면, 사실을 중심으로 진실에 다가가는 사람들의 말과 신념(욕망)을 바탕으로 사실을 왜곡하는 사람들의 말을 구분할 수는 있을 것이다. 자세히 살펴보면 그것은 물과 기름처럼 확연히 다른 것이다. 객관적 진실이 또렷해지지 않으면 그 사회는 소통 불능의 불투명한 사회가 된다. 우리가 조금이라도 사실과 진실에 더 가까운 글을 써야 하는 이유인 것이다.

주관 속의 심리적 진실만 중요한 게 아니라, 물리 세계의 객관적 진실도 중요하다. 우리가 사는 세상은 언제나 그 둘 다이기 때문이다. 모든 체험과 생각의 경계에서 어떤 진실이 내가 말하고자 하는 진실이며, 나는 어떤 진실을 제대로 이야기할 수 있는가?

공복과 사복이 다르듯이 우리의 언어도 때에 맞게 다른 옷을 입는다. 객관과 주관 중 어느 쪽을 더 부각시켜서 쓸지는 장르와 의도, 목적에 따라 그때마다 제각기 달라지는 법. 기름물 같은 글을 쓰지 않으려면 자신이 말하고자 하는 바의 '진실'이 어떤 속성인지를 자각하면서 의견과 사실을 잘 구분하면서 써야 한다. 어느 쪽의 진실이든, 진실을 흐리멍덩하게 하는 글이 아니라 진실을 또렷하게 하는 글이 되어야 한다.

말을 하기 전에 그 말이 세 개의 문을 통과하게 하세요. 첫 번째 문은 "그 말이 사실인가?" 두 번째 문은 "그 말이 필요한가?" 세 번째 문은 "그 말이 따뜻한가?" ─수피 속담

12장

퇴고는 글쓰기의
최고 미학이다

미적 예술에서는
일체의 꾸밈과 고심의 흔적이 없어야 한다. —칸트

단순·소박한 문장, 단순한 것이 진실에 가깝다. —김성우

글쓰기의 빼놓을 수 없는 매력이자 가장 큰 장점 중에 하나는 퇴고에 있을 것이다. 아무리 뛰어난 연주자도 한 번 틀린 음을 다시 고칠 수 없고, 아무리 뛰어난 화가라도 잘못 그려진 부분을 깨끗이 지워 다시 그릴 수 없다. 조각을 하다 실수를 한 천재 조각가도 떨어진 돌 조각을 다시 붙여 놓을 수 없지만, 글은 천번 만번을 고쳐도 물결 지나간 연못의 수면처럼 아무런 흔적이 없다. 좋아질 때까지, 마음에 들 때까지 계속 고칠 수 있고, 마음만 있다면 언제고 처음부터 다시 시작할 수 있다.

이러한 퇴고의 묘수 때문에 글을 쓰는 사람은 언제나 자신의 글 속에서 천지만물을 빚는 조물주의 자리에 처하게 되는 것이다. 글로써 자기 세계를 마음껏 빚을 수 있는 조물주가 되는 일이니 이 어찌 아니 기쁜 일이랴!

—졸고, 『내 영혼의 사색록』에서

퇴고의 묘수를 얻으면 자신의 글 속에서 누구나 글쓰기의 조물주가 된다. 언어의 우주를 빚는 조물주가 되는 법을 알아보자.

퇴고의 중요성, 효과

소로우는 『월든』의 원고를 팔 년 동안 일곱 번이나 새로 썼다고 한다. 불멸의 고전이라고 일컬어지는 책 『월든』이 탄생한 배경이다. 베르나르 베르베르의 성공작 『개미』는 12년 동안 100여 번의 수정을 거친 후 세상에 나왔다고 한다. "모든 초고는 걸레다." 누가 이런 말을 했을까? 이는 헤밍웨이가 한 말이다. 그의 노벨상 수상작 『노인과 바다』는 무려 200번이나 고쳐 쓴 것으로 알려져 있다. 또 그는 『무기의 잘 있거라』의 마지막 페이지 또한 39번이나 고쳐 썼다고 한다.

거의 모든 명문들도 거의 다 형편없는 초고로부터 시작된다.

—앤 라모트

글을 쓰는 모든 사람들에게 이보다 힘을 주는 말도 없을 듯하다. 초고는 거의 대부분 형편이 없다. 형편없는 초고를 앞에 두고서 자신의 재능을 한탄할 필요가 전혀 없는 것이다.

"여보, 이건 완전히 쓰레기예요."
아내가 말하자 버나드 쇼가 이렇게 말했다.
"맞아요. 하지만 일곱 번째 수정 원고가 나올 때까지 기다려봐요."

노벨상 수상 작가 버나드 쇼의 초고도 저런 수준이었다면 더 무슨 말이 필요하겠는가. 초고를 너무 잘 쓰려고 할 필요도 없으며, 초고를 앞에 두고 지나치게 심각해질 필요도 없다. 자신과 자신의 원고에 우리는 좀 더, 슬겁고 미더운 기다림의 시간을 주어야 한다. 초고는 퇴고를 통해 좋은 모습으로 거듭날 것이기 때문이다.

한국의 손꼽히는 명시의 하나인 김소월의 「진달래꽃」은 처음 『개벽』 (1922. 7)지에 발표했을 당시엔, 현재 우리가 아는 형태의 모습이 아니었다.[15] 우리가 배운 시 「진달래꽃」은 첫 발표 3년 후인 1925년에 나온 그의 시집에 수록된 수정본이다. 3년이라는 시간을 사이에 두고서 시가 더 좋은 모습으로 다듬어진 것이다. 만약 그 같은 수정본이 아니라, 처음 발표했던 그대로의 시였다면, 「진달래꽃」은 결코 지금처럼 유명한 명시가

---

15 "나 보기가 역겨워/가실 때에는 말 없이/고히 고히 보내드리우리다.//영변(寧邊)엔 약산(藥山)/그 진달래꽃을/한아름 따다 가실 길에 뿌리우리다.//가시는 길 발걸음마다/뿌려 놓은 그 꽃을/고히나 즈려밟고 가시옵소서.//나 보기가 역겨워/가실 때에는/죽어도 아니, 눈물 흘리우리다."

되지는 못했을 것이다.

작가들에게, 초고를 개작해서 좋은 작품으로 거듭나는 경우는 숱하게 많다. 나에게도 이와 비슷한 경험이 있다. 「속눈썹의 그늘에서」는 내가 20대에 쓴 시였다. 세월이 한참 지난 시점에서 우연히 시작 노트를 보게 되었는데, 볼 만한 거라곤 없는 그야말로 졸작이었다.[16] 그런데도 왠지 그 시를 살리고 싶은 마음이 들어, 10년도 더 지난 시점에서 그 시를 퇴고해서 어느 정도 수긍이 되는 수정본을 완성했다.

> 네 눈 속엔 하얀 장미 정원이 있네.
> 이슬비 내리는 오월의 정원이 있네.
> 네 향긋한 속눈썹의 그늘에서
> 내 모든 시름과 아픔 다 풀어놓느니,
> 서늘하고 깊고 고요한 그 그늘에서
> 내 삶의 숨결을 돋우네.
> 아, 내 사랑의 시작과 끝이 깃든
> 보드랍게 찰랑이는 물빛 그늘이여!
>
> ―졸시, 「속눈썹의 그늘에서」

비록 세월이 10년도 더 넘게 지나긴 했지만, 이 시를 쓰려했던 첫 마음을 살려 퇴고본을 얻고 보니, 적어도 예전에 썼던 졸작보다는 훨씬 나아 보였다. 이렇게 퇴고를 할 수 있었던 것은 세월이 지나는 동안 내 안목이나 시작(詩作) 능력이 다소 향상되었기 때문이다. 다른 이들의 모든

---

16 "나 언제나 너의 속눈썹을 바라본다./네 긴 속눈썹의 그늘에서/엷은 시름과 두꺼운 서름 모두 다 풀어놓고/서늘하고 깊고 고요한/네 속눈썹의 긴 그늘에서/나는 언제나 삶의 숨을 쉰다./아, 변함없는 나의 사랑아!"

퇴고도 이와 크게 다르지 않다. 시간의 켜 속에 작품을 묵혀 두었다가 다시 보게 되면, 자기 작품에 대한 객관적인 시각을 얻을 수 있을 뿐 아니라, 그 동안 성장한 자신의 시야와 필력 때문에 글을 조금이라도 더 좋게 손볼 수 있는 틈과 동력이 생기기 때문이다.

> 세계적인 작가, 베스트셀러 작가들은 한 가지 공통점을 가지고 있다. 한 작품에 적게는 수십 번에서 많게는 수백 번의 퇴고 과정을 거친다는 것이다. 이런 퇴고 과정 속에서 원고의 완성도가 높아져 명작이 탄생한다.
> 세계적인 동화 작가 엘윈 브룩스 화이트, 그는 "위대한 글쓰기는 존재하지 않는다. 오직 위대한 고쳐쓰기만 존재할 뿐이다"라고 말했다. 그의 소설 『샬롯의 거미줄』은 4천 5백만 부 넘게 팔렸을 뿐 아니라 영화로 제작되어 큰 인기를 누리기도 했다.
> 엘윈 브룩스 화이트가 '고쳐쓰기'를 강조하는 이유는 무엇일까? 원고는 고치는 가운데 완성도가 높아지기 때문이다. 그래서 그는 영감이나 문학적 재능을 믿기보다 퇴고하는 노력을 중시했다.
>
> — 김태광, 『마흔, 당신의 책을 써라』에서

『샬롯의 거미줄』의 작가 화이트의 말은 그야말로 정곡을 찌른다. "위대한 글쓰기는 존재하지 않는다. 오직 위대한 고쳐쓰기만 존재할 뿐이다." 부정과 긍정의 이항대립으로, '위대한 글쓰기'는 단지 '위대한 고쳐쓰기'에 있음을 역설적으로 잘 지적했다. 우리는 대부분 명작의 결과물만 볼 뿐, 그 결과물을 낳은 수많은 절차탁마의 피와 땀은 미처 생각하지 못한다. 세상에 나온 명작은 모두들 '거듭나기'의 마지막 지점에 지나지 않는다. 그 '거듭나기'가 도달한 곳은 어디일까? 그곳은 '완성도'라는 이상의 섬이다. 퇴고를 통해 우리가 얻는 것은 딱 한 가지다. 그것은 글의 완성도가 조금이라도 더 높아진다는 점이다.

시간을 많이 할애하여 퇴고에 최선을 다하라. 내 경우에도 초고를 쓰는 시간보다 퇴고하는 시간이 훨씬 더 길다. 물론 퇴고한다고 해서 초고의 많은 부분이 바뀌는 것은 아니다. 기껏해야 10퍼센트 미만이다. 그런데 그 10퍼센트를 꼼꼼히 퇴고하느냐 안 하느냐에 따라 글의 질이 확연히 달라진다. 단순히 산술적으로 따지면, 10퍼센트를 고치느라고 90퍼센트를 쓴 시간의 몇 배나 되는 시간을 허비하는 것은 바보짓이다. 그러나 그 바보짓을 해야 좋은 글이 나온다.

— 배상문, 『그러니까 당신도 써라』에서

올림픽 경기를 보면 고작 1점 차이로 금메달과 은메달이 나뉘는 경우가 숱하다. 심지어 쇼트트랙 같은 경우는 단지 0.001초 차이로 누구는 세계 챔피언이 되고 누구는 2인자가 된다. 또 일등과 고작 0.01초 차이로 4등을 한 선수는 '노메달'을 안고 쓸쓸히 집으로 돌아가기도 한다. 작은 차이는 결코 작은 차이가 아니다. 그것은 수준과 우열의 차이다.

세상사 모든 일들은, 작은 것이 모여 큰 차이를 만들어낸다. 하지만 큰 댐이 작은 구멍 하나 때문에 무너지기도 하며, 우주선은 단지 나사 하나의 문제로 하늘에 닿기도 전에 폭발하기도 한다. 때로는 작은 것이 전체에 막대한 영향을 주기도 하는 것이다.

대개의 경우 퇴고를 하면 5~20% 내외의 변화가 있겠지만, 이 5~20%의 변화가 때론 글의 수준을 확연히 바꾼다는 점에서 이는 대단히 중요한 일이 아닐 수 없다. 단지 산술적으로만 보아도 20%가 향상되면, 60점짜리가 80점짜리가 되고 70점짜리가 90점이 되는 일이다. 퇴고를 통해 환골탈태하는 경우는 그 이상의 성과를 얻을 수도 있다. 게다가 글에선

10%의 변화가 얼마든지 3~60점의 향상으로 이어질 수도 있다. ──특히 짧고 함축적인 장르인 시의 경우가 가장 그러할 것이다.[17]

　　캐스린 스토킷의 베스트셀러 소설 『헬프』는 무려 60번 거절당했다. 첫 거절문에는 이렇게 적혀 있었다. "저는 이 이야기에 흥미가 일지 않았습니다." 하지만 그것은 난생 처음 받은 거절이었으므로 그녀는 오히려 신이 났다. 진짜 거절의 편지를 받다니! 그녀는 책을 수정하기 시작했다. 그리고 마흔 번째 거절문을 받았을 때 마침내 울음을 터트렸다. 거기엔 이렇게 적혀 있었다. "이런 종류의 지루한 책은 더 이상 시장성이 없습니다."
　　하지만 그녀는 포기하지 않았고, 친구들과 가족에게 거짓말을 하고 몰래 호텔을 전전하며 그 소설을 계속 수정했다. 마침내 5년 후 그 책을 마음에 들어 하는 에이전트에게서 61번째 답장을 받았고 3주 후에 그 책을 출판사에 팔았다.

─바바라 애버크롬비, 박아람 역, 『인생을 글로 치유하는 법』에서

　　퇴짜와 좌절과 관련된 작가들의 이런 눈물 젖은 일화는 수없이 많다. 이렇게 다소 인상적인 경우가 아니더라도, 그들은 예외 없이 모두 '고쳐 쓰기'라는 기다란 계단을 밟고서 작가의 전당으로 들어갔다. 퇴고의 발걸음 없이는 누구도 그 전당에 들어갈 수 없다는 얘기다.

17　당(唐)나라의 시인 가도(賈島)가 나귀를 타고 가다 시구가 떠올랐다. "새는 연못가 나무에 자고, 중은 달 아래 문을 민다(鳥宿池邊樹 僧推月下門)." 그런데 '달 아래 문을 민다'보다는 '두드린다[敲]'고 하는 것이 어떨까 하고 골똘히 생각하다가 경조윤(京兆尹:서울시장) 한유(韓愈)의 행차와 부딪치고 말았다. 한유 앞으로 끌려간 그는 자신이 시를 생각하다가 그랬다는 사실을 이야기하자, 한유는 노여운 기색도 없이 잠깐 생각하더니 "퇴(推)보다는 고(敲)가 좋겠군"이라 하였다. 이 일로 둘은 문우가 되었다고 하며, 이 일화를 계기로 글을 고치는 것을 퇴고라 일컫게 되었다. 시에선 글자 한 자나 단어 하나에 따라서도 의미와 품격이 틀려진다. 그만큼 퇴고가 중요한 것이다.

5년 동안의 수정으로 전혀 시장성 없어 보이던 원고가 베스트셀러 소설이 되었다. 5년 동안의 '수정 작업'이 좋은 트레이너가 되어, 이름 없던 작가 희망생을 스스로 유명한 작가로 탈바꿈시켜 놓았다. 이것이 바로 퇴고의 마법이다. 이는 스스로의 열의와 정성만 있으면 시간의 검증을 거쳐 누구나 얻어 가질 수 있는 마법인 것이다.

> 고쳐쓰기는 글 잘 쓰기의 핵심이다. 게임에 이기느냐 지느냐가 여기에 달려 있다. (…) 글쓰기는 좋은 시계와 같다. 매끄럽게 돌아가야 하며 남아도는 부속이 없어야 한다. 그러나 학생들은 고쳐쓰기에 그렇게 애착을 갖지 않는다. 그들은 고쳐쓰기를 징벌, 즉 별도의 숙제나 연습으로 여긴다. 여러분이 그런 학생이 아니라면, 부디 고쳐쓰기를 선물이라고 생각하자. 글쓰기가 단번에 완성되는 '생산품'이 아니라 점점 발전해가는 '과정'이라는 것을 이해하기 전까지는 글을 잘 쓸 수 없다. 아무도 여러분이 단번에, 또는 두 번 만에 완성하리라 기대하지 않는다.
>
> ─윌리엄 진서, 이한중 역, 『글쓰기 생각쓰기』에서

'끝이 좋아야 모든 것이 좋다'는 말이 있고, '끝날 때까지 끝난 게 아니다'라는 말도 있다. 우리네 인생살이에서 이만큼 적실한 말도 많지 않을 듯하다. 글쓰기에서도 이 진리는 하나로 통한다. 마무리가 좋아야 모든 것이 좋아진다. 세상에 마무리가 좋지 않은데 그 결과가 좋은 것이 있던가. 그런 점에서 퇴고는 글 잘 쓰기의 마지막 관문이다.

퇴고는 징벌이 아니다. 곳곳의 실수와 부족한 부분을 만회할 수 있고, 수정에 수정을 통해 놀랍도록 거듭날 수 있는 찬란한 기회인 것이다. 관중 앞에서 노래하다가 낸 한 번의 삑사리는 다시는 되돌릴 길이 없으며, 붓글씨는 쓰다가 한 번 실수하면 다시 고쳐 쓸 길이 없어 그 작품을 포

기해야 한다. 하지만 글은 아무리 실수가 많아도 원점으로 환원할 수 있으며, 아무리 여러 번 고쳐도 폭우 지나간 호수의 하늘빛처럼 말짱하니 아무런 흔적 하나 남지 않는다.

마음에 들 때까지 계속 고칠 수 있다는 것은 글쓰기가 가진 최고의 매력이자 장점이며 속 깊은 미덕이다. 세상 그 어떤 것도 글쓰기처럼 '지난 결과'에 수십 번 거듭나기의 기회를 허용해주지 않는다.

> 다시 쓰기의 노력과 글쓰기 실력은 정확히 비례한다. 얼마나 많은 주제의 글을 썼느냐보다는 하나의 주제를 가지고 얼마나 많이 다시 썼느냐가 더 중요하다. 얼마나 많이 썼느냐보다는 얼마나 새로 썼느냐가 더 중요하다. 열 개의 주제에 관한 열 편의 글을 쓰는 것보다 하나의 글을 열 번 고쳐 쓰는 것이 글쓰기 능력을 향상시키는 데 훨씬 도움이 된다.
>
> 다시 쓰기는 자기 자신을 부정하는 작업이다. 열린 마음으로 스스로의 문제점을 인정하는 자세를 갖추지 않는다면 성공적으로 진행되지 않을뿐더러 그 과정 자체가 고통스러울 것이다. 하지만 마음의 문을 여는 순간 다시 쓰기 작업은 자신을 부정하는 작업이 아니라 자신을 새롭게 다듬는 창조적인 작업임을 깨닫게 될 것이다. 다시 쓰기는 구원이다!
>
> ―채석용, 『논증하는 글쓰기의 기술』에서

글쓰기 실력은 고쳐쓰기에서 가장 많이 향상된다. 이미 한 번 찾아갔던 길은 그 다음부터 찾기가 쉬운 것과 마찬가지로, 퇴고를 할 때는 처음 쓸 때보다 생각이 더 정교해지고 안목이 또한 더 선명하고 예리해진다. 때문에 그에 따라 고쳐 쓰는 과정에서 문장력도 더 좋아지게 된다.

안에서 새는 쪽박은 밖에서도 샌다는 말이 있다. 한 문장을 제대로 쓸 수 있으면 또 다른 한 문장도 제대로 쓸 수 있는 것처럼, 한 주제에 대해서 깊이 있게 제대로 쓸 수 있으면 다른 주제에 대해서도 제대로 쓸 수 있게 된다. 하나의 내공은 다른 곳으로 전이된다. 주제와 장르를 불문하고 '내공전이의 법칙'은 모든 글에 적용된다. 그래서 먼저 '하나의 글'을 제대로 쓰는 것은 충분히 값어치 있고 또 중요한 일이다.

"백번이라도 고치고 또 고치고 하는 것처럼 무서운 것은 없다. 천재보다도 백번이라도 고치고 또 고치는 그 성의와 여유야말로 무서운 것이다."(이태준)

퇴고를 통해 초고가 훨씬 좋은 상태로 새로워지는 경험을 하지 못하면, 그것이 전부인 줄 알고 계속 그런 식으로만 글을 쓰게 될 것이다. 정성스런 고쳐쓰기로 한 편의 온전한 글을 써보는 첫 번째 체험이 중요한 이유이다. 요컨대 퇴고는 창작의 하늘에서 내려준, 나의 글을 새롭게 할수 있는 기회와 구원의 밧줄이다. 그것은 스스로 애써 잡지 않으면 끝내잡을 수 없는 보이지 않는 밧줄이다.

> 저는 몇 년 전만 해도 퇴고는 글쓰기가 다 끝난 후의 마무리 작업이라고 생각했는데, 이제는 퇴고부터가 진짜 글쓰기의 시작인 것 같아요. 글쓰기의 작업을 거칠게 세 단계 나눠서 '고안, 집필, 퇴고'로 볼 때, 전에는 1:8:1 정도의 시간과 공력을 들였다면 이제는 4:2:4의 비율로 바뀌고 있어요. 게다가 글쓰기의 절대 시간은 더더욱 늘어났고요. 최근에는 퇴고 시간이 점점 길어지는 것 같아요. 말하자면 퇴고는 자신의 글로부터 유체이탈해서 자신의 글에 대한 최초의 독자(타인)가 되어보는 경험인데, 이 시뮬레이션이 더 치밀하게 이루어질수록 자신의 글쓰기를 변화시킬 수 있는 가능성이 열리는 듯해요. 내 문장에 구토가 나오는 순간까지 고쳐보지 못한 글은 끝까지 후회가 되죠.
>
> ─정여울, 『미디어 아라크네』에서

나는 이 글을 읽고서 격한 공감이 일었다. 쓰기 전에 전략을 잘 세우면 쓰는 것이 한결 쉬워진다. 그렇지만 처음부터 완벽하게 잘 쓰려 하면 다 쓰기도 전에 지치고 힘이 빠진다. 일단 초고라는 길을 한 번 내고 나면, 고치는 것은 그보다 한결 쉬워진다. 4:2:4의 비율은 어쩜 글쓰기 비너스가 지닌 황금 비율일지도 모른다.

자기 글에 대한 '객관화'를 정여울은 '자신의 글로부터의 유체이탈'이라고 더없이 멋있게 표현했다. 글에 최초의 독자는 언제나 글쓴이 자신이다. 자기 글은 마음의 밀착 때문에 객관적 시각으로 보기가 어렵다. 하지만 긍정과 개선을 위한 날카로운 자기비판이 퇴고의 빗장을 연다.

"스스로 편집하지 않으면 외부의 힘에 의해 편집당한다"(김용길)라는 말처럼, 자신이 고치지 않으면 다른 이에게 지적이나 고침을 당할 것이다. 그런 점에서 퇴고는 반도체 공장의 최종 점검처럼, 명확하고 치밀하고 엄정한 작업이어야 한다.

> 글을 다 쓰고 나서 무엇보다 먼저 살필 것은 '쓰려던 것과 써진 것'의 대조이다. 애초에 내가 붓을 들 때 쓰려던 글이 이런 글인가, 즉 이 글이 내 마음먹은 대로 된 것인가 아닌가를 반드시 따져 보아야 할 것이다.
>
> —이태준, 『문장특강』에서

내가 쓰려 했던 글이 맞는지, 내 목표 지점에 잘 도달했는지를 정확하게 점검하고 수리하는 것이 퇴고이다. 최초의 독자인 나부터 마음이 흡족해야 한다.

"글쓰기에서 원고 작성 못지않게 시간이 많이 가는 과정이 바로 퇴고다. 글이란 조사 하나만 고쳐도 맛이 달라진다. 글을 전문적으로 쓰거나 책을 많이 낸 사람일수록 고쳐쓰기의 중요성을 강조한다."(양병무) 글이 깔끔한 완제품이 될 수 있도록 조사 하나까지 신경을 쓰는 것이 퇴고 감정사의 임무인 것이다.

퇴고의 전략과 기술

사람에 따라 다소 다를 수도 있겠지만, 나는 '구상은 명료하게, 초고는 뜨겁게, 퇴고는 냉정하게', 이렇게 쓰는 것이 좋다고 생각한다. 왜 그렇게 하는 게 좋은지 그 이유를 살펴보자.

> 글을 잘 쓰겠다고 생각한다면 초고보다 퇴고에 더 많은 시간과 노력을 기울여야 한다. 오히려 초고는 빨리 쓰는 것이 좋다. 머릿속에 구상이 무르익었을 때 한꺼번에 쭉 써내려가는 것이다. 심각한 회의가 들었을 때를 제외하고는 일단 끝까지 가는 것이 좋다.
>
> 그리고 나서 글에서 한 걸음 물러나라. 시간이 충분하다면 며칠간, 최소한 반나절 정도는 글에서 멀어졌다가 퇴고를 시작해라. 처음 글을 쓸 때에는 구상한 설계도를 따라 간다. 때로는 글을 토해낼 때의 기분에 취해서 논리의 허점이나 정보의 취약함 같은 것을 제대로 보지 못한다. 그래서 글을 쓸 때의 흥분을 가라앉히기 위한 냉각기가 필요한 것이다. 술에 취한 상태에서, 혹은 감상적인 기분에 젖어 새벽에 쓴 글을 맑은 정신으로 다시 보면 대부분의 경우는 찢어 버리게 된다. 모든 것이 과잉으로 가득한 감정적인 언사로 나열된 글일 가능성이 크기 때문이다. 초고는 가능한 뜨겁게, 퇴고는 가능한 냉정하게 하는 것이 기본이다.
>
> ─김봉석, 『전방위 글쓰기』에서

잘 써야 한다는 부담 때문에 글을 쓰지 않거나 초고조차 완성하지 못하는 경우가 적지 않다. 글쓰기는 홀인원이 아니다. 한 번에 만족의 구멍으로 쏙 빠지는 글쓰기는 존재하지 않는다. 글이란 본디 수정 보완하면서 점점 더 나아지는 것이다. 초고에 대한 강박과 부담을 내려놓는 게 오히려 초고를 쉽게 쓸 수 있게 한다.

초고를 잘 쓰려면, 쓸 때 애를 많이 쓰기보다는 구상을 넉넉히 해서 미리 쓸 내용을 명료하게 정리하는 것이 더 도움이 된다. 가야할 곳의 지도가 확실하면, 길을 찾아가기가 더 용이한 법이다.

초고는 고속도로처럼, 막힘없이 열정적으로 쓰는 게 좋다. 갈 길과 방향이 정해졌다면, 뒤돌아보지 말고 샛길로 빠지지도 말고 곧장 앞으로 끝까지 가는 것이다. 초고 완성이라는 목표점까지 도달하고 보면 마음에 '도착했다'는 일말의 안도감 같은 것이 생긴다. 그 안도감은 근거가 있는 것이다. 글의 일차 완성본이 눈앞에 실제로 있기 때문이다. 초고가 완성되었다는 것은, 단지 이를 다듬어서 더 좋아지게 하는 일만 남았음을 뜻한다.

열정적으로 쓰라. 차분한 사람이라도 좋아하는 일은 열정적으로 추구하게 마련이다. 열정에는 창조성이 뒤따른다.

초고가 열정에 휩싸여 씌어진 게 아니라면, 신명으로 지펴진 게 아니라면, 그래서 활기를 띠고 있지 않다면, 그 글은 기초가 취약한 건물과 같다. 그런 글은 고쳐 쓰는 과정이 여간 힘겹지 않을 것이다.

—로버타 진 브라이언트, 승영조 역, 『누구나 글을 잘 쓸 수 있다』에서

신나게 즐기면서 재미있게 쓰라. 전율을 느끼면서 신들린 사람처럼 글을 쓰라. 작가가 전율을 느껴야 독자들도 전율을 느끼게 된다. 작가가 즐기면서 책을 써야 독자들도 즐기면서 책을 읽을 수 있다. (…) 자기 자신을 위한 글을 쓰는 것, 재미로 즐기면서 신나게 신명나게 글을

쓰는 것이 최고로 글을 잘 쓸 수 있는 비결이라는 것이다.

—김병완, 『인생을 바꾸는 기적의 글쓰기』에서

열정은 창조성의 화약고에 불을 붙인다. 열정은 정지와 포기를 모르는 질주의 힘이다. 세상의 모든 성취는 다 열정의 발자국 위에서만 건설되었다.

예컨대 좋은 강연에는 예외 없이 강연자의 목소리에 열정이 넘친다. 그것은 분명 전달력의 중요한 일부이다. 열정 없는 목소리가 어떻게 청자의 귀와 가슴 속으로 뚫고 들어가겠는가.

글도 이와 마찬가지니, 열정적으로 쓴 글에는 반드시 열정적인 기운이 서리게 마련이다. 열정이 담겨 있지 않은 글은 피가 잘 흐르지 않는 살과 같다. 그런 글은 활기가 없어 시들부들하다. 열정의 에너지는 글에 생명력을 불어넣는 뜨거운 입김이다. 그런 글이라야 퇴고의 손길을 거친 후에도 '열기'가 순풍처럼 남아 있는 법이다.

다 된 밥에 다시 불을 붙일 수 없는 것처럼, '열정'은 글을 다 쓴 후 퇴고 때에 집어넣을 수 있는 게 아니다. 퇴고는 부분적이다. 열정은 밥에 스민 온기처럼 글 전체에 고루 스며야 한다. 그 열기는 퇴고가 아니라, 글을 쓰는 첫 마음의 둘레에서 쏟아부어야 하는 것이다. 그 마음의 열기가 잘 지속되기 위해 초고는 가능한 끝까지 주저 없이 다 쓰는 게 좋다. 어떻게 하든 글 전체에 뜨거운 피가 고르게 흘러야 한다.

모든 글쓰기는 독학이다. 오랜 시간에 걸쳐 충분히 글을 쓰는 것만으로 글쓰기에 필요한 모든 것을 배울 수 있다. 처음에 쓰다보면 자기가 보기에는 어디 하나 빠지는 게 없는 것처럼 보이는 게 가장 큰 문제다. (…) 하지만 조금 시간이 지나야, 그러니까 처음의 흥분이 사라진

뒤에 다시 읽고 나서야 부족한 부분이 어디인지 알 수 있다. 때로는 다시 쓰는 일만이 유일한 구제책이 된다. 또 때로는 원고를 맨 아래쪽 서랍에 처박아두는 게 가장 좋은 선택이기도 하다. 요는, 모든 작가는 스스로 배워야 하는 존재이니 작가라면 능히 스스로 자신의 실수를 파악해서 이를 고쳐나갈 수 있어야 한다는 점이다. 그래야만 시간이 지날수록 쓰는 능력이 향상되어가는 자신의 모습을 발견할 수 있다. (…)

엄격하게 자신의 글을 평가할 수 있는 냉정한 시선을 유지하는 법을 익혀라. 이런 방식, 이런 시선이 가장 소중하다. 자신의 내면을 통해 글 쓰는 방법을 익힐 수 있기 때문이다.

—몬티 슐츠·바나비 콘라드, 김연수 역, 『스누피의 글쓰기 완전정복』에서

초고가 완성되고 나면 냉각기를 거쳐 글을 고쳐야 한다. 냉정하고 객관적인 눈으로 자신의 글을 보려면 시간에 간격과 거리를 두는 것이 가장 좋다. 시간의 틈새는 마음의 들뜸과 애착을 해체시키기 때문이다. 눈높이가 낮은 적당한 타협은 자신의 문제점을 개선시키지 못한다. 그것은 발전의 늪이다.

타인의 글을 보는 눈으로 자신의 글을 보면서, 타인의 문제점을 지적하듯 자신의 문제점을 찾아내야 한다. 글쓰기는 자립과 자기주도를 위한 고독한 자기성찰의 과정이다.

윌리엄 진서는 말한다. "다른 사람보다 더 잘 쓰려면, 먼저 남들보다 잘 쓰고 싶은 욕심이 있어야 한다. 자기 글 솜씨의 아주 작은 부분에 대해서도 강박적인 자부심을 가져야 한다. (…) 너무 많은 작가들이 최상보다 못한 수준으로 타협하고 만다."

우선 다른 사람보다는 예전의 자신보다 더 잘 쓰려고 해야 한다. 늘 발전의 준거를 자기 안에 두어야 한다. 눈높이의 기준을 어느 선에 두느냐에 따라 퇴고의 '감정 기준'이 결정된다. 고쳐쓰기란 결국 자기 마음의

타협 지점까지 글을 고쳐나가는 것에 지나지 않는다. 감정 기준이 낮으면 퇴고 수준은 낮아질 수밖에 없다. 퇴고가 시원찮으면 글 수준도 대개 변변찮게 된다.

초고는 '과감하게' 할 수 있고, 퇴고는 '쉬엄쉬엄' 할 수 있다. 시간을 두고서 글의 세세한 부분까지 꼼꼼히 다듬고 고칠 수 있는 여유와 의지가 퇴고의 정신이다. 그러한 미덕이 있을 때 자기 글을 거울삼아, 스스로 배우는 독학 자립으로 '자신의 글을 쓰는 법'을 자득할 수 있게 된다.

> 내가 가르치는 논픽션 고급반 학생들은 과제로 작품을 제출해야 한다. 정원 12명의 소수 정예반이기 때문에 많은 시간을 들여 학생들의 과제를 꼼꼼하게 검토하는데, 그럴 때면 출판할 작품을 결정하는 편집자가 된 기분이다. 가장 먼저 제외시키는 것은 너무 감상적이거나 읽기 힘든 원고다. (편집자나 에이전트라면 누구나 그럴 것이다.) 그런 다음, 좀 더 듣고 싶은 이야기, 다음 내용이 궁금해지는 이야기, 명확하고 간결하게 쓰인 이야기를 찾는다. 당신의 글을 받아보는 편집자와 에이전트도 모두 이런 이야기를 찾을 것이다.
>
> —바바라 애버크롬비, 박아람 역, 『인생을 글로 치유하는 법』에서

글쓰기엔 항상 우선순위에 신경을 써야 한다. 퇴고에도 우선순위가 있다. 의미 전달이 불명확한 문장이 고쳐야 할 부분의 1순위다. 그것은 근본적으로 독자가 '읽기 힘든 글'로 만들기 때문이다. 글의 목적은 소통에 있으므로 '읽기 힘든 글'은 소통 부재의 으뜸 적신호와 같다. 내용 차원에서도 이는 마찬가지일 것이니, 애버크롬비가 말한 '읽기 힘든 원고'가 제외 1순위가 되는 것도 그 때문이다.

아울러 너무 감상적인 글 또한 소통을 원활하지 못하게 한다. '감상적 (感傷的)'이라는 말은 '어떤 일에 대하여 지나치게 슬퍼하거나 쉽게 감동

하는 것'이니, '너무 감상적'이면 독자의 감정이나 입장을 배려하지 못한, 자기감정에 매몰된 '지나치게 주관적인 글'이 된다. 글은 객관적 소통과 공감을 전제로 한 것이기에, 이 또한 실격의 큰 요소가 되는 것이다.

대개 흡인력 있는 글은 명확하고 간결해서 군더더기가 없다. 내가 하고자 하는 이야기가 돋을무늬처럼 분명하게 잘 드러나도록 불필요한 요소를 모두 제거해야 한다. "크고 건강한 나무를 만들기 위해서는 가지치기를 해야 한다. 핵심과 본질을 제외한 잔가지를 쳐내는 것, 그것이 바로 편집이다."(김용길) 퇴고의 가지치기는 글의 내용을 분명하게 하고, 표현의 잎과 가지를 더 산뜻하게 만들어주는 것이다.

"혼란스러운 요소는 모두 제거하라!" 스티브 잡스가 애플에 복귀하면서 부사장에게 한 말이다. 이 말은 퇴고에도 고스란히 적용된다. 의미 전달에 혼란을 주는 일체의 군더더기와 껄끄러움을 없애라. '명료하고 정확한 의미 전달' 이것이 퇴고의 절대 과제다.

퇴고는 스스로 자기 글의 편집자가 되어, 자신의 글을 편집하고 다듬는 최종 단계이다. 최종 단계에 서서, 제품검사를 제대로 하고 완제품의 질을 최대한 높이기 위해선 세 가지 기본 기술이 필요하다.

그것은 '더하고 빼고 다듬기'이다. 부족한 부분은 더하고, 넘치거나 쓸데없는 부분은 빼고, 어색한 부분은 자연스럽도록 잘 다듬어야 한다. 더하고 빼고 다듬기 이 세 가지는 퇴고의 궁극적 기술이자 목표이다. 요컨대 적절하게 잘 더하고, 잘 빼고, 잘 다듬으면 완제품의 질은 좋아질 수밖에 없다.

하지만 퇴고의 기본 원칙인 '더하기 빼기 다듬기'도 고쳐야 할 대상의 '세부 조목'을 참고하면 보다 효과적으로 할 수 있다. 그 세부 조목이 고쳐야 할 명확한 기준점이 되어줄 것이기 때문이다.

제일 먼저 살펴야 할, '문장은 정확하고 자연스러운가? 비문은 없는 가?, 문장 간의 호응은 잘 이루어졌는가?, 한 문단은 한 가지 주제로 통 일되었는가? 글 전체 연결이 유기적인가?, 핵심 주장이 드러나 있는 가?……' 이러한 질문을 스스로 던져보면 퇴고해야 할 지점이나 문제점 을 쉽게 찾을 수 있다. 좀 더 구체적인 참조표를 하나 살펴보자.

글쓰기 천재는 만들어진다. 글쓰기 실력은 수정 횟수에 비례한다는 사실을 명심해야 한다. 글을 고칠 때는 다음 12가지, 즉 퇴고 12계명 을 염두에 두면서 고쳐보자.

1. 글의 제목이 내용과 적합한가?
2. 글을 쓰려는 목적이 분명히 드러났는가?
3. 내용이 군더더기 없이 깔끔한가?
4. 문단이 잘 나뉘었는가?
5. 글의 비중은 적당한가?
6. 쉽고 친절하게 씌어져 있는가?
7. 잘못된 표현은 없는가?
8. 어구가 잘못된 곳은 없는가?
9. 맞춤법과 띄어쓰기는 올바르게 되었는가?
10. 한자나 영어는 틀린 게 없는가?
11. 쉼표, 마침표, 가운뎃점 등은 알맞게 썼는가?
12. 글 전체의 구상이 생각한 대로 되었는가?

─양병무, 『일생에 한 권 책을 써라』에서

이정도 12계명은 퇴고할 때 누구나 참고하고 있어야 할 기본 사항일 것이다. 이보다 좀 더 세부적으로 들어가면, 각 문장의 조사 사용은 알맞은가? 종결어미는 적절하며 다양한가? 어휘 사용은 적절하고 풍부한가? 접속어와 지시어 사용은 명확하고 적절한가? 외국어 번역투의 문장은 없는가? 이중 피동형의 표현은 없는가?…… 등 다양하다. 점검표의 세밀함은 각자의 실력과 의지에 따라 다를 것이다.

이와 함께 이오덕 선생이 제시한 나쁜 글의 유형을 참고해 타산지석으로 삼아보자.

- 무엇을 썼는지 알 수 없는 글
- 이해할 수는 있지만 재미가 없는 글
- 누구나 다 알고 있는 것을 알고 있는 그대로 쓴 글
- 자기 생각은 없고, 남의 생각이나 행동을 흉내낸 글
- 누군가의 강요에 의해 마음에도 없는 것을 쓴 글
- 사실이 아닌 거짓을 쓴 글
- 일상이 없는 글, 곧 머리로 지어내는 글
- 꼭 하고 싶은 말이 무엇인지 갈피를 잡을 수 없는 글
- 글에 나타난 생각이나 행동이 옳지 못한 글
- 전문가들이 쓰는 어려운 말로 치장한 글
- 읽어서 얻을 만한 내용이 없는 글, 곧 가치가 없는 글
- 정성이 담기지 않고 아무렇게나 써버린 글
- 아주 재주 있게, 멋지게 썼구나 싶은데 마음이 담겨져 있지 않은 글

조목 하나하나가 누구나 반면교사할 수 있는 거울 같고 침이나 약샘과 같은 좋은 지적이 아닐까 한다. 쓰기 전에도 이러한 점을 미리 살펴야 하고, 쓰고 난 후에도 이러한 점을 찬찬히 살핀다면 좋은 글을 쓰는 데 보다 가까워질 것이다.

소리 내어 고쳐라

퇴고의 기술 중에, 만인이 이구동성으로 권하는 좋은 방법이 하나 있다. 그것은 다 쓴 글을 소리 내어 읽으면서 고치는 방법이다.

> 문장이란 리듬이다. 그 리듬은 호흡과 잇매여 있다. 그래서 사람들은 "퇴고는 글자로 쓰기보다 혀를 움직여 입으로 확인하는 것이 빠르다"고도 한다. 말가락이 고를수록 '좋은 문장'이 되기 때문이다.
>
> ─장하늘, 『문장력 높이기 기술』에서

좋은 문장은 대개 소리 내어 읽었을 때, 입에 잘 붙고 귀에 잘 들리는 문장이다. 어색한 문장은 소리 내어 읽었을 때, 껄끄러워 잘 읽히지 않으며 귀에도 잘 들리지 않는다.

말과 글은 언제나 한 핏줄임을 잊지 말아야 한다. 앞서도 좋은 문장엔 리듬감이 있다고 했거니와, 입에 잘 붙고 귀에 잘 들리는 문장은 내적 호흡이 자연스럽고 리듬감이 있는 문장이다. 그 말은 '소리 내 읽기'가 그런 문장을 감별할 수 있는 매우 효과적인 방법이 된다는 뜻이다. 이것이 글 잘 쓰는 문장가들이 한결같이 '소리 내 읽기'라는 감별사를 추천하는 이유이다.

> 자신의 글을 소리 내어 읽어보면 리듬이 매끄럽지 않은 부분을 귀로 찾아낼 수 있다. 때로는 소리 내어 읽다가 몇몇 단어에서 더듬거리고 나서야 비로소 불필요한 문장이 눈에 들어오기도 한다.
>
> ─ 바바라 애버크롬비, 박아람 역, 『인생을 글로 치유하는 법』에서

라디오에선 청취자 사연을 읽어주는 경우가 많다. 어떤 사연이 뽑혀

서 방송을 타게 될까? 내용도 물론 중요하겠지만, DJ가 사연을 읽었을 때 청취자 귀에 잘 들리는 친근한 문장으로 써야 채택될 확률이 높다. (내용은 좋은데 문장이 그렇지 않은 경우는, 아마도 대개 방송작가가 그렇게 되도록 문장을 손 볼 것이다.)

'소리 내어 읽어진 글'은 곧 귀에 들리는 하나의 말이 된다. 귀에 잘 들리는 말이, 눈에도 잘 읽히는 글이 된다. 말하듯이 쓰라고 앞서 강조했던 이유도 이 때문이다.

정민 교수는 책을 다 쓴 후, 아내에게 읽어달라고 부탁을 해서 이를 들으며 글을 고친다고 한다. 자신이 읽는 것과 남이 읽는 것은 느낌 차이가 더 뚜렷할 터이니, 아마도 그렇게 한다면 좀 더 객관적으로 자기 글 상태를 파악할 수 있을 것이다. 매번 그럴 수는 없겠지만, 이런 경험을 한번쯤 가져보는 것은 좋은 체험이 되지 않을까 한다.

> 글을 잘 쓰려면 우선 많이 읽어야 해요. 어휘가 없으면 글을 쓸 수가 없어요. 우리말 어휘를 아주 풍부하고 아름답게 구사한 책을 반복해서 읽는 것이 필요해요. 또 작은 수첩을 들고 다니면서 끊임없이 메모하는 것도 좋아요. 우리글의 구조에 대한 공부가 필요하죠. 우리글의 기본은 말이 글보다 우선이에요. 먼저, 말이 있고, 그 다음에 글이 있었어요. 순서로 보면 어휘를 잘 알아야 하는 것이고, 그 다음에 말, 마지막이 글이에요. 말이 글보다 우선해요. 고인이 된 이오덕 선생님의 지론이에요. 이 점을 유념하고 글을 써보면 자신의 글이 흉한지, 예쁜지 알 수 있어요. 읽어봐서 듣기 좋으면 좋은 글이에요. ㅡ유시민

인터뷰 과정에서 '어떻게 하면 글을 잘 쓸 수 있느냐?'라는 질문을 받고서 유시민 전 의원이 답한 설명이다. 글을 잘 쓰는 데 필요한 주요 덕목들이 잘 압축되어 있다. 그의 마지막 당부는 '읽어봐서 듣기 좋은 글을

써라'는 것이다. 리듬감이 있는 문장으로 글을 쓰는 게 좋다는 조언일 터이다. 글의 리듬은 문장이 늘어질 때보다 간결하고 명료할 때 더 잘 만들어진다. 리듬이 있는 문장은 호흡이 살아 있는 문장이다.

소리는 언어의 외적 특징이다. 하지만 밖은 안과 늘 통하는 법이다. 퇴고를 하면서 자신의 글을 소리 내 읽어보면, 문장의 호흡이 살아 있는지, 언어의 결은 자연스러운지가 더 잘 감지된다. 때문에 소리가 전해주는 호흡과 결을 부드럽게 다듬는 것은 글의 자연스런 문맥은 물론이요 글에 생기를 불어넣는 좋은 방법일 터이다.

객관적 조언, 합평

> 내가 만나는 모든 사람은 어떤 면에서 나보다 뛰어나고 배울 점이 있다. ─랄프 왈도 에머슨

자기 글은 아무리 객관적으로 본다 하더라도 100% 객관적일 수 없다. 왜냐면 자신은 어떤 면으로든 완전히 타인이 될 수는 없기 때문이다. 게다가 객관성이란 소수보다는 다수를 의미하는 것이기에 스스로 '여러 사람의 눈'이 되는 것은 거의 불가능하다. 한 사람이 보는 것보다 여러 사람이 보는 쪽이 보다 객관적인 시각을 얻을 수 있는 길이 된다.

"합평을 받고 안 받고는 거울 없이 화장하는 것과 거울을 보며 화장하는 것만큼이나 다른 효과를 갖는다." 합평이 어떻게 글쓰기에서 거울을 보는 듯한 효과를 가지는지 살펴보자.

> 한 사람이 써 온 글을 두고 여럿이 함께 이야기를 나누는 합평 과정은 정신분석보다도 강렬한 밀도를 갖는 만남이다. 글을 쓰는 입장에

서는 며칠씩 밤을 새워서 쓰고, 최선을 다해 상상하여 글을 쓰는 까닭에, 한 편의 글이 몇 달씩 상당한 분량에 버금간다. 게다가 자신이 믿는 사실이란 가장 강력한 고정관념에 불과하고, 맘껏 꾸며 낸 거짓말이란 가장 강력하게 원하는 자신의 가장 솔직한 욕망이기 십상이다. 그런 점에서 합평은 다른 무엇보다도 깊은 속내가 드러나는 대화일 수밖에 없다. 치유를 위한 글쓰기가 따로 있는 게 아니라, 모든 글쓰기는 이미 치유의 성격을 자연스럽게 지니고 있다.

합평에서는 모든 거슬리는 문장이 지적되기 때문에, 서로가 서로의 깊고 예민한 정신 영역에서 만나게 된다. 서로의 글을 단 한 번씩이라도 함께 나누면, 술자리 십수 번을 함께한 것보다 많은 속내와 교감이 오간다.

—이만교, 『개구리를 위한 글쓰기 공작소』에서

남의 바둑이나 장기에 훈수를 둘 때는 자신이 둘 때보다 허점이 더 잘 보인다. 그래서 훈수를 두는 이가 실제 경기를 치르고 있는 사람보다 실력이 낮은 경우에도 소위 '훈수'라는 것을 둘 수 있게 된다. 합평이란 글쓰기의 훈수를, 한 사람이 아니라 여러 사람이 두는 것과 같다. 한 사람의 훈수가 아니라 여러 사람이 훈수를 두니 그 훈수가 얼마나 풍부하고 꼼꼼할 것인가.

물론 훈수 두는 이들의 수준이 어떠한가도 중요하겠지만, 단지 자신과 비슷한 실력의 사람들일지라도, 여러 사람의 눈이 모인 '객관적 훈수'라는 점에서 합평은 대단한 조언자가 아닐 수 없다. 백지장도 맞들면 낫다고 했다. 여러 사람이 같이 맞든 합평의 그물은 매우 촘촘해서 거의 빠지는 바가 없다.

한 사람의 눈보다 여러 사람의 눈과 입이 더해진 합평은 내가 미처 보지 못한 것을 보게 하고, 전혀 생각지 못한 시각에서 다시금 생각할 수 있게 한다. 게다가 그것은 독자의 예상 반응을 완벽하게 보여주는 사전 작업이기도 하다. 타인들의 여러 시각과 느낌을 통해서 나는 내 글에 대한 아주 풍부한 관망과 견해를 얻을 수 있게 된다. 이는 훈수라는 말에 값하는, 참으로 놀라운 수확이다. 내 글의 성과와 소통 능력의 거의 모든 것이 적나라하게 드러나는 시범 코스인 것이다.

합평을 듣는 사람은 '내 시각'의 폭과 질을 단번에 업그레이드시킬 수 있는 좋은 기회로 삼아야 한다. 따라서 다소 자신의 마음에 거슬리는 말을 듣더라고 넓은 마음으로 이를 이해하고 받아들일 필요가 있다. 악평조차도 하나의 견해로 참고하면 그만이기 때문이다. 오히려 그런 지적 때문에 자신의 미진한 점이나 반론을 더 잘 보완하게 되기도 한다.

> 저는 글쓰기에서 정말 좋은 선생님은 학생의 장점을 하나라도 들어서 얘기해주고, 넌 참 어떻게 이런 재미있는 표현을 생각해냈니, 너는 참 글을 매끈하게 잘 쓰는구나, 또 써봐라 또 써봐라, 그렇게 하는 사람이라고 믿고 있어요.
>
> —김영하 외, 『글쓰기 최소원칙』에서

합평을 할 때는 겸손한 마음으로 해야 하고, 단점보다는 장점을 먼저 말해주는 것이 좋다. 장점에 대한 지적은 글의 가능성과 비전 쪽으로 시각을 곤추세우며, 글쓴이 마음에 자신감과 흥미를 불붙게 한다. "상대방을 제대로 성장시키려면 마음의 눈으로 그의 미래를 보아야 한다. 미래에 대한 비전을 제시해 동기를 유발해야 한다."(로버트 오벤) 문제점이 아니라 개선점을 이야기하는 편이 더 낫다. 퇴고와 합평은 어디까지나 미래지향적이어야 한다.

그런데 실상 좋은 조언도 못하면서 쓸데없는 흠집을 내는 경우도 종종 발생한다. 합평은 조금이라도 글쓴이에게 도움을 주고자 하는 따뜻한 마음에서, 솔직하게 자신이 보고 느낀 점을 '객관성' 속에 조금 보태주는 것이다. 좋은 지적을 하는 과정에서 자신 또한 배우고 성장하게 된다는 점을 알고, 의사가 침을 놓는 것처럼 이왕이면 선의로 세심하게 대하는 것이 마땅하다.

존 맥스웰 저서『존 맥스웰의 위대한 영향력』엔 합평에 얽힌 인상적인 일화가 소개되어 있다. 위스콘신 대학에 두 글쓰기 모임이 있었는데, 한 모임은 신랄한 비판을 하는 '묵살자'라는 별명이 붙은 반이고, 다른 모임은 '논쟁자'라는 반이었는데 이 모임에선 '묵살자'와 달리 서로의 글을 비판하기보다는 좋은 점을 말해주었다고 한다.

20년 후 두 모임의 학생들이 어떻게 살고 있는지 조사를 해보았더니, '묵살자' 모임에 속했던 학생들 중 작가가 된 사람은 한 명도 없었다고 한다. 반면 '논쟁자' 모임에서는 퓰리처상을 수상한 마저리 키넌 롤링스를 비롯해 유수한 작가가 여섯 명이나 배출되었다고 한다.

이 일화는 선의의 합평이 서로의 꿈과 재능을 살리는 '글쓰기의 좋은 산실'이 될 수 있음을 보여주는 예가 아닐까 한다. 합평이란 '한 사람의 발전'을 위해 여러 사람이 마음의 불씨를 더해주는 작업이어야 한다.

합평은 자신의 안목을 단번에 틔워줄 수 있는 최상의 경로이다. 여러 사람의 시각을 통해 서로 서로 배울 수 있는 '담론 더하기의 장'이자 '마음 곱하기의 장'이다. 합평을 들을 수 있는 곳은 내 지원병이 기다리고 있는 퇴고의 광장인 셈이다.

> 기록은 기억을 지배한다. 편집자는 그 기록의 인상과 표정을 구성하는 자다. 불멸의 기억으로 남도록 기록하느냐, 흐리멍텅 잊혀지게 기록하느냐. 편집자는 '생각을 지배하는 텍스트의 기록'에서 결정적 존재다.
> —고경태,『유혹하는 에디터』에서

부디 퇴고가 언제나 내 글의 최종 편집자임을 잊지 말자. 좋은 편집자를 만나야 글의 마무리가 좋아진다.